धान की बाली पर ओस

धान की बाली पर ओस

महाश्वेता देवी

अनुवाद

सुशील गुप्ता

वाणी प्रकाशन

प्रकाशन के उत्कृष्टतम 61 वर्ष

सजिल्द पहला संस्करण : 2012
सजिल्द दूसरा संस्करण : 2014
सजिल्द तीसरा संस्करण : 2024

vaniprakashan.com

वाणी प्रकाशन

4695, 21-ए, दरियागंज, नयी दिल्ली-110 002

फ़ोन : +91 11 23273167, 23275710

शाखाएँ

अशोक राजपथ, पटना-800 004, बिहार

कॉफ़ी हाउस कैम्पस, महात्मा गांधी मार्ग, प्रयागराज-211 001, उत्तर प्रदेश

महात्मा गांधी अन्तरराष्ट्रीय हिन्दी विश्वविद्यालय, वर्धा-442 001, महाराष्ट्र

36/ए, शेक्सपियर सरणी, रानी बिरला गर्ल्स कॉलेज के पास, कोलकाता-700 017, प. बंगाल

sales@vaniprakashan.in
vaniprakashan@gmail.com

DHAAN KI BAALI PAR OS
by Mahashweta Devi
Translated by Sushil Gupta

ISBN : 978-93-5000-971-0
Novel

मूल्य : ₹ 395

जी.एस. ऑफ़सेट, दिल्ली-110 095 में मुद्रित

वाणी प्रकाशन का लोगो मक़बूल फ़िदा हुसेन की कूची से

1

एषा जब बारह वर्ष की थी, तब जया मासी उसके घर आयी थीं। ज़रूर अपनी सेहत सुधारने, बीमारी के बारे में डॉक्टरी सलाह लेने या किसी और काम से वह आयी थीं। एषा के घर इस किस्म के अनगिनत लोगों का आना-जाना लगा रहता था। एषा की माँ के निजी आत्मीय-स्वजन ही बहुत अधिक थे। इसके अलावा देश-विदेशों की सैर-तफरीह पर जाकर, उन्होंने बहुतेरे लोगों की चिर-आत्मीयता भी क़बूल कर आती थीं।

शुरू-शुरू में एषा के डैडी को ताज्जुब होता था। जो लोग आते थे, वह उन्हें पहचानने की कोशिश करते थे। इतने-इतने लोगों के आने-जाने का हिसाब रखते हुए, अपने निजी जीवन को व्यस्त रखने के बारे में उन्हें बाक़ायदा एतरांज था। वह शायद यह सोचते थे कि यह एषा की माँ की महज़ खामख़्याली है। धीरे-धीरे सुधर जायेगी। वे खुद कम बोलते थे, ईषत् निर्जनताप्रिय, आड़ में रहनेवाले इन्सान थे। वह चाहते थे कि वह पत्नी को रुचि मुताबिक दीक्षित करें। विवाह से पहले ही, वह विवाह की उम्र में वह पहुँच गये थे। जिस मन से इन्सान अपनी बीवी को प्यार करता है, गृहस्थी बसाता है, उतने ही मन से उन्होंने भी प्यार किंया था। उनकी निर्जनता, उनके छन्दों में बँधी जीवनयात्रा थी। उनके घर में मौजूद हर तुच्छ से तुच्छ सामग्री के चुनाव में उनकी रुचि का स्पर्श था। उनके यार-दोस्त कहते थे कि इससे तो बेहतर था, वह कविताएँ लिखते।

उनके किसी दोस्त ने कहा भी था, 'मर्द होकर, तुम जिस तरह अपनी गृहस्थी सजाते-सँवारते हो, हमारी जानकारी में कविगण भी उसी जतन से शब्दों से खेलते हैं।'

यह सुनकर, वह भलेमानस ईषत् मुस्करा देते थे। अत्मीय-स्वजन मंतव्य देते थे कि यह औरताना शौक है। यह सुनकर भी वह हँस देते थे। मर्द होने की वजह से, गृहस्थी या गृहिणीपन की बिलकुल जानकारी न हो, यह बात उन्हें क़बूल नहीं थी।

वह कहते थे, 'सभी लड़कियों में थोड़ा-सा पुरुष-अंश होता है, सभी पुरुषों के अन्दर, किसी कोने में औरत का अंश भी होता है। विधाता की सृष्टि में कुछ भी वजन के बिना नहीं होता।'

और-और लोग भी तरह-तरह के मंतव्य करते थे।

उनकी माँ हँसकर कहती थी, 'शादी होने पर सब ठीक हो जायेगा।'

माँ नाते-रिश्तेदारों को बुला-बुलाकर खोज-ख़बर लेने लगीं—अच्छी लड़की कहाँ मिलेगी? उन्हें ऐसी बहू चाहिये, जो उनके बेटे की बगल में शोभा दे। बेटा भी उनकी बातें सुनकर हँस पड़ता था। उसे ऐसी लड़की चाहिये थी, जो उनके जीवन में छन्द-पतन न होने दे।

विवाह के लिए जोड़ी, शायद तकदीर में लिखी होती है। इसलिए जाने कैसे तो उनके घर में एक दिन शहनाई बज उठी।

कोहबर में ही दोस्तों ने पूछा, 'सतीश, अब तुम्हें अपनी मनपसंद संगिनी मिल गयी न? सच, हम सबको बेहद खुशी हो रही है।'

लेकिन, बहुत जल्दी ही सारा कुछ बदल गया।

दादी-माँ की अब, धुंधली-धुंधली-सी याद बच रही है। पूरब की ओर के छोटे कमरे में वह लेटी रहती थीं। बेटे के विवाह के बाद से ही उनकी तबीयत ख़ास ठीक नहीं रहती थी। इसके अलावा एषा की माँ के पास इतने लोग आते-जाते रहते थे कि वह दिशाहारा हो उठती थीं। उन्होंने घर-संसार से अपने को हटा लिया था। असल में एषा की माँ ने गृहस्थी के छोटे से छोटे नियम-कानून तक पूरी तरह बदल डाले थे। गृहस्थी की मिल्कियत जब एक हाथ से दूसरे हाथ में जाती है, तो आमतौर पर घर-घर कुरुक्षेत्र बन जाता है। शराफत का आवरण क़ायम रखते हुए, हंगामे की गूँज कहीं सुनायी देती है, कहीं ख़ामोशी से हाथ-बदल हो जाता है। युद्ध के बिना कोई भी सास, गृहस्थी का रत्ती-भर अधिकार अपनी पतोहू को नहीं देना चाहती।

लेकिन एषा की दादी ने झट् से सारा अधिकार छोड़ दिया था। वह अपने पोते-पोती को लेकर, पूरब वाले कमरे में रहती थीं और एषा के डैडी की परेशान या सकपकायी हुई हालत देखकर वह कभी हँस देती थी, कभी दुःखी हो जाती थीं। यह सच है कि स्वभाव और रुचि में टकराव था। इसके अलावा एषा की माँ के विरुद्ध उन्हें कोई शिकायत भी नहीं थी।

वह बेटे को ही समझाती थीं, 'जो जिस ढंग से रची-गढ़ी गयी हो, जिन ख्यालों के साथ बड़ी हुई हो, वह अपने स्वभाव के खिलाफ कैसे जाये, बताओ?'

'वह कोशिश भी कहाँ करती है?'

'अब हर कोई वैसा नहीं होता, बेटा, वह कोशिश करना नहीं जानती।'

इसके बावजूद, एषा के डैडी, एषा की माँ को प्यार करते थे। यही जानकर मानो उनकी बूढ़ी माँ निश्चिन्त हो आयीं।

मृत्युशय्या पर लेटे-लेटे, बेटे के बदन पर हाथ फेरते हुए, वह कह गयीं, 'बच्चे, मिलकर चलना। गृहस्थी में चलते हुए, मिलकर चलना पड़ता है।'

बेटा शायद यह कहना चाहता था—ज़िन्दगी ही नष्ट हो गयी।

माँ ने उसके मनोभाव को तरजीह ही नहीं दी।

उन्होंने हँसकर कहा, 'इतने-से ही सारा कुछ नष्ट हो गया? ऐसा कहीं होता है? तेरी और-और ज़िम्मेदारियाँ नहीं हैं?'

इसी तरह हँसते-मुस्कराते, वह बेटे का मन सही दिशा में संचालित कर गयीं।

अपनी आखिरी साँसों में, जब उन्होंने लटपटाती हुई, अस्पष्ट आवाज़ में कहा, 'तुझे अकेला छोड़े जा रही हूँ।' तब यह बात साफ़ जाहिर हो गयी कि असल में वह मन ही मन बेटे के लिए किस क़दर परेशान थीं। 'तुझे अकेला छोड़े जा रही हूँ'—यह कहते हुए, उन्होंने असहाय भंगिमा में अपनी हथेली चित्त करके, धीरे-धीरे अपनी छाती पर रख लिया। शीर्ण उँगलियाँ और आँखों की कोरों में अटके हुए आँसू! वह बेहद निरुपाय नज़र आ रही थीं। उन्हें देखकर एषा के डैडी को बेहद तकलीफ हुई। उनका यह कहने का मन हुआ—यही नियम है, माँ! आने और जाने के समय, कोई, किसी का नहीं होता। तुममें इतना सामर्थ्य कहाँ कि तुम दुनिया के नियम बदल दो?

उन्होंने झुककर, अपनी माँ की तरफ देखा।

उनके आत्मीय-स्वजन आज भी कहते हैं, 'सतीश जैसा मातृभक्त आसानी से नज़र नहीं आता।'

अपनी माँ की तरफ देखते हुए एषा के डैडी को लगा, अब, माँ भी अकेली हो गयी हैं। वे किसी लम्बी और अचीन्ही राह पर जा रही थीं।

ऐसे वक्त किसी ने कहा, 'उनके कान में तारक ब्रम्ह का नाम लो—'

मंत्रचालित की तरह, उन्होंने माँ के कान में दुहराया, 'ॐ तारक ब्रम्ह!'

दुबारा कोई आवाज आयी, 'मुँह में गंगाजल डालो।'

उन्होंने माँ के मुँह में गंगाजल डाला। जल ढुलक गया।

सबने कहा, 'हो गया! सब ख़त्म!'

एषा के डैडी बेहद विस्मित हुए। सामने बैठे हुए भी, उन्हें कुछ पता नहीं चला? जब वह सोच रहे थे कि अब माँ की और एक यात्रा शुरू, इससे पहले ही माँ की देह से प्राण-पंछी उड़ गये? वे आवाक् हो उठे थे, किसी बहुत बड़े नुकसान का ख़्याल उनके मन में नहीं जागा था। मरघट से लौटकर, जैसे ही उन्होंने लकड़ी का मज़बूत दरवाज़ा थामे, कमरे के अन्दर झाँका, कमरा धुला हुआ नज़र आया। पानी के निशान अभी भी नज़र आ रहे थे और फर्श पर गोबर की गेड़ू के ऊपर एक दीया रखा हुआ था। उसी पल उनका मन शून्यता से भर उठा। वह शून्यता ज़िन्दगी में फिर कभी नहीं भर पाया।

एषा के डैडी का स्वभाव ही ऐसा था। नुकसान के जो-जो ज़ख़्म उनके नितान्त व्यक्तिगत थे, उनके प्रति उनकी असाधारण ममता थी।

एषा जब बड़ी हुई, तब उसने अपने डैडी को माँ से कहते सुना था, 'ना!ना!!

किसी भी नुकसान की कभी भरपाई नहीं होती। नुकसान भर जाता है, इस बात पर मैं विश्वास नहीं करता। सब ज्यों का त्यों बना रहता है।'

'नुकसानो को जिलाये रखते हो, इसलिए बना रहता है।' माँ ने धीरे से जवाब दिया था।

उन दिनों उनकी काफी उम्र हो चुकी थी, गृहस्थी का दबाव पड़ते-पड़ते वह भोथरे हो गये थे, फिर भी किसी-किसी सन्दर्भ में उनकी प्राचीन अभ्यस्त निपुणता काम करती थी। जैसे बात पर बात सजाने की कला। वह जानते थे कि शब्दों की क्षमता अपरिसीम है। अगर इन्हें सजा-सँवारकर, मौके के मुताबिक इस्तेमाल किया जाये, तो जुबान से निकली बातें कभी दिल के ज़ख़्मों पर सांत्वना का प्रलेप लगाती हैं, कभी तेज़-धार हथियार बन जाती हैं।

इसके बावजूद एषा के डैडी के संदर्भ में उनकी बातें सच भी थी, एषा के डैडी अपने ज़ख़्मों का लालन-पालन करते थे। अपने ज़ख़्म वह भूलते नहीं थे। जो अति दुःखी व्यक्ति होता है, वह अपनी ज़िन्दगी के घावों और वंचनाओं को बड़ा करके देखता है। एषा के डैडी भी शायद परम दुःखी इन्सान थे। उनकी गृहस्थी में शायद यह शून्यता ही उनकी बिलकुल निजी थी, जिसमें कभी किसी ने हिस्सा बाँटना नहीं चाहा। बाकी सब कुछ लोगों में बँट गयी थी।

एषा जब बड़ी हुई, तो डैडी कभी-कभी अपनी माँ के बारे में बताया करते थे। मुमकिन है, अपनी सन्तान से एकात्म होकर, बाप-बेटी एक ही स्मृति को आपस में बाँटकर, वे अपनी निःसंगता से मुक्ति पाना चाहते थे। लेकिन यह संभव नहीं हुआ। डैडी की आवेगमय आवाज़ सुनकर एषा लज्जित हो उठी थी। उसका सकुचाया हुआ, परेशान चेहरा देखकर डैडी अपनी भावुकता में और अधिक लज्जित हो उठे।

उनकी आँखें और समूचा चेहरा आरक्त हो उठा।

'अच्छा, अब तुम जाओ।' इतना कहकर, उन्होंने अपने कमरे में भागकर, अपना लज्जित चेहरा छिपा लिया। अपना आवरण, व्यक्ति खुद ही रचता है। अगर उसमें से निकल सके, तभी शायद उसकी मुक्ति है, लेकिन निकल पाना बेहद मुश्किल है। एषा के डैडी जैसे व्यक्ति के लिए और ज़्यादा कठिन और कष्टप्रद है। उसके बाद, उन्होंने फिर किसी दिन इस घर में अपनी माँ का नाम नहीं लिया।

एषा को भी अपनी दादी स्पष्ट भाव से याद नहीं है। वह तो बस, इतना-सा जानती थी कि डैडी की आलमारी में दादी की तस्वीर रखी है। उसे वैद्य की दवाएँ और पुरानी घी की तीखी गंध की भी धुंधली-धुंधली-सी याद है। दादी के लिए अंत में वैद्य जी को बुलाया गया था।

दादी और उनके ज़माने का घर भी एषा नहीं पहचानती। इसक मुक़ाबले जया मासी उसे साफ़-साफ़ याद है। उन्हें याद रखने की एक ख़ास वजह भी थी। जया मासी को देखते ही, उसकी ममेरी बहन, रेखा, मुँह दबाकर हँसी थी। उसकी हँसी की भंगिमा भली नहीं थी।

उसने पूछा था, 'वह तेरी कौन लगती है, जानती है?'

एषा के बचपन में, उसके मरे, मौसेरे भाई-बहन झुण्ड बाँधकर छुट्टियाँ गुज़ारने आते थे। एषा के पढ़ने के कमरे में ही लड़कियों का अड्डा लगता था और चीन्हे-अचीन्हे सभी लोगों के बारे में असंभव किस्से-कहानियों के जाल बुने जाते थे। बड़ों से सब कुछ छिपाकर चलने में ही असली मज़ा आता था।

रेखा, बीनू, सीमा—सभी लड़कियाँ, उम्र में एषा से बड़ी थीं। सीमा की उम्र तो बाक़ायदा सतरह वर्ष थी। उन लोगों में सर्वाधिक चर्चा के विषय थे—लड़के। स्कूल जाते हुए, सड़क पर किस लड़के ने, किसी की तरफ देखा, किस लड़के ने अपनी बहन से बीनू का नाम जाना, शादी के घर में खाना परोसते हुए, कौन लड़का चुपके से दो-दो बार सीमा को पान दे गया। पान देते हुए एक बार तो अपने हाथ से उसका हाथ भी छू गया—इन्हीं सब बातों का अंत नहीं था।

वे सभी लड़कियाँ, किताबों के पन्ने में फूलों की पंखुरियाँ दबाकर रखती थी, प्यार-मुहब्बत-इश्क की बातों के अलावा, और कोई बात करना नहीं जानती थीं। कभी चॉकलेट के डिब्बे में, विलायती फिल्मों के नायकों की तस्वीर, हाल-फिलहाल के आधुनिक गायक या कोई सुन्दर-प्यारा नाम—सब कुछ ही उन लड़कियों को प्रिय था। असल में प्यार करना ही उद्देश्य था, कल्पना में ही आनन्द था—उनकी सभी की बातें सच नहीं होती थीं। काफी अर्से तक यह बात एषा की समझ में नहीं आयी थी।

उस पर से रेवा ऐसी-ऐसी संभव-असंभव कहानियाँ गढ़ती थी। हर कहानी का अंत अतिशय कारुणिक, गहर दुःख भरा होता था। 'क्या ट्रैजेडी है, बता तो सही'—यह जुमला हर वक्त रेवा की जुबान पर रहता था। एषा के माट'साब के माथे पर कटा हुआ एक निशान था (बाद में पता चला कि वह फोड़े का निशान है)। उस निशान के बारे में उसने ऐसी करुण कथा रची कि एषा माट'साब की तरफ जब भी देखती थी, उसे रुलाई आने लगती थी।

अपने पापा-मॉम, चीन्हे-अचीन्हे, सभी लोगों के जीवन में छिपे दुःख के बारे में, रेवा ख़बर रखती थी। एषा उसकी हर बात पर विश्वास करती थी। उसे रेवा अपने से काफी ऊँचे स्तर की लगती थी।

'ना, बहना, मैं तुझे नहीं बताऊँगी।'—यह कहकर रेवा उसके मन को असहनीय तकलीफ दिया करती थी।

'एषा, आ, वह बात सुन ले।'

रेवा की आवाज़ में अंतरगता का लहजा सुनकर, एषा का मन खुशी से भर जाता था। रेवा ने ही जया मासी के बारे में एक असंभव-सी कहानी गढ़कर सुनायी थी। बहरहाल, वह गौण है। जिस दिन एषा को यह समझ में आ गया कि रेवा की सारी बातें झूठ हैं, काफी मनगढ़न्त, उस दिन से ही रेवा के अजीबोग़रीब कहानी-किस्सों

का जादू-मन्तर भी ख़त्म हो गया। उसे याद रखने लायक, सिर्फ दो अनुभव ही, उसके पास बच रहे हैं।

जया मासी के आने और यहीं रह जाने को लेकर, घर में कोई ख़ास अशांति या कलह हुई थी या नहीं, यह अब, उसे याद नहीं है। लेकिन, आधी रात को, एक दौर सो लेने के बाद, अचानक एषा की आँख खुल जाती थी और उसे डैडी-माँ की बातें सुनायी देती थीं। ममेरी-मौसेरी बहनों के साथ महीना-भर बिताने के बाद, अचानक उम्र शायद फट् से बढ़ गयी थी, क्योंकि डैड और माँ की बातें, छुप-छुपकर सुनना, अब, उसे अच्छा लगने लगा था। हाँ, यह गुनाह है, पाप है, इसका भी उसे अहसास था। अगर वह ज़रा भी कुनमुनाती या आवाज़ करती, तो माँ उसी पल उससे पूछने चली आती। गुनाह और पाप-बोध, एषा के साथी बन गये थे। वह अपने डैड-माँ की बातें सुनकर, शायद यह समझने की कोशिश करती थी कि उसके बारे में कोई बात हो रही है या नहीं।

'जया को तुमने ही आने को कहा था—' डैडी की आवाज़ धीमी, असहाय और थकी-थकी सुनायी देती थी।

बिस्तर पर लेटे ही, उन्हें नींद नहीं आती थी। वे बाक़ायदा अनिद्रा के मरीज़ थे। काफी देर-देर तक इन्तज़ार करने के बाद, उनकी पलकों पर नींद उतरती थी। एषा को लगा, डैडी की नींद का वक्त गुज़रता जा रहा था, इसलिए वह असहाय हो आये थे। नींद का वक्त गुज़र जाने के बाद, उन्हें बाकी रात टहलते हुए गुज़ारनी पड़ती थी। मामा लोग जब रात जागकर, ताश खेलने का अड्डा जमाते थे, तो उन लोगों के उल्लास और हँसी का शोरगुल सुनकर, ऐसी अनेक रातें, वह चहलकदमी करते हुए गुज़ार देते थे। इस बात से माँ भी अनजान नहीं थी। इस वक्त वह क्यों डैड से बातों में लगी हैं? रात को तो वह बहुधा डैडी से बातें नहीं करतीं।

'तुमने ही जया को आने को कहा था, छवि!'

'उस वक्त मुझे नहीं पता था कि उसी के संग तुम्हारे ब्याह की बात चली थी। वह तो जया ने खुद बताया, इसलिए मुझे पता चला।'

थोड़ी देर तक बातचीत की कोई आवाज़ नहीं आयी।

कुछेक पल बाद, डैडी ने धीमे लहजे में पूछा, 'उससे तुम्हारी बात हुई है।'

'उसके आने का ज़िक्र छिड़ते ही, तुमने क्यों नहीं बताया?'

'क्या बताता? किसी समय, उसके पति, मेरी माँ के पास ब्याह का रिश्ता लेकर आये थे, यह बताता? मूर्खता की बातें मत करो। चलो, सो जाओ।'

'हाँ, हाँ, मैं कोई बात करती हूँ, तो तुम्हें झुंझलाहट होती है—' माँ ने और क्या-क्या कहा, एषा सुन नहीं पायी, क्योंकि उसकी अपनी धड़कनें बढ़ गयी थीं। जया मासी के साथ, डैडी की शादी की बात चली थी। इसमें ज़रूर कोई गुनाह की

बात है। मामला गंभीर है, वर्ना इतनी रात को, यूँ खुसफुसाहट में बातचीत करने का क्या मतलब है?

उसके दो-एक दिन बाद ही जया मासी चली गयीं।

उनके जाने से पहले, एषा उन्हीं के इर्द-गिर्द बनी रही।

उन्होंने कहा, 'ला देखूँ, तेरा हाथ तो देखूँ।'

उसका हाथ देखकर जया मासी ने माँ से कहा, 'छवि, तुम्हारी बेटी खूब लिखाई-पढ़ाई करेगी।'

उन्होंने एषा का गाल मसलते हुए कहा, 'देख रही हूँ, तू भी बिलकुल मेरे जैसी है। स्नेह-ममता की बेहद भूखी!'

उनका यह जुमला सुनते ही, एषा को लगा कि जया मासी की तरह, उसे किसी ने प्यार नहीं किया। सच ही, वह स्नेह-ममता की बेहद कंगाल है। उसे किसी की भी स्नेह-ममता नहीं मिली। एषा, जया मासी को बेवजह प्यार कर बैठी। यहाँ तक कि उनके जाने की बात सुनकर, उसकी आँखों से थोड़े-बहुत फर-फर आँसू भी झरे।

जया मासी बेहद सकपका गयीं। एषा की आँखों में आँसू देखकर, वह सकुचा गयीं। उम्र के नज़रिये से उनके यौवन ने अभी भी विदा नहीं ली थी, इधर वह चिर-कुंवारी थी। मन का आवेग जाहिर होते ही, वह शर्म से गड़ जाती थीं। सकपकाहट में उन्होंने एषा को फ्रॉक की एक लेस दे डाली। जया मासी के बक्से में उससे ज़्यादा फैशनेबल् और कुछ भी नहीं था।

माँ तो इस क़दर भड़क गयी थी कि उनसे कुछ बोला तक नहीं गया। किसी बाहरी व्यक्ति के लिए बेटी का खिंचाव देखकर, वह सिर से पाँव तक जल-भुन गयी थीं। कई-कई कारणों से जया मासी, उसे काफी दिनों तक याद रहीं।

2

एक दिन एषा के घर के आसमान पर काफी बड़ी-सी एक पतंग उड़ी।

आषाढ़ की एक भरी दोपहरी थी। जाने क्यों सुबह से ही आकाश के कोने-कोने में बादलों की जमघट लगी हुई थी, लेकिन बारिश का नामोनिशान नहीं था। घरवाले आराम कर रहे थे, चारों तरफ निस्तब्ध सन्नाटा फैला हुआ था, फेरीवाले तक इधर की राह भूल गये थे, उस वक्त एषा बेहद दबे पाँव अपने डैडी के कमरे में दाखिल हुई। टुपू से खिड़की के सामने बैठे रहना, उसे भला लगता था।

एषा बिलकुल ख़ामोश ही बैठी हुई थी।

वह खिड़की से आसमान निहार रही थी। पतंग उजली-सुनहरी नज़र आ रही थी। सारा आसमान शांत और गंभीर था। धीरे-धीरे वह शांत नीलिमा, घर की छत

के ऊपर से उड़ती हुई, नारियल के पेड़ों की फुनगियों तक फैल गयी, मानो उसने उमड़कर समूचे दिगन्त को नीलाम कर डाला हो। एक टुकड़ा खुशी की तरह, वह पतंग उस प्रगाढ़ नीलिमा में उड़ती-बहती फिरी। खिड़की से आसमान। और पतंग निहारते हुए, एषा ने महसूस किया, मानो यह दोपहर अकेले उसी की है, और कोई उसे नहीं देख पा रहा है। छत के बाद छत ही छत, चिलकोठे, तारों पर फैलाये हुए रंग-बिरंग कपड़े। क़तार-दर-क़तार पेड़ों की फुनगियों पर हरियाली का समारोह! ऐसा लग रहा था, जैसे उसका घरा चारों तरफ से जंगल से घिरा हुआ है।

इस वक्त घर बिलकुल खाली था।

सभी लड़कियाँ जा चुकी थीं—रेवा, बीनू, सीमा!

जाने से पहले सीमा ने आँसू बहाते हुए कहा, 'एषा, तेरे इस बर्ताव को मैं कभी नहीं भूल पाऊँगी।'

सीमा की माँ, एषा की माँ की चचेरी बहन थी। बगुड़ा में रहती थी। एषा लोग वहाँ कभी नहीं गयीं। कभी-कभी उसने इतना भर सुना था कि सीमा के पिता की मामूली-सी आमदनी है। सीमा के ढेरों भाई-बहन थे। जो किसी छोटे-से मकान में ठुंसे हुए रहते थे। अपने छात्र जीवन में डैडी उन्हें पहचानते थे। एषा का ख़्याल था कि उसकी माँ के नाते-रिश्तेदारों में सिर्फ उस परिवार के प्रति ही डैडी थोड़ी-बहुत श्रद्धा रखते थे।

इसका मतलब यह नहीं था कि बाकी अन्य लोगों के प्रति उनके मन में अ-श्रद्धा थी। इन्सान को हेय दृष्टि से देखना, उसे बुरा कहना, उनके स्वभाव के खिलाफ था। असल में वह विश्व-संसार के बारे में उदासीन थे। हाँ, जिन लोगों के प्रति उनका आकर्षण था, एकमात्र उन्हीं लोगों के प्रति ही वह अपनी उदासीनता का आवरण हटाकर, स्वाभाविक नज़र आते थे।

भले वह सुनना न चाहें, तो भी क्या? एषा की माँ उन्हें हर वक्त सैकड़ों ख़बरें सुनाया करती थीं। माँ के स्वभाव में ग़ज़ब की सजीवता थी। उनमें प्राण-प्राचुर्य हर वक्त उमड़ा पड़ता था। रंगीन तांत की महंगी साड़ी के अलावा, और कोई साड़ी उन्होंने नहीं पहननी थी। सारा काम दौड़-दौड़कर कर डालती थी। ऐन दफ़्तर जाते हुए वह घर के झूल झाड़ने बैठ जातीं; रसोई आधी उतारकर, कमरे में आकर बाल सँवारने बैठ जाती थीं। उनके चेहरे पर अभी भी लावण्य और कमनीयता था। मुहल्ले में अन्य हम उम्र औरतों को देखकर समझ में आता था कि उम्र उन पर कितना कम दख़ल जमा पायी थी।

उनके नाते-रिश्तेदारों में, किसके साथ क्या हुआ, नयी नौकरी, शादी-विवाह, दुर्घटना, खुशख़बरी—पति को ये तमाम ख़बरें सुनाने बैठ जाती थीं। दफ़्तर से लौटकर, सुरेश जब कुर्सी पर पीठ टिकाकर बैठ जाते थे, एषा की माँ उनके करीब बैठी-बैठी सारी ख़बरें विस्तार में सुनाती थीं। डैडी की जुबान से, बीच-बीच में सिर्फ,

'हाँ-हूँ-ठीक ही तो! अच्छा?' भर सुनायी देता था।

अन्त में माँ झल्लाकर कहती थीं, 'न्ना! तुमसे बात करके, कोई मज़ा नहीं आता।'

नाराज़ हो जाने के बावजूद, वह उठकर चली नहीं जाती थीं। हालाँकि एषा का ख़्याल था कि डैडी मन ही मन यही चाहते थे।

नाराज़ होने के बाद, माँ बिफरकर कहती थीं, 'ठीक है, अब तुम ही बोलो। तुम्हें जो अच्छा लगे, उसी बारे में बात करो।'

हालाँकि डैडी, जब भी मोहित मौसा का जिक्र छिड़ता था, अफसोस भरे लहजे में कहते थे, 'वह क्या कमाल के छात्र थे! वाद-विवाद में क्या बहस करते थे! असहयोग आन्दोलन में शामिल होकर, उन्होंने एमए की पढ़ाई छोड़ दी। उनके इस क़दम से सभी लोग दुःखी थे। यहाँ तक कि खुद प्रिंसिपल साहब भी उनके घर गये। लेकिन मोहित' दा ने उनकी बात नहीं मानी। सर ने उन्हें कितना समझाया, 'मोहित, अपने को इस तबाह मत करो।' मोहित' दा ने क्या जवाब दिया, तुम्हें मालूम?'

एषा की माँ ने सिर उठाकर उनकी तरफ देखा।

'मोहित' दा ने कहा—कई-कई हज़ार छात्रों को इसी तरह अपनी ज़िन्दगी तबाह करना होगा, सर, वर्ना आज़ादी नहीं मिलेगी—लेकिन फ़ायदा क्या हुआ? उनके जैसी प्रतिभा, अंत में उपनगर में वकालती कर रहा है।'

उन्हें शायद अहसास नहीं था कि उनकी बातें, एषा के कानों तक भी पहुँच रही हैं। अगर उन्हें आभास होता तो, वह ज़रा सतर्क हो जाते। या फिर शब्दों की क्षमता के बारे में उनकी कोई धारणा नहीं थी। आमतौर पर, एषा ने उन्हें कभी, किसी के बारे में इतनी बातें करते हुए नहीं सुना। उस वक्त डैडी को इतने आग्रह के साथ चर्चा करते देखकर, एषा के मन में मोहित मौसा के बारे में ख़ासी उज्जवल धारणा बन गयी। सीमा उसी मोहित मौसा की बेटी थी। आठ भाई बहनों में वह मंझली थी। उससे बड़ा एक भाई था। वह भी यहीं पढ़ता था। करीब महीने-भर पहले, उसके बप्पा ने उसे यहाँ भेज दिया था। उन्होंने सतीश से अनुरोध किया था—'श्रीमती अगर कुछ दिन तुम्हारे यहाँ रहे...' पत्र के अंत में व्यक्तिगत् सुख-दुःख की और भी कई बातें लिखी थीं। उसके बाद, माँ की फूल दीदी ने, आँसुओं में भींगा, आँके-बाँके अक्षरों में, माँ को एक पत्र लिखा। उस पत्र में दिल की ढेरों बातें लिखी गयी थीं—'बहना, हम दोनों बहने, किन्हीं दिनों एक ही डाल के दो फूल की तरह थीं—'। इस जुमले से पत्र शुरू किया गया था। अंत में बेटी के लिए कोई योग्य वर देखने का सविनय अनुरोध किया गया था।

वैसे एषा के डैडी ने विवाह की बात सुनकर, अनमने ढंग से 'हूँ-हाँ' करने के बाद, अचानक कहा, 'नहीं उस लड़की का अगर मन हो, तो उसे स्कूल में भर्ती करा दो। उसे लिखने-पढ़ने दो। वह मोहित' दा की बेटी है। थोड़ा-बहुत पढ़ाई-लिखाई

नहीं सीखेगी?'

छात्र जीवन के बाद, काफी लम्बे अर्से तक उन दोनों की भेंट नहीं हुई, फिर भी मोहित'दा के प्रति उनकी श्रद्धा अम्लान थी।

जब सीमा आयी, उन्होंने उसकी तरफ गौर से देखकर कहा, 'तुम्हारे पापा ने कहा है कि तुम जितने दिनों चाहो, यहाँ रह सकती हो। अब, अगर तुम्हारा मन हो, तो स्कूल में भर्ती हो सकती हो। अपनी मौसी से कहना, वह तुम्हें दाखिला दिला देंगी।'

वे शायद और भी कुछ पूछना चाहते थे। लेकिन, सीमा का जाली में बंधा विराट जूड़ा, चेहरे पर पाउडर और होठों पर सब-जानकार, मंद-मंद मुस्कान देखकर, उनका कौतूहल सहज ही बीच-राह में थम गया।

'ठीक है, अभी तुम जाओ, हाथ-मुँह धोकर...' इतना कहकर वह झटपट अखबार में दुबारा डूब गये।

इस बीच रेवा और बीनू भी आ पहुँची। इन दिनों सीमा कुछ ज़्यादा ही गंभीर रहने लगी थी। गंभीर, फिर भी अनमनी! वह लगभग हर वक्त बरामदे में ही खड़ी रहती थी। एक दिन एषा ने आवाक् होकर सुना, वह डाकिया से खुसफुसाकर पूछ रही थी कि उसके नाम कोई खत्-वत है या नहीं।

उस दिन, रात को डैडी जब खाने बैठे, तो बातों ही बातों में उन्होंने कहा, 'सुनो, डाकिया को ज़रा आगाह कर दो। आजकल वह चिट्ठी बाँटने में काफी गोलमाल करता है। मेरे पत्र वह नाइन-बी में डाल आया।'

'मुमकिन है, कोई नया डाकिया होगा।'

'क्यों? डाकिया क्या फिर बदल गया है?' जो होता आ रहा है, जैसा चल रहा है, उसमें ज़रा-सा भी रद्दोबदल हो, तो डैडी एकदम से परेशान हो उठते थे।

'नहीं, डैडी,' एषा अचानक बोल उठी, 'आज तो मैंने पुराने डाकिये को ही देखा था, जिसे तुमने 'पूजा' में बख्शिश दिया था।' इसके बाद, वह सीमा की तरफ मुखातिब हुई, 'वह हमारा जाना-पहचाना डाकिया है, सीमा दीदी, तुम्हारा कोई ख़त होगा, तो वह ठीक दे जायेगा। क्यों, क्या हुआ?'

सीमा को अचानक हिचकी आने लगी। पानी पीकर, उसने अपने को किसी तरफ सम्हाला।

डैडी ने विस्मित लहजे में सीमा से सवाल किया, 'क्यों, घर से तुम्हें कोई खत नहीं मिला, सीमा?'

'नहीं, मौसा जी, तभी तो आज...'

'हाँ, खत न मिले, तो फिक्र तो होती ही है।'

अचानक माँ ने बातचीत बीच में ही रोक दी उन्होंने डैडी से मुखातिब होकर कहा, 'धीरे-धीरे खाओ, महाराज को और थोड़ा भात दे जाने को कहती हूँ।'

एषा कहने जा रही थी–'कन्तू को तो कल ही सीमा' दी के घर से पत्र मिला है'–लेकिन किसी ने उसके हाथ में चिकोटी काटकर, उसे रोक दिया।

सीमा और बीनू सिर झुकाये, खामोश रहे।

सतीश कुछ नहीं बोले। बोलें या न बोलें? बोलें भी तो किससे बोलें? खाना-पर्व ख़ामोशी से ख़त्म हुआ।

बाद में, ऊपर आकर एषा ने रेवा से पूछा, 'क्या हुआ है?'

सीमा उसे आड़ में खींच ले गयी।

एषा का हाथ पकड़कर, उसने छल छलायी हुई आँखों से देखते हुए कहा, 'सुन, एषा, अगर मेरा कोई ख़त आये, तो किसी से कहना मत, बहना! अगर कोई मुझसे मिलने आये, तो मौसी को मत बताना, मुझसे वादा कर।'

एषा चट् से हाँ नहीं कर पायी। 'तुम ऐसे क्यों कर रही हो?' यह कहकर, वह मारे अचम्भे के थम गयी। यह सीमा जैसे कोई गुनाह कर रही है और अब, वह उसे भी अपने दल में खींचना चाहती है, एषा को जैसे कहीं खट्का लगा। वैसे सीमा के कानों तक उसका सवाल नहीं पहुँचा। वह अपनी रौ में बोलती रही। उसकी आँखों से आँसू बहते रहे, होंठ काँपते रहे। एषा की अचानक नज़र पड़ी, सोचा बेहद अपरिचित लग रही थी, बेहद नयी-नयी और ख़ूबसूरत!

'मैं क्या करूँ, तू ही बता,बहना? उसे उसके भाई पश्चिम की तरफ या जाने कहाँ तो ले जा रहे हैं। जाते हुए, वह एक बार गुपचुप, मुझसे मिलने आयेगा। मैं उसे मना कैसे करती। मेरे माँ-बप्पा ज़रा ज़्यादा-ज़्यादा ही गुस्सा हो गये, वर्ना वह क्या यूँ...?' सीमा ने कहा।

एषा के पल्ले कुछ नहीं पड़ा। उसने बुद्धू की तरह सिर हिला दिया। बाद में, बिस्तर पर बैठकर, यथा नियम भगवान को नमन् करने के बाद भी उसकी आँखों में नींद नहीं उतरी। उसे डर लग रहा था कि सीमा ने उसे जो करने को कहा था, वह करके ज़रूर उसे पाप लगेगा! भयंकर पाप! एषा को पाप से भयानक डर लगता था।

शायद यही सब सोचते हुए एषा को काफी देर तक नींद नहीं आयी। उसे यह समझ में नहीं आ रहा था कि अब, वह क्या करे? अचानक उसके कानों को डैडी की आवाज़ सुनायी दी।

'मोहित' दा ने पत्र भेजा है...'

'बेटी उनकी है, वह जो कहें, वही करना होगा।'

'लेकिन, क्या इसीलिए इतनी-सी लड़की को...?'

'सीमा इतनी भी छोटी नहीं है, विवाह की उसकी उम्र हो चुकी है।'

'खैर, छोड़ो, मोहित' दा आ रहे हैं, उसे ले जायेंगे। मैं एक बार सोच रहा था, एषा के बारे में...'

दक्षिण के चौड़े बरामदे में टहलते हुए, माँ-डैडी बातें कर रहे थे। अब, वे दूसरी तरफ चले गये थे। उन दोनों की बातें अब सुनायी नहीं दी। एषा भयंकर आशंकाओं में घिर गयी। अचानक डैडी ने ऐसा क्या सुन लिया? उसके बारे में क्या बात करनेवाले थे?

'माँ की आवाज़ सुनायी दी, 'मानना होगा, तो तुम्हारी ही बात मानेगी। हज़ार हो, तुम जो कहोगे—'

'तुम' शब्द पर उन्होंने काफी ज़ोर दिया था। उनकी आवाज़ में पराजय की वेदना थी, दबा-दबा क्षोभ था और अप्रत्यक्ष अभिमान था।

'तुम्हारी बात वह खूब मानती है। मेरे कहने से कोई फ़ायदा नहीं होगा।'

'कोई फ़ायदा नहीं होगा'—यह जुमला एषा के कानों में ठक् से बज उठा। उसने यह बात पहले भी सुनी थी। उसे धुंधली-धुंधली याद है। शायद माँ से ही सुनी थी उसने। ऐसी ही एक चाँदनी रात थी! चाँदनी रात के साथ जाने और क्या था? एषा ने अपने तकिये के नीचे हाथ रखा। अब, जाकर एषा को याद आया।

ज़्यादा दिन नहीं गुज़रे, दो वर्ष पहले की बात थी। सारा कुछ मानो चाँदनी में डूबा हुआ था। एषा को ख़ासतौर पर याद है, उसी दिन सामनेवाले मकान की मौली की माँ चल बसी थीं। वह बरामदे में न जाये, डैडी का सख़्त हुक्म था। लेकिन माँ कमरे-बरामदे में आना-जाना कर रही थीं। शायद इसीलिए दफ़्तर से लौटने के बाद, डैडी एषा लोगों को लेकर, बाहर घूमने निकल गये। बड़ी-सी बग्घी में सवार होकर, वे लोग घूमते-फिरते, शव-यात्रा का वक्त बीत जाने के बाद, वह लोग घर लौट आये।

ना, उसे अपनी आँखों से कुछ भी नहीं देखना पड़ा। इसके बावजूद विस्तर पर लेटने के बाद भी उसे नींद कहाँ आयी? उसे भीषण दहशत हो रही थी। मानदा, नौकरानी की बातों ने उसकी दहशत और बढ़ा दी।

एषा की मसहरी खोंसते-खोंसते वह रुष्ट आवाज़ में बुदबुदायी, 'पता नहीं कैसी माँ है। बिस्तर के नीचे, लोहे की एक चाबी तक नहीं रखी! इस घर में उसका कितना आना-जाना था। ज़रा सावधान रहना ज़रूरी है।'

रात, नींद में, एषा अचानक चिंहुक उठी।

उन दिनों उसकी उम्र और भी कम थी। उसने कुल दस वर्ष पूरे किये थे। और-और दिन बिस्तर पर लेटते ही उसे नींद आ जाती थी। उस रात काफी देर तक उसे नींद नहीं आयी। उस रात चाँदनी भी उसे अधिक उजली लगी थी। मसहरी हवा में लहरा रही थी और उसे लगा, जैसे कोई उसके करीब आकर ख़ामोश खड़ा है। उस वक्त जाने किसके घर में पानी की टंकी से पानी उमड़कर, बाहर गिर रहा था। चाँदनी रात में पानी गिरने की आवाज़ तक बेहद अस्वाभाविक लग रही थी।

कुछ देर बाद ही, मौली के घर से दुबारा रुलाई की आवाज़े आने लगीं ज़ाहिर था कि शव-यात्री उसकी माँ का दाह-संस्कार करके लौट आये थे।

उसके बाद ही एषा डर गयी और अचानक चीख उठी। माँ-डैडी, दोनों ही दौड़ते हुए आ पहुँचे।

'ना, तुम लोग मेरे पास रहो।' एषा रोते हुए बार-बार दोहराती रही और उसने डैडी की गोद में अपना चेहरा दुबका लिया।

'तुम इसके पास रहोगी?' डैडी ने माँ की तरफ असहाय निगाहों से देखा।

माँ ने भी एषा के माथे पर हाथ रखा था! उसे तसल्ली दे रही थी। लेकिन एषा की बात सुनकर, वह अचानक उठ खड़ी हुई।

उन्होंने ईषत् हँसकर कहा, 'तुम रुको यहाँ। वह तुम्हें ही चाहती है।'

'हाँ, डैडी ही रहें।' एषा ने दुबारा कहा।

'तुम जानते तो हो, वह तुम्हें ही प्यार करती है। मेरे रहने से वह शांत नहीं होगी। कोई फ़ायदा भी नहीं होगा।'

'कमाल है!' डैडी के लहजे में मीठा-सा तिरस्कार था।

असल में एषा भी समझ चुकी थी कि वह अपने डैडी को ही ज़्यादा प्यार करती है, इस बात को लेकर उसकी माँ को हमेशा से ही ईर्ष्या होती रही। वैसे उनकी और भी चार-चार सन्तानें थीं। उन सन्तानों ने उन्हें, उनका प्राप्य सम्मान दिया, भरपूर प्यार दिया। रेखा भी माँ को प्यार करती थी। लेकिन वह बखूबी जानती थीं, कि बड़ी बेटी का विश्वास उन्हें नहीं मिला।

यह जानकर उन्हें गुस्सा आता था, दुःख भी होता था।

सतीश ने कहा, 'देखो, बाल-बच्चों का प्यार भी अर्जित किया जाता है। जो श्रद्धेय होता है, सभी उसके प्रति श्रद्धा करते हैं।'

वैसे एषा की माँ पति की हर बात पर विश्वास नहीं करती थी। उनका स्वभाव काफी कुछ भू-मालिकों जैसा था। जमींदारी प्रवृत्ति! खेतों में फसल हो या धरती बंजर रह जाये, खेत उन्हीं का रहेगा! एषा के विश्वास, श्रद्धा पर मानो उनका ईश्वर-प्रदत्त अधिकार था। चूँकि एषा से उन्हें यह सब नहीं मिला, इसलिए उन्हें गुस्सा आता था।

इसलिए वे बात-बात में कहती थीं, 'उसके आगे फालतू बकबक करके, कोई फ़ायदा नहीं होगा! कुछ भी फ़ायदा नहीं होगा।'

जुबान से तो वह कहती थीं कि कोई फ़ायदा नहीं होगा, मगर उसे लेकर खींचतान चलती ही रहती थी। बाद में, बहुत बाद में एषा को समझ में आया कि वह प्यार का झूठा अभिनय करके, अपनी माँ को आराम से खुश रख सकती है। श्रद्धा का दिखावा करके, वह अपनी माँ को सुखी कर सकती है। उसकी माँ बहुतेरे लोगों की तरह, नकली प्यार, दिखाने की स्नेह-ममता पाकर ही, इत्मीनान से संतुष्ट रह सकती है। उसके डैडी जैसे इन्सान ही इस दुनिया में अकेले होते हैं। बेहद अकेले! जो निर्जनतम् चुन लेते हैं, चाहे जितना कम-सा हो, जितना भी मामूली हो,

विशुद्ध चीजों या भावों से जुड़े रहते हैं।

'देखो, घृणा करनी हो, तो खुलकर घृणा करो। मुँहजुबानी प्यार का दिखावा मत करो। विशुद्ध घृणा, नाराज़गी—सब कुछ मैं सह सकता हूँ।' उन्होंने एक बार अपने भाई से कहा था।

सयानी होने के बाद, एषा को भी एहसास हुआ, अपनी माँ को वह आसानी से खुश कर सकती थी। काश, बचपन में ही उसे अपनी माँ के स्वभाव की पहचान हो जाती। लेकिन, बचपन में वह खुद भी और तरह की थी। नाटक, नकल करने का भी कारोबार चल सकता है, उसे यह ज्ञान नहीं था।

किसी दोपहरी में बैठे-बैठे, सीमा के बारे में सोचते-सोचते, एषा को यह ख़्याल भी आता रहा।

सीमा के चले जाने के संदर्भ में, वह भी तो जुड़ गयी थी।

मोहित' दा की बेटी होने की वजह से डैडी भले जितना भी स्नेह करते हों, यह ख़त आने-जाने के मामले से डैडी और माँ, दोनो प्राणी, सीमा के संदर्भ में ज़रा बुझ गये थे। रात को लेटे-लेटे, डैडी-माँ की बातचीत सुनकर, एषा बखूबी समझ गयी कि उसे लेकर भी चर्चा हो रही है। सीमा ने ऐसा कुछ किया है...क्या किया है, रेवा, बीनू, कोई भी बता नहीं रही है, हालाँकि तीनो लड़कियाँ अक्सर मिल जुलकर बैठती थीं और उनमें बातचीत भी होती थी।

अगले दिन दोपहर को ही कांड हो गया।

दोपहर को जब घरवाले सो रहे थे। एषा कहानी की कोई किताब लेने नीचे उतरी थी। बिना कुछ सोचे ही, उसने बाहरी कमरे का दरवाज़ा खोला।

कमरे में सीमा और कोई अपरिचित लड़का। सीमा का हाथ पकड़े-पकड़े, वह लड़का कुछ कह रहा था! सीमा की आँखों में आँसू!

एषा पर नज़र पड़ने से पहले ही, लड़के की अनुनयभरी आवाज़ सुनायी दी, 'तुम पत्र देना, मैं गोपाल के यहाँ तुम्हारे लिए ख़त भेजा करूँगा। साल-भर की तो बात है, जैसे-तैसे गुज़र जायेगा। ज़िन्दगी-भर, मैं तुम्हें नहीं भूल सकता! मेरा विश्वास करो।'

एषा को देखकर दोनों ही हड़बड़ा गये।

'ए-षा!...' सीमा अस्फुट आर्तनाद कर उठी। लड़का भाग खड़े होने के लिए बगलें झाँकने लगा। उप-नगर का लड़का! कमर में धोती लपेटी हुई। शर्ट पर छोटी-सी जैकेट!

एषा अचानक सहम गयी। सीमा उसकी तरफ विनती-भरी आँखों से जाने क्या तो कह रही थी। एषा को लगा यह जीया' दी की कोई दूसरी साजिश है। उसके ख़तों के बारे में एषा ने अपने माँ-डैडी के सामने, ज़रा जुबान क्या खोली, इतने-से ही वे दोनो कितने परेशान हैं। अब दुबारा कुछ होनेवाला है।

एषा मन ही मन असहाय हो आयी। वह दौड़कर ऊपर चली आयी। उसने रोते-रोते, माँ को आवाज़ देकर जगाया।

बुद्धुओं की तरह रोते-रास्ते उसने माँ से कहा, 'मैं कुछ नहीं जानती, मेरा कोई दोष नहीं है।'

उसके बाद, जो-जो घटता गया, वह सब बेहद अजीब था; जानकारी-पहचान की सीमा से बाहर! माँ सीमा को डाँटने ही जा रही थी, कि अचानक खुद ही सकपका गयी। सीमा की जुबान से कोई बात नहीं फूटा। वह बिस्तर पर लेटी-लेटी सिसकती रही।

एषा की माँ बार-बार यही कहती रही, 'तुमने हमारा मान-सम्मान नहीं रखा, सीमा।'

वैसे एषा के डैडी ख़ास विचलित नहीं हुए।

उन्होंने धीमे लहजे में कहा, 'मोहित' दा ने लिखा था कि वह खुद ही आ रहे हैं! अब और एक ख़त लिखकर, उन्हें जल्द से जल्द आने को लिख देता हूँ। रेवा और बीनू को भी वापस भेज दो। इधर कुछ दिनों से मुझे लग रहा है, यह सब संग-साथ, एषा के लिए भला नहीं है।'

यही बात, उन्होंने अगर कोई और समय कही होती, तो एषा की माँ शर-तकरार किये बिना नहीं छोड़ती। रेवा, बीनू—सभी उन्हीं की भतीजियाँ थीं। उन्हें बुरी कहने का मतलब था, उन्हें बुरी कहना—ऐसा ही बातों की पोटली खोलकर, वह बैठ जाती थीं।

इस वक्त, उन्होंने कुछ नहीं कहाँ सीमा की करतूत से वह खुद भी डर गयी थीं। वह इतने शांत-शिष्ट, सुरक्षित परिवेश में रहती थीं; उनके चारों तरफ की आबोहवा इस कदर स्थिर और अंचचल थी कि सीमा की करतूत ने वहाँ बाकायदा उपद्रव खड़ा कद दिया था।

'मोहित' दा आ रहे हैं—' यह कहते हुए, एषा के डैडी आवेग से बौखला उठे। छात्र जीवन के बाद, उन्होंने उन्हें नहीं देखा था। रिश्ते में साढू बन जाने के बाद भी उनसे नहीं मिले थे। बगुड़ा अब, ऐसा कोई दूर भी नहीं था, लेकिन बिना किसी कारण, अपनी जगह से हिलने, या घूमने-फिरने का मौका बहुत काम लोगों को मिलता है।

चूँकि उन्हें इतने दिनों से देखा नहीं था, इसलिए मोहित दा के बारे में उजली, रंगीन धारणाएँ, अभी भी अम्लान थीं। मोहित का छात्र जीवन, उनकी तेजस्विता, उनका असहयोग आन्दोलन में शामिल होना—इन सबके लिए, एषा के डैडी खुद ही गर्व महसूस करते थे। वह उनके बारे में इस लहजे में चर्चा करते थे कि एषा भी मन ही मन सोचती थी कि मोहित मौसा बहुत बड़े देशप्रेमी और तेजस्वी इन्सान हैं।

वही 'मोहित' दा उसके घर आनेवाले थे। हालाँकि उनके आने का उपलक्ष्य भला

नहीं था। इसके बावजूद सतीश के यहाँ वह पहली बार आ रहे थे।

सतीश ने कहा, 'सुनो, खाने-पीने का अच्छा बन्दोबस्त करना। वे जेलयाफ़्ता हैं। जेल में एक बार उन्होंने जो किया था...'

सतीश दुबारा अपनी पुरानी कहानियाँ दुहराने में डूब गये। राज-बन्दियों में बाज़ी लगाकर, माँस-मछली खाने की कहानी! मोहित' दा की बातें सुनकर, सुपर साहब के द्वारा उनका गुणगान—एषा ने ये सब कहानियाँ दुबारा सुनीं।

डैडी ने कहा, 'मोहित' दा आ जायें, तो उस समय के अपने चंद दोस्तों को भी ख़बर दूँगा। सभी लोग खुश होंगे।'

वैसे मोहित' दा के पहुँचते ही डैडी का मोहभंग हो गया। मोहित अधमैली धोती-कोट, पान के डिब्बे, टिन की बकसिया से लैस होकर, आ पहुँचे। यहाँ आते ही घर पर सतीश को न देखकर, मानो बेहद आश्वस्त हुए। उन्होंने एक अखबार में भींगा गमछा लपेट रखा था। एषा ने जब आकर उन्हें प्रणाम् किया, तो उनके चेहरे पर इस ओर से उस ओर तक लम्बी-चौड़ी हँसी खिल उठी।

अगले ही पल उन्होंने कहा, 'यह गमछा ज़रा फैला दो।' इसके बाद माँ से मुखातिब होकर, उन्होंने हँसकर कहा, 'ट्रेन में सवार होते ही, माथा भन-भन घूमता है। इसलिए शान्ताहार से ही मैंने सिर पर गमछा बाँध लिया था।'

वे किसलिए आये हैं, चिट्ठी क्यों लिखी थी, उन्होंने इन सब बातों का जिक्र बिलकुल नहीं छेड़ा। वे एक मूढ़ा रखकर रसोई के दरवाजे पर, एषा की माँ के पास आ बैठे। काफी लम्बी भूमिका बाँधकर, बहाने-बहाने से उन्होंने जो कहा, उसका सार-मर्म यह था कि आजकल उनका हाथ बेहद तंग है। सतीश अगर उन्हें कुछ रुपयों की मदद नहीं करेंगे, तो इस ज़िन्दगी में सीमा का ब्याह वह तो नहीं कर सकेंगे।

एषा उस वक्त भी उनके इर्द-गिर्द ही घूम रही थी। मोहित की प्रशस्त पीठ पर बड़ा-सा फोड़ा, छोटो-छोटे ब्रोनो, वैभव धमौरियाँ—कुल मिलाकर, वह विज्ञान की किताब में दी हुई चाँद की तस्वीर जैसी दिख रहे थे। बातें करते-करते, मोहित बीच-बीच में इधर-उधर झाँक भी रहे थे।

उन्होंने लम्बी उसाँस भरकर कहा, 'हँसी-खुशी की गृहस्थी है...इसकी शक्ल-सूरत ही बिलकुल अलग है...'

एषा शायद इतने सबके बाद भी उम्मीद बिलकुल नहीं खोयी थी। पुराने देशप्रेम का बूंदभर भी उनमें कहीं बच रहा है या नहीं, यह देखने के लिए, वह बार-बार मोहित की तरफ देखती रही। उसकी दृष्टि में थी—श्रद्धा!

लेकिन उसकी तरफ मोहित का बिलकुल ध्यान नहीं था। वह तो अपने पोखर-किनारेवाले केले के बाग़ के दखल के मामले के बारे में लम्बा किस्सा छोड़कर, माँ का धीरज ख़त्म करने में लगे हुए थे। उसी वक्त एषा ने अपनी ऑटोग्राफ बुक लाकर, उनके हाथ में थमा दिया।

उन्होंने 'यह क्या? यह क्या?' मुझे यह बुक क्यों दे रही हो?' इतना कहकर वे हल्के-से मुस्करा उठे, लेकिन उन्होंने जल्दी से वह ऑटोग्राफ झपट लिया, जाहिर था, देशसेवक के तौर पर गाँव-गंज के तरुण समाज में ऑटोग्राफ देने की उन्हें आदत थी। उन्होंने कलम लेकर, चंद लाइनें घसीट दीं–

ओ, रे, जाग रे, जाग रे जाग,
तन्द्रा के नशे में क्या भूल गया, रे,
माँ हमारी सिंहवाहिनी!

उन्होंने मंद-मंद मुस्कराते हुए कहा, 'आयेंगे...हमारे भी दिन आयेंगे। समझो, आ पहुँचे हैं! अभी तो युद्ध के दो ही वर्ष गुज़रे हैं! ये लोग भी चले जायेंगे! हमारे भी सुदिन आयेंगे।'

अपनी बात अधूरी छोड़कर, उन्होंने अपनी नज़रें, बाहर की तरफ गड़ा दीं, मानो उनके सुदिन अचानक उस खिड़की से ही दाखिल होंगे।

वैसे सतीश के आते ही उनका रूप पूरी तरह बदल गया। अचानक वह भयंकर रूप से भड़क उठे। उन्होंने क्रुद्ध आवाज में बताया कि सीमा से उस लड़के की आशनाई बहुत पुरानी है। उन्हें उम्मीद थी कि सतीश सीमा को सम्हाल लेंगे।

'अगर तुमने नज़र रखी होती, बिरादर, तो वह लड़का तुम्हारे घर में 'ट्रेसपास' कैसे करता? अन्दर कैसे क़दम रख सकता था?' इतना सुनाकर वह तेज़-तेज़ क़दमों से चहलकदमी करने लगे।

सीमा को फूहड़ भाषा में गालियाँ देते हुए, वे गरज उठे, 'चल, इस बार चल तू, तेरा यह थूथन, मोथड़ा कर दूँगा–'

अगले ही पल वह सतीश से रुपयों की माँग कर बैठे। उनके बारे में बहुत दिनों से पाली हुई ललित-उज्जवल धारणा बिलकुल धज्जी-धज्जी होकर बिखर जाने से, सतीश ईषत विमूढ़ हो आये थे, मोहित को यह बात बिलकुल समझ में नहीं आयी।

'सीमा के विवाह में तुम भी कुछ देना, बिरादर!' यह कहकर, मोहित ने जिस भंगिमा में दुबारा हँसी बिखेर दी, उससे साफ़ जाहिर था कि उनकी माँगने की आदत काफी पुरानी है। चंद मिनटों के ही परिचय में, किसी आदमी के आगे हाथ फैला देना, उनके लिए बच्चों की कॉपी में देशप्रेम का कोई जुमला लिख देने से भी कहीं ज़्यादा आसान है।

अगले दिन ही सतीश ने उन्हें रुपये-पैसे थमाकर विदा कर दिया। जाते समय मोहित कलकत्ता की मछली, मिठाई, फल वगैरह बटोरकर साथ ले गये। सीमा भी रोते-रोते गाड़ी पर सवार हो गयी।

'तेरी यह करतूत मैं कभी नहीं भूलूँगी। देखना, इस चाय के लिए, तुझे क्या सज़ा मिलती है?' सीमा एषा पर अभिषाप की बरसात करती रही।

उसके बाद, रेवा और बीनू भी चली गयीं। अचानक मोहित के बारे में धक्का

खाकर, निरुत्साहित होकर ही, सतीश ने शायद घर-गृहस्थी की ओर मुड़कर देखा।

'सुन, एषा, तुझे स्कूल में भर्ती करा दूँगा। अब से तू स्कूल हॉस्टल में ही रहना।'

एषा की माँ आवाक् रह गयी! आवाक् तो एषा भी कम नहीं हुई।

'क्यों? क्यों? हॉस्टल में क्यों?'

'नहीं, नहीं, दूर चले जाना ही बेहतर है। घर पर रहकर, कुछ भला नहीं हो रहा है।' सतीश ने सिर हिलाकर कहाँ

बरसात की दोपहरी में, अपने डैडी के कमरे में बैठे-बैठे, एषा को पिछली तमाम बातें याद आती रहीं। कुछ ही दिनों बाद, वह हॉस्टल चली जायेगी।

अचानक, नीचे किसी ने कुंडी खटखटायी।

3

कोई दरवाज़ा खटखटा रहा था।

एषा नीचे उतरी!

घुंघराले बाल! हँसते हुए होंठ! प्रश्नभरी निगाह!

उस लड़के ने धीमे से पूछा, 'यह सतीश राय का घर है?'

आवाज़ गहरी! कुछ ज़्यादा ही भारी!

एषा ने सिर हिलाया। उसकी आवाक् नज़रें गाड़ी पर गड़ गयीं।

'उनकी पत्नी को अगर ख़बर कर दें, तो बेहतर है।' लड़के ने अपनी घड़ी पर निगाह डालकर कहा, 'यह कहना ही काफी है कि अनिमेष आया है।'

अब, उसने गाड़ी की तरफ देखकर आवाज़ दी, 'अब, तुम लोग भी उतर सकते हो। पता मिल गया।'

अब एषा की गाड़ी के अन्दर नज़र गयी। गाड़ी में एक और नौजवान और उसकी बगल में एक औरत! तब तक एषा की माँ भी नीचे आ पहुँची। आवाज़ देकर नौकर को नींद से जगाया गया। एषा विस्मित निगाहों से अनिमेष को देखती रही।

'एइ, रिश्ते में मैं तुम्हारा भइया लगता हूँ। कौन-से रिश्ते से, यह मत पूछना। फट् से मैं बता भी नहीं सकता। इसमें बेहतर है, चलो, अन्दर चला जाये।' अनिमेष एषा की तरफ देखते हुए हँस पड़ा।

एषा सकुचा गयी।

'यह क्या, अनिमेष? कोई रिश्ता नहीं है, ऐसा क्यों कहे रहे हो?'

पहली बार एषा की माँ ज़रा सकुचायी हुए नज़र आयीं। उन्हें भी तत्काल कोई रिश्ता याद नहीं आया।

उन्होंने हँसकर कहा, 'रिश्ता तो दोनों तरफ से है, वैसे तुम्हारी माँ को हम

बचपन में 'बहन' ही मानते थे। अच्छा, छोड़ो, ये लोग कौन हैं?'

'ये हैं, मेरा दोस्त कनक, उसकी बहन, विभा!'

'अन्दर आने को कहा।'

'नहीं, अभी वे लोग अन्दर नहीं आयेंगे, छवि मौसी! मैं रायपुर से आ रहा हूँ! लम्बा रास्ता था, इसलिए ये लोग स्टेशन पर लेने आये थे।'

'तुम दोनों यहीं रहते हो?' एषा की माँ ने सौजन्यता दिखायी।

'जी-हाँ, लैंसडाउन टेरेस में! हम बाद में आयेंगे।' विभा की आवाज़ खराशभरी, ज़रा दबी-दबी! लेकिन कंधे तक छाँटे हुए बाल! एक कलाई में घड़ी! मद्रासी साड़ी का हरा आँचल! एषा उसकी तरफ से निगाहें नहीं हटा पायी।

अनिमेष के लिए पहली मंज़िल का बीचवाला कमरा छोड़ दिया गया। अनिमेष ने अपनी किताबों की ढेर मेज़ पर उड़ेल दी। कोने की तिरपाई पर ग्रामोफोन रख दिया।

उसने कहा, 'धीरे-धीरे सब सेट कर लेंगे, क्यों? हाँ, जी, तुम्हारा नाम क्या है?'

'एषा–'

'मैं हूँ–अनिमेष! मेरे नाम में तुम्हारे नाम की प्रतिध्वनि है।'

एषा ने गौर किया, अनिमेष उम्र में उससे काफी बड़ा है। कम-से'कम बारह-तेरह वर्ष बड़ा होगा। लेकिन उससे ऐसे लहजे में बातें कर रहा था, मानो वह किसी बड़ी उम्र के जीव से बातें कर रहा हो।

'ऊपर बैठी-बैठी तुम क्या सोच रही थी, एषा? नीचे जब गाड़ी रुकी, तो हम तुम्हें ही देख रहे थे। विभा ने कहा–ज़रूर यही घर होगा।'

एषा की माँ से मुखातिब होकर अनिमेष ने कहा, 'आपकी बेटी हँसमुख और प्यारी है।'

यह कहते-कहते, उसने ड्रेसिंग गाउन निकालकर, खूँटी पर झुला दिया, दो-तीन जोड़े जूते निकालकर, उसने कोने में सजा दिया। अनिमेष की आँखों पर मोटे शेल का चश्मा! कीमती कपड़े-लत्तों से खुशबू आती हुई! उसकी बातें करने का उसका मृदुल, विनीत लहजा, एषा को विस्मय-विमुग्ध कर गया।

'आपके और बच्चे कहाँ हैं? मुझे बच्चे बेहद पसंद हैं, सच्ची!'

उसने कैमरा निकाल लिया, अगले ही पल उसे वापस भी रख दिया! कैमरा! टॉर्च! ढेर सारी विलायती मासिक पत्रिकाएँ!

छवि ने बौखलाकर कहा, 'अभी ये सब रहने दो, अनिमेष! तुम ज़रा आराम कर लो।'

'आपने ठीक कहा! इस वक्त ज़रूरत है, एक प्याली चाय की! एषा, तुम चाय बना सकती हो?'

अचानक कुछ याद आते ही उसने अगला वाक्य जोड़ा, 'आप चाहें, तो मुझे अनी

बुला सकती हैं। घर में सभी लोग मुझे इसी नाम से पुकारते हैं। चलिये, सामान वगैरह अभी सेट नहीं करूँगा।'

'हज़ार हो, पूरे दो साल के लिए आया हूँ। सामान सेट करने के लिए काफी वक्त मिलेगा। क्या ख़्याल है, एषा?'

'दो साल के लिए?'

'हाँ! दो वर्ष की पढ़ाई करके, हायर एकाउंटेंसी पास करूँगा, तब जाकर पापा के दफ्तर में एंट्री मिलेगी।'

सतीश यह सुनकर ईषत् विस्मित हो उठे।

उन्होंने कहा, 'विजय बाबू के साथ काम करोगे? तुम तो नागपुर के इतिहास में फर्स्ट आये थे न?'

'हाँ, सो तो आया था।'

'फिर...?'

'पापा के धंधे में किसी ने भी दिलचस्पी नहीं दिखायी। भाई मेरिन-इंजीनियर हैं; मँझले भइया व्यवसाय में निकल गये। जब मेरी बारी आयी, तो अचानक पापा ने सीधे-सीधे हुक्म सुना दिया कि मुझे एकाउंटेंसी ही पढ़ना होगी। भाइयों के समय उन्होंने ज़्यादा माथापच्ची नहीं की। हम सब ज़रा ताज्जुब में ही पड़ गये। हमें यह कभी अन्दाज़ा नहीं लगा कि रुपये कमाने के अलावा, और किसी तरफ उनका ध्यान था।'

अनिमेष की आवाज़ ज़रा बुझी-बुझी सुनायी दी।

थोड़ा ठहरकर हँसकर कहा, 'आपके यहाँ रहने का इन्तज़ाम पापा ने ही कर दिया। मुझे ख़बर नहीं थी। ख़ैर, धीरे-धीर आप सभी मान लिया है, मौसा जी!'

'अच्छा ही किया।'

'वैसे मेरा अपना भी स्वार्थ है। जितनी जल्दी हो सके, मुझे अपने पाँवों पर खड़ा होना होगा।'

सतीश ने कहा, 'तुम्हारे पापा ने मुझे नौकरी दिलाने में मदद की थी, इसलिए उनके प्रति मेरी कृतज्ञता का अहसास ज़िन्दा है।'

'इन दिनों आपकी चर्चा मुझे बार-बार सुनना पड़ा है। जो अच्छा लगता है, वही करना, हमेशा भला नहीं होता। एजी ऑफिस में ऑडिट अफसर के तौर पर नियुक्त हुए थे, इसलिए आपने इतनी तरक्की कर ली।'

'तरक्की–' सिर पर हाथ फेरते हुए, सतीश ने अपने चेहरे पर सायास हँसी खिलाने की कोशिश की।

अनिमेष ने उनकी आँखों में बासी हल्की-हल्की उदासी और सुकुमार हथेलियों की असहाय भंगिमा गौर की।

सतीश को आभास भी नहीं हुआ कि उनकी निःसंगता, अनिमेष की निगाहों

में पकड़ी गयी है।

उन्होंने धीमे लहजे में कहा, 'मैं तो मास्टर बनना चाहा था, अनिमेष! मेरा मन था कि मैं कॉलेज में पढ़ाऊँ! और क्या सोचा था, जानते हो? सोचा था मंदिर-स्थापत्य पर कुछ काम करूँगा।'

'जी, मैंने सुना है।'

'यह नौकरी लेने की मुझे ज़रा भी इच्छा नहीं थी। लेकिन मेरी माँ ज़िन्दा थी। उसी का मुँह देखकर, अंत में मैं क्लर्की पेशे में घुस गया। ना, अनिमेष, बेहद निचले दर्जे की नौकरी लेकर, एक के बाद एक विभागीय परीक्षा पास करते-करते, ऊपर उठा। मैं मन-ही-मन बेहद संतुष्ट हूँ, यह तो मैं नहीं कहूँगा, लेकिन मैंने कहा न...आदत से सब कुछ संभव होता है।'

यह सब कहते-कहते सतीश को अहसास हुआ कि अनिमेष से ये बातें करना सही नहीं है।

'बहरहाल, मेरी बातों पर कान मत देना, अनिमेष!' यह कहते-कहते वह उठ खड़े हुए।

लेकिन उनके मन के किसी कोने में कई-कई सवाल उठते ही रहे।

विजय मित्र रायपुर के लब्धप्रतिष्ठित व्यक्ति थे। बेहद सफल और कर्मवीर! उनके जीवन काल में ही उनके नाम पर किसी सड़क का नामकरण हो चुका है। मध्यप्रदेश के उस शहर में उनके धन-सम्पत्ति काफी मशहूर है। जितने सब गुणी-मानी लोग उस अंचल में सैर-सपाटे के लिए जाते हैं, सरकारी कर्मचारी, देश-नेता, साहब-अधिकारी—सभी उन्हीं के घर पर ठहरते हैं। उनका छोटा बेटा, अनिमेष, जाने क्यों तो रोजगार के लिए बेचैन हो उठा है, जाने क्यों तो विजय बाबू ने सतीश को ख़त लिखकर, बेटे को कलकत्ता भेजा है, यह तमाम सवाल सतीश के मन में करवटें लेते रहे। उन्होंने कोई सवाल नहीं किया। उनके स्वभावगत् सौजन्य ने उन्हें रोक लिया।

अनिमेष के आते ही, इस घर का माहौल कहीं से बदल गया।

इतने दिनों उस घर में बहुतेरे बाहरी लोग आते-जाते रहे थे, यहाँ ठहरे थे, लेकिन अनिमेष बिलकुल ही बाहरी दुनिया, किसी अंजाने संसार से आया था। इतने दिनों, इस घर में खाने-पीने, उठने-बैठने में कोई तारतम्य नहीं था। अकेले सतीश ही इसके व्यतीक्रम थे। हमेशा नौकर ही चाय तैयार करके, हर किसी के कमरे में पहुँचा जाता था। नाश्ता तैयार हो जाता, तो महाराज सूचना देता। सब अपने-अपने ढंग से वहाँ जाकर खा लेते थे।

उस घर में अतिथि, आगन्तुक लोगों की कभी कमी नहीं थी। एषा की माँ को उन लोगों से, काफी देर-देर तक गपशप करना, विस्तार से कहानी-किस्से सुनते-सुनाते

हुए खाना खाना उन्हें बेहद प्रिय था। अपने बच्चों को भी उन्होंने कभी नियमितता नहीं सिखायी। कभी-कभार वे बेहद उत्साह से एक ही दिन, ढेरों काम शुरू कर देती थीं। वह कमरों के धूल झाड़ती थीं, कमरे ठीक-ठाक करती थीं, महीने-भर में सामान सुव्यवस्थित करती थीं, बच्चों के कपड़े समेट-सहेजकर रखती थीं। नतीजा यह होता था कि इन सबमें काफी वक्त लग जाता था। सारे सामानों का ढेर लग जाता था या इधर-उधर फैला रहता था। बेटों तक का खाना-पीना रुक जाता था।

नियमित रूप से जीवनयापन करने में भी, आनन्द छिपा रहता था, एषा की माँ जैसे इस बात पर विश्वास ही नहीं करना चाहती थीं। विवाह से पहले, जाने किसने तो मंतव्य दिया था—'तुम पंछी की तरह मुक्त हो, कल-कल कल्लोलिनी, बन्धन तुम्हारे लिए बने ही नहीं।' पता नहीं कहनेवाले ने मज़ाक किया था या नहीं। लेकिन, उस आदमी ने एषा की माँ के दिमाग़ में, कई-कई ऊँची धारणाओं के फानूस भी जला दिया था। पंछी सिर्फ उड़ते ही नहीं फिरते, वे सब नीड़ भी बनाते हैं। लेकिन यह सब एषा की माँ की निगाहों में नहीं आया था। उनके मन में तो यह धारणा घर कर गयी थी कि नियम मानने का अर्थ ही है, गुलामी करना। हर दिन मानो पिकनिक या उत्सव का दिन है—वह इसी ढंग से वक्त गुज़ारने की अभ्यस्त हो चुकी थीं।

नतीजा यह हुआ कि अच्छा या बुरा दोनों ही हुआ।

भले में, फ़ायदे के खाते में, यह लगा कि एषा की माँ के चेहरे-मोहरे, स्वभाव-प्रकृति, मीठी हँसी के कच्ची झलमलाहट क़ायम रही और सारा कुछ नुकसान में भी शामिल किया जा सकता था। यथा—सामानों पर जमी हुई धूल, चावल की टिन में कॉक्रोच, गृहस्थी में असन्तोष!

लेकिन, इस बार माँ भी चकित रह गयी। एक दिन उन्होंने चकरायी निगाहों से देखा कि चाय, मेज़ पर सर्व की जा रही है। एषा खुद चाय उड़ेलकर सबको पिला रही है। काँच के बर्तन भी काफी जाने-पहचाने नज़र आये।

उनका विस्मय तब और बढ़ गया, जब सतीश तक मेज़ के सामने आ बैठे। अनिमेष और सतीश के मौजूद रहने की वजह से बच्चे अपने आप ही शांत मुद्रा में बैठे, शोरगुल कम किया।

सतीश ने ईषत् मुस्कराते हुए कहा, 'देखा न, छवि, जो तुमसे न हो सका, एषा ने कर दिखाया।'

घर-गृहस्थी के छोटे-मोटे कामों में एषा, दिलचस्पी लेती हुई नज़र आयी। जाने किस दराज़ में खूबसूरत पर्दे पड़े हुए थे! इसके अलावा, दीवार पर टाँगी जाने वाली तस्वीरें, फूलदान वगैरह भी उपेक्षित पड़े थे। एषा ने सारा सामान निकाल लिया।

'वाह! अब सुन्दर लग रहा है!'

सतीश ने खुश होकर कहा, 'लगता है एषा को अपनी दादी का स्वभाव मिला

है। जानते हो, अनिमेष, मेरी माँ की बेहद सुन्दर-सुन्दर खूबियाँ थीं। मुझमें जो इतना उत्साह भरा है, सब माँ से मिला है।'

एषा के इस उत्साह के पीछे एक छोटी-सी वजह थी।

उस दिन दोपहर को अचानक विभा आ पहुँची। अनिमेष आज बाहर नहीं गया था। उसे हल्का-हल्का बुखार था।

एषा किसी काम से कमरे में दाखिल हुई। अनिमेष ने उसे अपने पास बुलाया।

'आओ, बैठो, एषा, हम गपशप करें।'

बातों ही बातों में अनिमेष ने सवाल किया, 'अनिमेष' दा आपकी माँ है; बहन शायद नहीं है?' ऐसे ही कई-कई सवाल किये उसने। उनका रायपुर का मकान कैसा है। क्या यह सच है कि अनिमेष' दा के यहाँ ढेरों कुत्ते हैं? सवारी के लिए घोड़े हैं?

'हाँ, एषा, मेरी माँ हैं। लेकिन, वह बेहद, बे-हद व्यस्त महिला हैं—' अनिमेष ईषत् मुस्करा उठा।

हँसते हुए किसी की आँखों और चेहरे-मोहरे पर इतना-इतना दुःख उभर आता है, एषा पहले नहीं जानती थी।

'मेरी माँ कुत्ते पालती हैं, गुलाबों की खेती करती हैं, वह सब एक्जिविशन में प्रदर्शित भी करती हैं और मेडल लेने के लिए शिमला-बम्बई भी जाती हैं। तुम मेरी माँ का नाम नहीं जानती, एषा, जिन-जिन अखबारों में उनकी तस्वीरें छपती हैं, वह सब अखबार तुमने नहीं देखे।'

'माँ की तस्वीरें, कहाँ छपती हैं?' एषा ने अचकचाकर पूछा।

'सच पूछो, तो मेरी माँ छः महीने रायपुर में होती हो नहीं। हाँ, एक जन हैं, जो रायपुर में ही बने रहते हैं, वह हैं, मेरे पापा! वैसे उनके पास सब कुछ है--गाड़ी-घोड़े, कुत्ते भी बड़े-बड़े शिकारी कुत्ते। पापा से वें कुत्ते ज़्यादा डरते हैं या हम लोग, यह सोचनेवाली बात है।'

'अपने पापा से आप बेहद डरते हैं, अनिमेष' दा?'

'नहीं, एषा, मैं शायद उतना नहीं डरता। तुम्हें पता नही, मुझमें भयंकर साहस है—' अनिमेष गंभीर हो आया।

कुछ देर तक कमरे में खामोशी छायी रही। एषा को लगा, अनिमेष के लिए, वह कुछ करे। लेकिन, वह क्या कर सकती है?

काफी सोचने के बाद, उसने पूछा, 'अनिमेष' दा, चाय पीयेंगे?'

'चाय?'

'हाँ, अनिमेष' दा, चाय! मैं बना लाती हूँ। चूल्हे पर चाय का पानी तो चढ़ा ही रहता है, मुझे कोई परेशानी नहीं होगी। मैं चाय बना सकती हूँ, सच्ची!'

'धत्, चाय तो छवि मासी ही नहीं बना पातीं, तुम बनाओगी?'

ऐन उसी वक्त विभा कमरे में दाखिल हुई।

'क्या मामला है, बताओ तो? कनक को तुम्हारी चिट्ठी मिली। क्या बात है? बुखार हुआ है?'

'मामूली-सा! तुम आ गयीं, बहोत अच्छा हुआ। एषा, तुम उसके लिए सारा सामान वगैरह जुटा दो! वह चाय बना लेगी।'

एषा बेतरह सकुचा गयी, थोड़ा विस्मित भी हुई। विभा के बदन पर ग्रे रंग की, गरद सिल्क की साड़ी! गले में पतली-सी चेन! कंधे तक कटे हुए बाल! उन सबसे अंजानी खुशबू आती हुई! खुशबू इतनी तीखी थी कि आँखे मुंद जाती थीं। विभा चाय बनायेगी?

एषा को आवाक् करते हुए, विभा ने सुगृहिणी की तरह चाय तैयार कर ली।

प्यालियों में चाय उड़लते हुए, उसने कहा, 'प्यालियाँ ज़रा साबुन-पानी से धो लेना, एषा! माँ से कहना, प्यालियों से मैच करती हुई प्लेटें खरीद दें और चाय-टाय केतली में न भिंगोकर, टी-पॉट में भिंगोया करो। ठीक है?' विभा के होठों पर प्यारी-सी मुस्कान झलक उठी।

अनिमेष ने कहा, 'उसने कहकर क्या होगा, विभा? एषा बेहद लक्ष्मी लड़की है। लेकिन इनके घर में...इन लोगों को ठीक...' हाथ नचाकर, वह कुछ कहने जा रहा था, बीच में ही चुप हो गया।

'सुनो...? विभा ने एक बार चारों तरफ नज़र डालकर, गंभीर मंतव्य देने के अन्दाज़ में कहा, 'किसी दिन आकर, तुम्हारा कमरा जचाँ दूँगी।'

'घर काफी खूबसूरत है न?'

'हाँ, मगर झट् से यह अन्दाज़ लगाना मुश्किल है।'

एषा के मन में, उस खूबसूरत, अन-पहचानी, फैशनेबल् औरत के प्रति आक्रोश का भाव जाग उठा।

कमरे से बाहर जाते-जाते, विभा की खुसफुसाहट कानों में पड़ी।

वह अनिमेष से कह रही थी, 'अनिमेष, इरा आयी है।'

'इरा आयी है?' मारे विस्मय के अनिमेष की आवाज़ तीखी हो आयी। उसके बाद, दोनों की आवाज़े बिलकुल ही मद्धिम हो गयीं! वे दोनो जल्दी-जल्दी बातें कर रहे थे! दोनों ही उत्तेजित थे! विभा सकुचायी हुई, परेशान!

उसी दिन एषा की समझ में आया कि अनिमेष और विभा, इस घर की चीज़ों को, काफी हद तक फूहड़ और असुन्दर मानते हैं।

इसीलिए, एषा ने अचानक घर की तरफ अपना ध्यान मोड़ दिया। फलस्वरूप एक फ़ायदा तो हुआ कि उसके हॉस्टल में जाने की बात, अनिश्चित काल के लिए दब गयी।

4

इधर उसके हॉस्टल जाने की बात टल गयी। उधर घर के सभी लोगों के लिए, परम ज़रूरत बन गयी। उसके बिना किसी का भी काम नहीं चलता था।

मणि, कनक, हीरक, सभी आकर उससे पूछते थे, 'सुबह क्या नाश्ता करें, तुम बता दो, दीदी!'

परेशान सतीश यह दरयाफ़्त करते थे, 'बड़ी आलमारी किस चाबी से खुलती है?'

महाराज आकर कहता था, 'चलें, भंडार से चीज़े निकाल दें।'

मानदा आँखों में आँसू भरकर कहती थी, 'मेरे तो हाथ-पाँव फूल गये हैं, दीदी, कुछ भी करने में मन नहीं लगता।'

उन दिनों एषा की माँ अस्पताल में थीं।

उन्हें होश नहीं था। कोई भी बात उनके कानों तक नहीं पहुँचती थी। डॉक्टर, नर्स वगैरह सभी लोग उन्हें घेरे रहते थे। बाहर के कॉरीडोर में लम्बी छाया पड़ रही थी और अगले ही पल लुप्त हो जाती थी। सतीश चहलकदमी कर रहे थे। अनिमेष रेलिंग थामे स्थिर, स्तब्ध खड़ा था। सतीश रह-रहकर, पत्नी के मौसेरी भाई, बोनी' दा और बुलबुल भाभी की ओर झुंझलायी हुई नज़रों से देख रहे थे। वे दोनों मरीज को देखने आये थे, धीमी आवाज़ में धाराप्रवाह बोले जा रहे थे। निःसन्तान दम्पत्ति थे, कूचबिहार में रहते थे। बीच-बीच में धमाल मचाने कलकत्ता चले आते थे।

पति-पत्नी में सिर्फ दिल का ही मेल नहीं था, बाहर भी मेल था। दोनों की ही उम्र हो चुकी थी! लाल बुर्राक, नाटा-मोटा चेहरा, जुलजुल आँखे! खुशी अन्दर से उमड़ी पड़ती थी। उन दोनों में मन का असाधारण मेल था, कहा जा सकता है, आदर्श मेल था। बाहर, भीड़ में होते हुए भी, दोनों एक-दूसरे से ही बातें करने में मगन रहते थे। उस वक्त भी वही कर रहे थे। उन दोनों को देखकर ऐसा जाहिर होता था कि लम्बे अर्से तक जुदाई के बाद, अभी-अभी भेंट हुई हो, लेकिन बोनी' दा और बुलबुल भाभी में विच्छेद कभी नहीं हुआ, पाँच मिनट के लिए भी नहीं!

पता नहीं, सतीश के बार-बार घूरने के उत्ताप की उन दोनों को जानकारी भी थी या नहीं।

'टू बैड! बहुत-बहुत बुरा हुआ! छवि का यह हाल हुआ।'

'कौन जाने, छवि असल में बेहद डरपोक है।'

'अचानक ही ऐसा हो गया, और क्या?'

'बुरा लग रहा है! मुझे बे-हद बुरा लग रहा है।'

बुलबुल ने नाक सुड़ककर कहा, 'सतीश को शायद मुझ पर बेतरह गुस्सा आ रहा है।'

'यह तुम कैसी बात कर रही हो, बुलबुल?'

इतना कहकर बोनी'दा उठ गये।

डॉक्टरों में से किसी को देखकर, उन्होंने मुस्कराते हुए दरयाफ़्त किया, 'सब ऑलराइट है न?' वह डॉक्टर की तरफ उम्मीद भरी निगाहों से देखते रहे। उनका स्वभाव ही दायित्वहीन, अपरिपक्व और फुर्तीबाज़ था। उनकी भावभंगिमा ऐसी थी, मानो-भूतना-सा ही हुआ है न कि छवि पर मुसीबत आयी है? टू बैड। बहुत बुरा हुआ! लेकिन, हम लोग आये तो सही! इतनी देर धीमी-धीमी आवाज़ में बतियाते रहे, वक्त के तकाजे पर गंभीरता भी दिखायी, लेकिन अब, और क्यों?

डॉक्टर ने उनकी तरफ देखते हुए, संक्षिप्त-सा जवाब दिया, 'अभी कुछ कहा नहीं जा सकता। आप लोग बोल-बोलकर, हमारे काम में रुकावट न डालें, प्लीज़!'

बोनी'दा को जैसे अपने ही लिए तकलीफ हुई। उन्हें अभी भी यहीं रुके रहना चाहिये। लेकिन, अभी उन्हें बाहर निकलकर खाना-पीना था, दुकान में खरीददारी वगैरह भी करनी थी, रात के लिए थियेटर की टिकट भी काटी जा चुकी है। अब वे सतीश के सामने जाने की बाते कैसे करें?

'वे दोनो चले जायें न!' अनिमेष ने बुदबुदाकर कहा!

'हाँ, हाँ, चले जायें न!' सतीश ने बौखलाकर कहा।

उन दोनों प्राणी ने मानो राहत की सांस ली। वे लोग फौरन उठ खड़े हुए।

'ग्यारह बज गये!' सतीश ने धीमे से कहा।

हवा में उस वक्त भी बुलबुल के कपड़ों की खुशबू तैर रही थी। सतीश को भौंहें सिकुड़ गयीं।

हालाँकि उन दोनों पर गुस्सा करना, उनके लिए नितान्त अर्थहीन और असंगत् है, अनिमेष को ऐसा ही लगा। हर इन्सान की तरह, वे दोनो भी अपने-अपने स्वभाव और आदतों के गुलाम थे। बोनी'दा नामक सज्जन ने यह सोच ही लिया था कि कूचबिहार कामकाज की जगह है और कलकत्ता फुर्तीबाज़ी की। कूचबिहार में बैठे-बैठे वे दोनो सिर्फ धन-दौलत ही संचित नहीं करते थे, अपना उद्यम भी संचित करते रहते थे। वहाँ वे दोनों पैसे-पैसे का हिसाब करते हुए जीते थे, रोशनी की बाती तक भाप-जोखकर उकसाते थे, ताकि तेल अधिक न जले।

जैसे काले-काले कीड़े दिवाली के जलते हुए दीप में जल भरने के लिए, बड़े जतन से अपने को बचाये रखते हैं, वे दोनों भी अपने को कलकत्ता में अपव्यय करने के लिए ही तोड़जोड़ करते थे। यहाँ आकर उनसे पैदल नहीं चला जाता था। उनके साथ हर वक्त टैक्सी रहती थी। वे दोनों जब भी कलकत्ता आते, इस छोर से उस छोर तक सैर-तफरीह किया करते थे। शहर में लगी, तमाम फिल्में, थियेटर, सर्कस उन्हें देखना ही होता था। हर सजी-धजी दुकान नज़र आते ही वे नये उत्साह से वहाँ टूट पड़ते थे। बोनी'दा कलकत्ता की अली-गली से जितना परिचित थे, यहाँ के लोग भी इसके कम जानकार थे। साहबों के मुहाल में पान-ज़र्दा खाने के लिए, कैमेक

स्ट्रीट में चिन्तामणि साहू की दुकान कहाँ है; गृहस्थ मुहाल, भवानीपुर की किस गली में अमृत-आनन्द देनेवाले तेल के पकौड़े कहाँ मिलते हैं, यह सब बोनी'दा की उँगलियों की पोर पर था।

हालाँकि उनके चेहरे पर लालिमा की आभा बनी रहती थी, आँखों की गीली-गीली अस्वस्थता देखकर, अनिमेष को शक था कि अब वे महज़ स्वभाववश जीवन का मज़ा लेते थे, उनकी सेहत यह बर्दाश्त नहीं कर पा रही थी।

कल दोपहर को वे दोनो छवि मौसी को लेकर सैर के लिए निकले थे। आधी रात को छवि मौसी ने देखा कि उनलोगों को फिर घूमने-फिरने का शौक चर्राया है। छवि मौसी को अपनी सेहत का ख़्याल रखना चाहिये था। उनका फक्क चेहरा, चेहरे की आभा शिथिल देखकर, अनिमेष तक को अनायास समझ में आ गया था। लेकिन छवि मौसी खुद भी कम हुल्लड़बाज नहीं थीं। सारा कुछ छोड़-छाड़कर, वह भी इत्मीनान से निकल गयीं। जाते-जाते कह गयीं–'तुम लोग खा-पी लेना।'

लेकिन, रात बारह बजे के बाद किसी पर भी भरोसा नहीं किया जा सकता। कलकत्ता शहर की रातें काफी ख़ामख्याली, बेहिसाबी और दायित्वहीन होती हैं। अभी कुछ दिनों पहले ही चौरंगी की सड़कों पर चलते हुए, अनिमेष ने खुद महसूस किया कि वहाँ की रातें अजीब नशीली होती हैं। उस रात उसी सड़क पर किसी अधेड़ अंग्रेज साहब से वह टकरा गया था। वह अंग्रेज साहब या तो नाविक था या घुमन्तू या फिर चाय-परीक्षक था, जो इन दिनों रॉयल एक्सचेंज की मेहरबानी से अपना सर्वस्व खोकर, म्युज़ियम की परली तरफ के इकलौते लाइट-पोस्ट से लिपटा, अपनी शराबी आँखों में हँसी खिलाकर बुदबुदा रहा था–'इन्टॉक्सिकेटिंग इट गेट्स इन योर ब्लड–'। अनिमेष ने देखा, आस-पास कोई भी नहीं है। रास्ता सुनसान, निर्जन था। कोई एक भी पुलिस नज़र नहीं आ रही थी। साहब नशे में टुन्न था। आसपास कोई चौकीदार भी नहीं था। मोहमयी रात्रि यानी साहब के तन-बदन में दौड़ते खून से खिलवाड़ कर रही थी।

ऐसी रात में बोनी'दा और बुलबुल भाभी को शौक चढ़ा कि बूढ़े, थके-हारे कोचवान और नींद से बोझिल घोड़े को लम्बे रास्ते पर दौड़ाया जाये। कोचवान की चाबुक पीठ पर पड़ते ही, घोड़ा भड़क गया। उसने इस क़दर बौखलाकर तेज़ दौड़ लगायी कि कोई बहुत बड़ा हादसा भी हो सकता था। कलकत्ता शहर में ऐसी दुर्घटना, अक्सर होती रहती हैं। थियेटर रोड के करीब, मशहूर, एक्सिडेंट कॉर्नर, यहाँ हर वर्ष कई आश्चर्यचकित दुर्घटनाएँ घटती हैं। सभी लोग कहते थे कि यह तीन सिरेवाला लाइट-पोस्ट भुतहा और मनहूस है। उसी लाइट-पोस्ट से टकराकर ही घोड़ा थम गया! बड़ी दुर्घटना टल गयी।

उस रात घोड़े को गाड़ी से खोलने, कोचवान को डांटने-डपटने करने, टैक्सी खोजकर घर लौटने–यह जब निपटाते-निपटाते काफी रात हो गयी। लेकिन घर में दाखिल होते-न होते, छवि मौसी, तबीयत ख़राब होने का वास्ता देते हुए, एकदम

से गिर पड़ीं। ऐसी स्थिति में सतीश जैसा धीर-स्थिर व्यक्ति भी एकदम से हतबुद्ध रह गये।

अनिमेष ने ही कहा, 'चलिये, इन्हें अस्पताल ले चलें।'

उसके बाद, काफी सारा वक्त गुज़र गया। ऑपरेशन भी किया गया। लेकिन डॉक्टर चाहे जितना कहें, पत्नी को होश आने से पहले, सतीश घर लौटने को राज़ी नहीं थे। अनिमेष आग्रहभरी निगाहों से, उन्हें गौर से देखता रहा। सतीश और उनकी पत्नी। जितने लोगों ने देखा था, उनमें से हरेक का यही ख़्याल था कि उन दोनों के स्वभाव, रुचि में पहाड़ जैसा फर्क़ था। यहा तक कि, अनिमेष को यह भी लगा था कि सतीश के लिए उनकी पत्नी बिलकुल ही योग्य नहीं हैं। वह संगिनी, बन्धु, सचिव, वह कुछ भी नहीं थीं वह, सिर्फ और सिर्फ पत्नी थीं।

इसके बावजूद इस वक्त उसे लगा कि सतीश, अपनी पत्नी को बेहद प्यार करते हैं। पत्नी की बीमारी ने उन्हें असहाय बना दिया था। हमेशा जो इन्सान अपने में स्वयंसम्पूर्ण लगता था, इस वक्त वह बेहद अधूरे और खंडित इन्सान थे, क्योंकि—छवि मौसी मद्रासी साड़ी पहने, बोनी'दा, बुलबुल भाभी के साथ घूमने जाने के फलस्वरूप, इस कमरे में लेटी हुई थीं।

'इसकी ज़रूरत क्या थी, मेरी समझ में नहीं आ रहा है। इस तरह घूमने-भटकने में भला क्या सुख मिलता है?'

अनिमेष ने धीमे से जवाब दिया, 'मौसा जी, डॉक्टर सेन ने कहा है कि घर होकर आ सकते हैं।'

'नहीं, अनी, यह तुम कैसी बातें कर रहे हो?'

सतीश के चेहरे पर अपराधी जैसे भाव। वह अपने को माफ नहीं कर पा रहे थे।

अनिमेष को लगा कि सतीश भले उम्र में बड़े हों, लेकिन समझ बहुत कम है। मुमकिन है, इस वक्त वह मन-ही-मन सोच रहे हों कि उन्हीं की लापरवाही की वजह से, ऐसी दुर्घटना घटी। उन्हें शायद अभी तक इस बात का बोध नहीं है कि जो घटने को होता है, वह घटकर ही रहता है। हालाँकि वह दुर्घटना क्यों घटी, अक्सर इस बारे में हम तरह-तरह के तर्क, सैंकड़ों व्याख्या और कारण भी खोज लेते हैं।

उसे यह भी लगा कि अब तक उसने जिनते भी लोगों को देखा है, उन्हीं सबकी तरह सतीश भी इन्सान नहीं हैं, इन्सान के भग्नांश भर हैं। उन्हें कई-कई बातें याद नहीं रहतीं। इस वक्त वह सिर्फ अपनी बीवी के बारे में ही चिन्तित हैं, जबकि घर में छोटे-छोटे बच्चों को छोड़ आये हैं। हीरक की उम्र कुल साढ़े तीन वर्ष थी। घर में न कोई आत्मीय-स्वजन, बस, वेतनयाफ़्ता चंद नौकर भर रहते हैं। इस घर में आकर अनिमेष ने यह भी गौर किया था कि उन वेतनयाफ़्ता लोगों को, छवि मौसी अपना नहीं बना पायी थीं। सतीश को अपने बच्चों का भी ख्याल आना चाहिये था। ख़ैर, इन्सान शायद ही कभी पूर्ण होता है। अनिमेष मन-ही-मन चाहे जितना भी उम्मीद

बाँधे, इन्सान कभी सुडौल, सुन्दर, सुपरिणत नहीं हो सकता, कम-सै-कम उसकी जान-पहचान की परिधि में तो नज़र नहीं आया।

'ठीक है, तब आप रुकें, मैं घर हो आऊँ।'

'तुम जा रहे हो, अनी?'

'जी-हाँ, हम दोनो यहाँ रुके रहें, इसमें कोई फ़ायदा नहीं! बच्चों को भी तो देखना है! एषा अभी बच्ची है।'

'हाँ, सो तो है! आज तुम्हारा भी बाहर जाना नहीं हुआ।'

'हाँ, कहाँ जा सका!'

अनिमेष ईषत् फीकी मुस्कान ओढ़े हुए बाहर निकल आया। अब, उसे बेहद थकान महसूस होने लगी! सिर भी भारी हो आया। सर भारी होना, उसका गया नहीं। मुमकिन है, आँखों की वजह से ऐसा होता हो या फिर किसी और वजह से! अनिमेष ने एक रिक्शा बुला लिया।

रोने-धोने से एषा की आँखें लाल हो उठी थीं! घर भी बिखरा पड़ा था। तीतर-बीतर! धेनदा से कोई मोटी-मुटल्ली, गोरी-चिट्टी, खुबसूरत चेहरेवाली महिला बातें कर रही थी! अधेड़ औरत! बेहद बातूनी!

'अब कैसी तबीयत है?' उन्होंने उत्सुक निगाहों से देखते हुए पूछा। जाहिर था, अनिमेष का जवाब सुनकर, वे निराश हुईं। इस क़िस्म की आफत-विपदा की आकस्मिक ख़बर से उन लोगों के जड़ जीवन में ज़रा हरकत होने लगती है!

उन्होंने कहा, 'मणि, कनक, हीरक—सब सो रहे हैं! बाद में फिर ख़बर लूँगी।'

'बच्चों ने खाना खा लिया था, मानदा?'

मानदा ने हाथ उलट दिया। चूँकि वह घर की पुरानी नौकरानी थीं, इसलिए उसे भी बैठे-बैठे दुःखी होने का अधिकार है, उसकी भावभंगिमा ऐसी थी।

'खा चुके हैं। मैंने खिला दिया था।' एषा ने कहा।

'रानी बिटिया! उस दिन तुम चाय बनाने को पूछ रही थी न, चलो, आज मेरे लिए एक प्याली चाय बना लाओ, तो।'

'अभी चाय पीयेंगे? काफी देर हो चुकी है।'

'होने दो! चाय न पीने की वजह से माथा भारी है। मुझे चाय देकर, तुम नहाने चली जाना! हम साथ-साथ खाना खायेंगे। लक्खन, ऐसा करो, तुम घर-द्वार की सफाई कर डालो। मानदा, तुम बच्चों के लिए शाम के खाने का इन्तज़ाम कर लो।'

'महाराज, तुम मुझे याद दिला देना! मैं शाम का खाना बना दूँगी।'

'माँ शाम को नहीं आयेगी, ऊनी'दा?'

'नहीं, एषा! तुम्हारी माँ को कुच्छ नहीं हुआ। चूँकि चोट लगी है, इसलिए वह कुछ दिन अस्पताल में ही रहेंगी। लेकिन, इस वजह से समूचा घर, घरवाले गंदे-शंदे पड़े रहे, इससे क्या फ़ायदा होना है?'

'गंदा-शंदा?' एषा ने तुरंत अपनी फ्रॉक पर नज़र डाली! बाल भी अस्त-व्यस्त थे। अनिमेष ने धीमी आवाज़ में कहा, 'इसमें तुम्हारा कोई क़सूर नहीं है, एषा! नियमित सुन्दर जीवनयापन में, एक किस्म का आनन्द होता है। तुम्हें किसी ने सिखाया नहीं, इसलिए तुम जानती नहीं। जाओ, नहा आओ।'

उसकी हर बात एषा कितने आग्रह से सुनती है, अनिमेष ने उसी वक्त गौर किया। उसके मन में कहीं टीस हुई! वह गहरी ममता से भर उठा। एषा उसकी प्रिय बनने के लिए कितने-कितने जतन करती है, इससे वह अनजान नहीं था। साथ उसके भीतर कोई गोपन आनन्द भी छिपा हुआ था। किसी को वह अपने मन-मुताबिक गढ़ सके, यह उसकी बहुत दिनों की साध थी।

उसी रात, अनिमेष ने उसे ईरा के बारे में बताया।

'हाँ, मुझे बे-हद शौक था कि मैं ईरा को अपने मन-मुताबिक गढ़ लूँ।'

'क्यों?' कुल एक दिन में ही एषा काफी बड़ी हो गयी थी। गृहस्थी की ढेरों जिम्मेदारियाँ उसके कन्धे पर उतर आयी थीं।

सतीश शाम को घर आये, दुबारा वापस चले गये। चूँकि एषा बड़ी हो चुकी थी, इसलिए डैडी के वापस न लौटने तक उसे जगे रहने की अनुमति मिल गयी। उसके मन मे कहीं एक दहशत भी समा गयी थी—माँ अगर न लौटे? मौली की माँ की तरह, अगर कहीं वह भी मर जाये?

वह मानदा के पास जा बैठी।

मानदा ने कहा, 'एक न एक दिन सभी अपनी आँखें मूँद लेंगे, बिटिया! घर गृहस्थी को ठेंगा दिखाकर, एक न एक दिन नाचते-कूदते चले जायेंगे। कोई दो दिन पहले जावेगा, कोई दो दिन बाद!' इतना कहकर, उसने हुश्श से एक लम्बी उसाँस भरी और आँचल बिछाकर सो गयी। एषा वरामदे में एक कुर्सी रखकर, अनिमेष के करीब आ बैठी।

'क्यों, अनी' दा?' एषा ने दुबारा पूछा।

'मेरा बेहद मन होता है, एषा। लेकिन, पता है, वह ऐसी बेदाग़ है कि उसे सिखाने लायक, मेरे पास कुछ भी नहीं है।'

'ये ईरा कौन है, अनी'दा?'

'ईरा, ईरा, विभा की मौसेरी बहन है।'

'वह खूब सुन्दर है?'

'जब आयेगी, तो देख लेना।'

'यहाँ आयेंगी?'

'मैं जैसे ही कहूँगा, वह आ जायेगी। लेकिन, मैं उससे आने को नहीं कहूँगा। उसके आने से मैं परेशान हो जाता हूँ, मेरा सारा कुछ गड़मड़ हो जाता है। इससे तो बेहतर है, वह रायपुर में ही रहे।'

'वह भी रायपुर में ही रहती हैं?' एषा का कौतूहल और गहरा आया। रायपुर के नाम पर, उसके मन में कोई सुनिर्दिष्ट छवि नहीं उभरती। बड़े-बड़े कमरे, ढेरों कुत्ते, गुस्सैल रोबीले पिता—बस, इतना भी उनका समझ में आता था। लेकिन अनिमेष की माँ कुत्ते पालती हैं, गुलाब खिलाकर, शिमला से मेडल लाती हैं—यह सब, वह ठीक-ठाक नहीं समझ पाती। रायपुर के बारे में मनगढ़न्त तस्वीर में, अब एक नया-अदेखा चेहरा आ जुड़ा ईरा का चेहरा!

'रायपुर के अलावा और कहाँ जायेगी, बता?'

'उस दिन तो आप बता रहे थे कि वह कलकत्ता आयी हैं?'

'हाँ, कुछ दिनों के लिए! उसके बिना, माँ का काम नहीं चलता। हालाँकि कैप्टेन नन्दी, ईरा के पिता का जब निधन हुआ, तब माँ ने ही एतराज उठाया था कि उसे वहाँ रहने नहीं देंगी। शुरू-शुरू में वह ठीक तरह से मना नहीं कर पायीं। हज़ार हो, वह ईरा की माँ की सहेली थीं। उन्होंने पापा से कहा कि वह कुछ दिनों के लिए ईरा को अपने यहाँ ला रही हैं। उसके लिए कोई इन्तज़ाम कर दें। लेकिन, मज़े की बात यह हुई कि कुछेक दिनों में ही ईरा, माँ की पल-पल की संगिनी बन गयी। अब कभी जब यह ज़िक्र भी उठता है कि वह उनके पास नहीं रहेगी, तो माँ सख़्त आपत्ति उठाती हैं। लेकिन, एषा, छोड़ों ये बातें। जिन्हें तुम जानती-पहचानती नहीं, उन लोगों के बारे में सुनते हुए, तुम बोर हो जाओगी! मेरी ही भूल है, जो यह बात छेड़ी।'

'मुझे सुनना अच्छा लग रहा है–' एषा ने अपनी आँखों से नींद भगाते हुए कहा।

'क्या सुनना अच्छा लग रहा है?'

'सब कुछ!' एषा ने धीमे से कहा लेकिन, अगले ही पल, वह कुर्सी पर ही सो गयी। अनिमेष ने देखा एषा के अंग-अंग में नींद उतर आयी है, हाथ ते झूल गये हैं। उस वक्त वह इतनी नन्ही-सी लग रही थी कि अनिमेष के मन में उसके प्रति ममता उमड़ आयी। वह ठीक छोटी नहीं रह गयी थी, मगर बड़ी भी नहीं हुई थी। उषा और प्रभात के संधि-समय जैसी निष्पाय सौन्दर्य से भरी-भरी, वह और अधिक सुकुमार और हल्की-फुल्की नज़र आ रही थी।

सतीश काफी रात गये लौटे। क्लान्त, विध्वस्त चेहरा! आँखों के नीचे स्याही!

उन्होंने कहा, 'छवि अब ठीक है, अनी! संकट टल गया। तुमने बहुत किया। आज अगर तुम नहीं होते, तो...'

'अभी नहायेंगे, मौसा जी?'

'नहाऊँ? इतनी रात को?'

सतीश चकरा गये। उन्होंने अचकचायी हुई निगाहों से अनिमेष की तरफ देखा। उनकी आँखों में हँसी झलक उठी। उनकी भौंहें भी नाच उठीं।

'ठीक है! व्हाइ नॉट?'

'मैं भी तो यही कह रहा हूँ! आप नहाँ लें।'

सतीश ने कपड़े बदले। उनके चेहरे और बाँहों से, बदन के बाकी हिस्से अधिक गोरे थे। बदन पर अभी भी तरुणाई की छुअन थी। ऐसा लगा कि उम्र का बोध काफी कुछ भर गया है।

'रुको, पाँच मिनट में आता हूँ!' उन्होंने ऊँची आवाज़ में कहा।

बदन पर पानी उड़ेलने की आवाजें आने लगीं। अनिमेष को याद आया कि उसके पापा बताते थे कि किसी ज़माने में सतीश काफी कुशल टेनिस-खिलाड़ी थे। वह अच्छा गाते थे, मिलने-जुलने के अदब-क़ायदे जानते थे। उनका काफी सुनाम था। सारा कुछ, बंगालीपन से परिपूर्ण था। जो लोग यह कहते हैं कि जिन आदमी में यह सब खूबियाँ होती है, वह विलायती क़ायदे का इन्सान होता है, वह लोग नितान्त ही अनभिज्ञ हैं। उन लोगों ने जीवन में बहुत कम देखा है।

सतीश नहाकर लौट आये। बदन से अभी तक साबुन की खुशबू आ रही थी।

बदन पर बड़ा-सा तौलिया लपेटकर, वह खाने बैठे।

'अरे, तुमने भी अभी तक नहीं खाया?' वह बेतरह चकरा गये।

'आपका इन्तज़ार कर रहा था।'

'सब सो गये?'

'जी-हाँ, एषा काफी देर तक जगी हुई थी।'

'जगी हुई थी न, अनी?'

'काफी रात गये तक!'

'वह जागती रही?' सतीश विस्मित हो उठे। उनकी सवालिया आँखों में परेशानी झलक उठी।

उन्होंने अपने को हल्का-सा धिक्कार भेजते हुए कहा, 'मैं अपनी बेटी को ही नहीं पहचानता। उसकी बीमारी होती थी, तो वह जगी रहती थी या नहीं, मैं तो इस बात से भी अनजान रहा।'

'अनजान रहना, आपको शायद अच्छा लगता है।'

'अच्छा लगे या न लगे, इस दुनिया में हम सभी, मेहमान की तरह ही रहते हैं। मैंने किसी किताब में पढ़ा था—दुनिया में मेहमान की तरह ही भद्र ढंग से रहो; भद्र तरीके से विदा लो। अपने अलावा, तुम्हारा कोई अपना नहीं है।'

'यह बात मैं भी जानता हूँ। मगर यह बात मुझे भली नहीं लगती।' अनिमेष ने माँस की कटोरी अपनी तरफ खींच ली। माँस अभी भी गर्म था।

'क्या अच्छा नहीं लगता?'

'यही...मेहमान बनकर, भद्र ढंग से रहना। मैं तो बाहरी कमरे की दीवार जानबूझकर हटाकर, अन्दर दाखिल हो जाता हूँ।'

'जैसे मैं दाखिल हो गया हूँ?'

'नहीं, आपकी तरह नहीं!'

'फिर?'

'अपनी तरह! अपने ढंग से!'

सतीश ने उसकी तरफ गौर से देखा।

'आज मैंने तुमसे ढेरों बातें की—'

'सभी करते हैं।'

'जी-हाँ!' अनिमेष उठकर बर्तन वगैरह हटाने लगा। सतीश ने गौर किया कि उसका हर काम बेहद सलीके से, साफ-सुथरे तरीके से होता है। यहाँ तक कि उसकी उँगलियों का हिलना-डुलना तक धीर-संयत है मानो अपने को वह सीमा और अनुशासन में रखता है।

'सभी लोग मुझसे दिल खोलकर बातें करते हैं—भइया, मँझले भइया, मारियाँ, माँ—सभी लोगों की बातें, मैं धीरज से सुनता हूँ।'

'पापा?'

'पापा मुझसे क्या, किसी से भी ख़ास बात नहीं करते।'

'मैंने उन्हें अर्से से नहीं देखा।' सतीश को मानो उसके पापा के बारे में पूरी-पूरी तरह जानकारी न हो, फिर भी वह उनके बारे में सवाल कर बैठे, मानो इसलिए उन्होंने अनिमेष से माफी माँगी हो।

अगले ही पल उन्होंने विस्मित लहजे में कहा, 'अनी, तुम्हें मैं जितना देखता हूँ, आवाक् होता हूँ। इस ढंग से मेज़ साफ करना, तुमने कहाँ से सीखा?'

'अपने आप ही! बचपन से ही यह सारे काम करता आया हूँ।'

'बचपन से ही?' सतीश के सीने में मानो धक्का लगा! दर्द का अहसास जाग उठा। बचपन में भी वह ऐसे ही अहसासों में डूब जाते थे और उनका मन होता था कि वह दोस्तों के लिए जान दे दें। उनका मन होता था कि वह दुनिया-जहान के तमाम आँसू पोंछ दें। अनिमेष को देखते हुए उन्हें लगा कि वह जो हर वक्त इतना बड़ा-बड़ा, उम्रदार, परिणत लगता है, उसके पीछे दुनिया की निष्ठुरता का इतिहास है, उसे वह नहीं जानते।

'जी-हाँ, बचपन से! गृहस्थी के काम किसी न किसी को करना ही पड़ता है, मौसा जी! हमारे घर में बहुतेरे लोग हैं। लेकिन गृहस्थी चलाने वाला कोई नहीं था। इसलिए मैं ही करता था। अकर्मण्यता, ढीलमढाल अन्दाज़ मुझे कभी भी पसंद नहीं था। किसी भी मामले में, कोई शिथिलता पापा को भी पसंद नहीं है। लेकिन, मुझे वह हमेशा से ही नापसंद करते आये हैं। हैरत है।'

दोनों, अनिमेष के कमरे में आ बैठे।

'इसके बावजूद धीरे-धीरे घर की ढेरों जिम्मेदारियाँ मुझे अपने ऊपर लेनी पड़ी। वैसे अब, बड़ी भाभी के आने के बाद, मुझे छुट्टी मिली है।'

'रणजय की पत्नी?'

सतीश को हल्का-हल्का याद पड़ा कि बड़े बेटे के ब्याह से विजय मित्र ख़ास खुश नहीं थे। हालाँकि बहू का चुनाव उन्होंने खुद किया था।

'हाँ! बेचारी भाभी! हमारे घर में सात वर्षों से सभी घरवालों का मन जीतने की उम्मीद में अपने को बदलती रही हैं। उनसे कहीं भूल-चूक न हो जाये, इस आशंका से हमेशा तटस्थ रहीं। लेकिन ऐसी बदनसीबी रही उनकी, कि घर का कोई भी बंदा उन्हें दिल से ग्रहरण नहीं कर पाया, अकेले मुझ अभागे को छोड़कर!'

अनिमेष ईषत पड़ा।

उसने दुबारा बातों की कड़ी जोड़ी, 'मैंने उनसे प्रीती-भोज के दिन ही कहा था—'भाभी, घरवालों को देखकर तुम आवाक् हो गयी हो न? लेकिन, तुम बिलकुल मत डरना। तुम जैसी हो, वैसी ही बनी रहना। हम किसी शर्त पर भी तुम्हें दिल से ग्रहण नहीं करेंगे। हममें से कोई तुम्हारा अपना नहीं बन पायेगा फिजूल कोशिश करके, अगर तुम अपने को भी गँवा दो, तो तुम्हारा डबल नुकसान होगा।' उस दिन सभी ने मुझे डपटकर हटा दिया था। अभी भी मैं भाभी को वह बात याद दिलाकर हँसता हूँ।'

सतीश को बार-बार लगता रहा कि अनिमेष-परिवार का घर इतना निष्करुण है, इतने माया-ममताहीन हैं वे लोग, यह जानकारी उन्हें पहले क्यों नहीं थी?

उन्हें तो सिर्फ यह अचरज था कि ऐसे घर में अनिमेष पैदा हुआ, बड़ा हुआ, फिर भी इतना अलग कैसे हुआ?

'आज मेरे पापा की उम्र बासठ वर्ष है, मौसा जी, माँ का छप्पन! बड़े भइया की उम्र है, छत्तीस, मँझले भइया, चौंतिस के हैं। वे सब अभी भी क्या जवान हैं? पापा अभी भी टेनिस खेलते हैं। माँ के चेहरे पर अभी तक एक भी झुर्री नहीं पड़ी। बड़े भइया और मँझले भइया—दोनों ही हर रोज़, अठारह घंटे कामकाज में दौड़-धूप करते रहते हैं। अब भाभी छब्बीस साल की हुईं। लेकिन, वही बेचारी सबसे पहले बूढ़ा गयी हैं। कुणाल और माया, उनके बच्चे तक यह समझते हैं; लेकिन वे दोनों काफी छोटे हैं। लेकिन अब, बातचीत यहीं तक! चलिये, अब आप सोने जायें।'

'तुम नहीं सोओगे?'

'हाँ, जाता हूँ।'

'जाओ, सो जाओ, अनी!'

अचानक सतीश को जाने क्या ख़्याल आया।

उन्होंने अनिमेष की पीठ पर सकुचाते हुए हाथ रखकर कहा, 'अनिमेष, तुम्हारा जब जी चाहे, मुझसे बातें कर सकते हो।'

सतीश ऊपर चले आये और अपने बिस्तर पर लेट गये। अब, उन्हें नींद की ज़रूरत थी। लेकिन अत्यधिक मेहनत करने की वजह से उनकी देह का अंग-अंग अन्दर ही अन्दर दपदपा रहा था।

उन्हें छवि का सफेद-फक्क, बेजान चेहरा याद आया। डॉक्टरों की असन्तुष्ट दृष्टि, सतीश सकुचा गये थे। भगवान जाने कितनी ही बार उन्होंने पत्नी की जान बचा देने की मिन्नत की थी। लेकिन, अब, जबकि छवि ठीक-ठाक है, यह जानकर उनकी चिन्ता ख़त्म हो जानी चाहिये थी। अब, आँखों में नींद उतरना ज़रूरी है। अब नींद आने में, कहीं, कोई बाधा नहीं है। कल से जितनी भी बार, उन्होंने आँखें मूँदने की, उनके और नींद के बीच छवि का सफेद-बुझा-बुझा चेहरा, स्थिर रहा है। उनकी आँखों के चारों ओर पीली-पीली, बीमार आभा। माथे पर लोटते हुए बाल! इसके बावजूद उन्हें नींद नहीं आ रही थी।

अनिमेष उनका कोई नहीं; उससे उनका खून का भी कोई रिश्ता नहीं, लेकिन उस पर उन्हें, बेतरह प्यार आने लगा। उनका दिल कहता है, उसे भी प्यार करना चाहिये।

नहीं, उन्हें नहीं मालूम; कुछ भी नहीं मालूम! अनिमेष का परिवार कैसा है, किस ढंग का, इसकी उन्हें कोई जानकारी नहीं है। उन्हें तो सिर्फ इतना ही समझ में आया है कि अनिमेष के यहाँ आने के पीछे कोई-न-कोई वजह है! शायद कोई गोपन दुःख! अगर किसी दिन वह जान पाये, तो सतीश यथासाध्य उसकी मदद करेंगे!

यह ख़्याल आते ही, सतीश का मन हुआ कि—वह खुद अपना मजाक उड़ाते हुए; ज़ोर से ठहाका लगायें। वह उसकी मदद करेंगे? उनकी अपनी ज़िन्दगी ही बहुत बड़ा गोरखधंधा बन गयी है। बेहद मुश्किल सवाल है, जिसका जवाब सतीश के पास नहीं था। इस वक्त निःशब्द घर में, सिर्फ घड़ी की टिकटिक आवाज़ भर जीवन्त थी। समय गुज़रता जा रहा था। सतीश को याद नहीं कि उनके अपने किसी गुनाह, या बदनसीबी या नियति की साजिश के फलस्वरूप, किसी दिन वह अपनी ही बसायी हुई गृहस्थी से हट आये। अब वह बातें याद आते ही, उन्हें तकलीफ होती हैं। घड़ी की आवाज बता रही थी कि वक्त गुज़रता जा रहा है। वक्त जा चुका है! छवि बीमार है! अब, वक्त नहीं बचा! लेकिन...नींद तो आये!

5

अनिमेष नहीं सो सका।

यूँ जागते हुए, उसने कई-कई रातें गुज़ार चुका था। रायपुरवाले घर की प्रशस्त छत पर, चाँद की उजली चाँदनी में, अपनी लम्बी छाया फेंकते हुए, टहलते रहने की उसे आदत पड़ चुकी थी। जब वह टहलता रहता था, छाया लम्बी होती रहती थी; जब वह बैठा हुआ रहता था, छाया स्थिर छाया स्थिर हो जाती थी। उसे अद्भुत भला-भला लगता था। एक रात यूँ ही टहलते-टहलते, अचानक उसकी नज़र, बाहर

बगीचे पर जा पड़ी थी। बगीचे की सिंचाई करने वाले कुएँ की जगत पर, जो औरत बैठी-बैठी रो रही थी, उसे अनिमेष पहचानता था।

उस वक्त काफी रात गुज़र चुकी थी।

'भाभी, कमरे में जाओ! चलो, उठो! किसी को पता नहीं है कि तुम उठकर चली आयी हो।'

अगर पता चल जाता, तो सच ही मुश्किल होती। उस के सभी लोग ऐसे धातु के बने हुए थे कि इतनी रात को यूँ बैठे रहना बुरा है, यह कोई नहीं कहता। हाँ, उसे रोते देखकर विस्मित हो जाते। उस घर के लोग आँसुओं पर विश्वास नहीं करते। उन लोगों की धारणा थी कि विह्वल या अभिभूत होने का अन्य नाम कमज़ोरी है। कमज़ोरी से उन लोगों को सख़्त नफरत थी।

'तुम्हें रोते देखकर...'

'तुम्हारे भाई और दूर चले जायेंगे। लेकिन, अनी, तुम ही बताओ, ऐसे कैसे चलेगा? दिन पर दिन...महीने पर महीने...'

'नहीं, तुम आँसू पोंछो। ऐसी रुआंसी! महिला से बात नहीं की जा सकती।'

'एक तुमको छोड़कर, अनी...'

'सारा दोष तुम्हारा है। तुम्हें तो मैंने बहुत पहले ही समझाया था कि अपने को बदलना मत। उनका दिल जीतने की कोशिश करने की कोई ज़रूरत नहीं। अब, देख रही हो न, अपने को भी खो दिया और इन लोगों को भी हासिल नहीं कर पायीं।'

'अपने को खो देने में, मुझे कोई एतराज नहीं था, अनी, तुम खो देने की बात कर रहे हो, मुझे अपने को मटियामेट करने में भी कोई एतराज नहीं था, अगर...'

'मटियामेट तो अपने को तुमने कर ही दिया है, भाभी! अब तुम्हारे पास बचा भी क्या है, जिसे तुम अपना कह सको, बताओ।'

'अब सुन रहीं हूँ कि अम्मा जी कुणाल और माया को हॉस्टल भेजना चाहती हैं। तुम्हारे भइया तो खूब खुश हैं।'

'इसके लिए शायद मैं ही जिम्मेदार हूँ। जो दो बेटे हॉस्टल में थे, वे इन्सान बन गये। मैं ही नाकारा और अकिंचन रह गया। मुमकिन है, तुमने माँ से सुना हो।'

'ये बच्चे नहीं रहेंगे, यह सोचकर भी मुझे डर लगता है। तब मैं क्या लेकर रहूँगी? आजकल हर पल इतनी थकान लगती है मानो मेरी कितनी उम्र हो गयी है। मेरे मन में तिलमात्र भी खुशी नहीं है।'

'ऐसा तो होगा ही, भाभी! सात वर्ष होते-न होते तुम सारी हिम्मत, सारी कोशिश हार गयीं। तुमने सोचा था कि तेज़-तेज़ भागने से ही, राह तय करके, मंज़िल तक पहुँच जाओगी। अब तुम देख रही हो, जिस गोरखधन्धे के इर्द-गिर्द घूम रही थीं, इसलिए तुम कहीं नहीं पहुँची। अपने को बूढ़ी तो तुम महसूस ही करोगी।'

'हालाँकि मेरी उम्र, अनी...'

'तुम मेरी ही हमउम्र हो! तुम उठो, चलो, भाभी! कुणाल-माया हॉस्टल नहीं जायेंगे, मैं माँ से बात करूँगा!'

अनिमेष ने माँ से बात की। निलीना बगीचे में बैठी-बैठी, अपने मद्रासी नौकर को कुत्ते को नहलाने के बारे में समझा रही थीं। उनके सिर पर कच्चे-पके, खिचड़ी बाल! दीर्घ, सबल गोरी-चिट्टी देह, नीली साड़ी से ढँकी हुई सिर्फ मेकअप ही नहीं, सेहत ने भी निलीना मित्र को खूबसूरत बनाये रखा था। उनके आस-पास बड़े-छोटे, ग्यारह कुत्ते घास पर लेटे या बैठे हुए थे।

'अनी...?' उन्होंने अचकचाकर पूछा, 'आजकल सुबह-सुबह रहते कहाँ हो तुम? चाय की मेज़ पर भी नहीं आते।'

'सोता रहता हूँ। तुमसे बात करनी थी...'

'अच्छा? एक मिनट!' निलीना ने नौकर को और भी कई निर्देश दिये; उसके बाद वे अनिमेष से मुखातिब हुई, 'हाँ, कहो!'

'कुणाल और माया को हॉस्टल मत भेजो, माँ। उनकी माँ काफी रो-धो रही है।'

'कौन? लता?' निलीना चकित हुई, 'क्यों? रो क्यों रही है?'

'वह बच्चों को शायद हॉस्टल नहीं भेजना चाहती।'

'लेकिन, क्यों? यह लता भी इतना गड़बड़ करती रहती है न...'

'फिर भी, माँ, भाभी अगर नहीं चाहती, तो रहने दो न!'

'क्यों नहीं चाहती? वजह क्या बताती है?'

'उसे पसंद नहीं है।'

'उसे क्या पसंद नहीं है, मुझे नहीं पता, अनी! उसे तो सिर्फ बैठे-बैठे रोना पसंद है।'

'वह क्यों रोती है, तुमने कभी नहीं सोचा, माँ!'

'पता नहीं! रॉनी में भी कोई दोष-पाप नहीं है, न वह किसी तरह का नशा करता है।'

'मुमकिन है, यही सब कुछ नहीं हैं, माँ।' मुमकिन है, भाभी कुछ और भी चाहती हो।'

निलीना ने सिर उठाकर देखा।

'जानती हूँ, तुम प्यार-प्यार का जिक्र उठाओगे–' उन्होंने कहा, 'लेकिन, अनी, रॉनी लता को प्यार नहीं करता, यह क्या मेरा दोष है? मैं जानती हूँ, तुम्हें लगता है, यह भी मेरा ही दोष है।'

'इसके लिए मैं तुम्हें दोषी मानता हूँ?'

'नहीं मानते? मैं समझती हूँ, हर वक्त तुम मुझे ही दोष देते रहते हो; हर वक्त मेरे ही बर्ताव में दोष ढूँढ़ते फिरते हो। लेकिन, क्यों, बताओ तो? तुम्हारे भाइयों के बात करते हुए मुझे इतने सारे 'किन्तु-परन्तु' का सामना नहीं करना पड़ता।'

'तुम अच्छी तरह जानती हो कि मैं उन लोगों से कहीं ज़्यादा भला बेटा हूँ।' अनिमेष हँस पड़ा।

'हाँ, जब तुम बच्चे थे, मुझे यही लगा था।' निलीना ने मुँह फेर लिया।

अचीन्हा रह गया! उनका छोटा बेटा बिलकुल ही अचीन्हा रह गया, इसीलिए उससे बातें करते हुए, उन्हें इतनी तकलीफ होती थी।

'मेरे बचपन की याद है तुम्हें?'

'है क्यों नहीं, अनी? खैर, अब तुम मुझे परेशान मत करो। तुमसे काम की कितनी-कितनी बातें करनी थीं, सब गड़मड़ हो गया।'

'तो फिर, भाभी से मैं क्या कहूँ, माँ?'

'लता को? चलो, ठीक है, अगर वह बच्चों को हॉस्टल नहीं भेजना चाहती, तो न भेजे। मैं भला क्यों ज़ोर-ज़बर्दस्ती करने लगी?'

'तुम क्या नाराज हो गयी, माँ?'

'नाराज़ क्यों होने लगी?'

'तो नाराज़ हुआ करो न! मेरा तो ख़्याल है, बीच-बीच में तुम खूब गुस्सा किया करो, खू-ब उदास हुआ करो, फिर कभी-कभी खुश भी हुआ करो—तुम ऐसा भी तो कर सकती हो।'

'आज तुम्हें क्या हुआ है, अनी?'

'किसको, क्या हुआ है?' उधर से अनिमेष के भाई, रणजय ने पूछा। शिकार करने जाकर, उसके कन्धे पर चोट लगी थी। अभी भी उसकी एक बाँह भुलाकर बांध दी गयी है, वर्ना कन्धा दर्द करता था। सिर पर हल्का-हल्का चांद निकल आया था, लेकिन गोरा-चिट्टा, बलिष्ठ चेहरा! होंठ कुछ ज़्यादा ही पतले और सीधे, ईषत् निष्ठुर नज़र आते हुए!

'किसे, क्या हुआ?' रणजय ने दुबारा पूछा।

'मुझे कुछ हुआ है! माँ यही पूछ रही थी कि मुझे क्या हुआ है?'

'मेरा दिमाग़ ख़राब हो गया है या मैं जानबूझकर पागल हो गया हूँ। तुम लोगों के साथ-साथ, घर के सभी लोग कुछ ज़्यादा ही सेहतमंद और स्वाभाविक हैं। लेकिन मेरी नज़र में इतनी ज़्यादा स्वाभाविकता एक क़िस्म की अस्वस्थता है और मैं ग़लत नहीं हूँ।'

अनिमेष लता के पास पहुँचा। लता बच्चों को सामने बिठाकर खिला रही थी। अनिमेष वहीं बैठ गया।

'का-कू!' कुणाल खुश हो गया।

इस घर के लोगों में अनिमेष ही एकमात्र ऐसा बंदा था, जिसे यह बात याद रहती थी कि इस घर में दो छोटे-छोटे बच्चे भी रहते हैं।

'क्या काकू-काकू? काकू-काकू क्या? अरे, हाँ, सुनो, भाभी, कुणाल-माया यहीं

पढ़ेंगे। पापा यहाँ के स्कूल में इतने-इतने रुपये दे रहे हैं, इतने वर्षों से दिये जा रहे हैं, हमारे घर का कोई भी बच्चा वहाँ न पढ़े, यही सही नहीं है। क्यों? तुम क्या कहती हो?'

लता ईषत् मुस्कारा उठी।

लेकिन, अगले ही पल वह सहम गयी।

'माँ कहीं नाराज़ तो नहीं हुई?' उसने पूछा।

वह कभी नाराज नहीं होती! नाराज तो मामूली लोग होते हैं। माँ क्या मामूली इन्सान हैं? लेकिन, छोड़ो!! वे नाराज़ हुईं या नहीं, खुश हुईं या नहीं, यह सब मत सोचो, मंझली भाभी, ईना, तुम से काफी-काफी ज़्यादा चालाक हैं। लेकिन, जाने दो, अब एक काम की बात सुनोगी?'

'क्या?'

'मुझे इस घर-गृहस्थी के दाय-दायित्व से मुझे रिहाई दो, भई, कुछ-कुछ जिम्मेदारी तुम भी लो–'

'मैं जिम्मेदारी लूँ?'

'हाँ, भाभी, इस घर में सभी लोग चाहते हैं कि उन्हें सब कुछ मिले, लोग घड़ी के कांटे के साथ चलें, लेकिन इसके लिए वह बूंद भर भी कोशिश नहीं करना चाहते। इतने दिनों जो सब कुछ चलता रहा था चल रहा है, उसके लिए नौकरों-चाकरों को धन्यवाद देना चाहिये। सबके सब तैयार कर्मचारी हैं।'

'माँ ने कुछ कहा?'

'नहीं, माँ कुछ भी बोल रही हैं। इन दिनों मैंने कितनी सारी जिम्मेदारियाँ ले रखी हैं, इसकी उन्हें जानकारी नहीं है। तुम भी कुछ जिम्मेदारियाँ सम्हाल लोगी, तो उन्हें ख़बर नहीं होगी। हाँ, अर्से बाद, अगर उनकी नज़र पड़ गयीं, तो वह हँस देंगी, हल्का-फुल्का मज़ाक कर लेंगी। लेकिन इससे क्या तुम्हें कोई ख़ास फर्क़ पड़ेगा?'

'नहीं', अनी!

'मुझे भी अब, थोड़ी छुट्टी चाहिए।'

'क्यों, बताओ तो?'

'देखना, कुछ ही दिनों में मुझे लेकर, इनलोगों में कितनी कलह मचती है।'

'क्यों, अनी?'

अनी बताने ही वाला था, मगर रुक गया।

उसने प्रसंग बदलते हुए कहा, 'वह तो किस्मत अच्छी है कि शत जाग-जागकर मैं छत पर टहलता रहता हूँ। इसलिए तुम पर नज़र पड़ गयी! क्यों?'

'हाँ–'

'तुम जो काम करने जा रही थीं, फिर कभी मत करना।'

'कौन-सा काम?'

'तुम खुद जानती हो। हम सब उतने सौभाग्य के योग्य नहीं हैं, भाभी!'

इसी तरह, एक बार रात जागते-जागते इरा भी एक दिन उठकर, उसके पास चली आयी थी। उस रात उठकर अनिमेष के करीब आने, उससे बातें करने के लिए, उसे अद्भुत साहस की ज़रूरत पड़ी थी। इरा जानती थी कि वह इस घर में आश्रिता मात्र है। किसी आश्रिता की इतनी मजाल? मुमकिन है, निलीना मित्र उसे माफ़ नहीं भी करतीं।

उसे कुछ भी ख़्याल नहीं रहा। वह छत पर चली आयी।

उसने कहा, 'तुम कलकत्ता मत जाओ, अनी! मेरी वजह से तुम्हारे घर में काफी कलह मचेगी। बेहतर है, मैं ही यहाँ से चली जाऊँ।'

'कहाँ जाओगी?'

'जगह कहीं न कहीं जुट ही जायेगी। इसके अलावा, मैं किसी नौकरी की भी कोशिश कर सकती हूँ। तुम्हारी माँ से मैंने बहुत कुछ सीखा है। क्यों? सीखा है न?'

'मेरी माँ से तुमने जो कुछ सीखा है, बाहर की दुनिया में, उनकी ख़ास ज़रूरत नहीं होती।'

'फिर भी...मेरे लिए तुम...'

'बेवकूफी मत करो। जाओ, नीचे जाओ, इरा!'

'तुम जा क्यों रहे हो?'

'इसलिए कि मैं जल्द से जल्द अपने पैरों पर खड़ा होना चाहता हूँ। बड़ी आसान-सी बात है, तुम क्यों नहीं समझ रही हो?'

'अपने पैरों पर खड़े होने की इतनी हड़बड़ी क्यों है तुम्हें?'

'जब मुझे तुमसे ही शादी करनी है, बशर्ते कि तुम राजी हो, तो ज़्यादा देर करने से क्या फ़ायदा? बताओ?'

'अनी!'

'और हाँ, तुमसे बताना भूल गया था मैं...ग़लती हुई मुझसे! अब बता रहा हूँ...मैं तुमसे प्यार करता हूँ, भाभी भी जानती है।'

अनिमेष हँस पड़ा।

'तुम्हें अभी भी मज़ाक सूझ रहा है! तुम अक्सर ही मज़ाक करते हो।'

'मज़ाक करता हूँ; हँसी उड़ाता हूँ; व्यंग्य करता हूँ; क्योंकि इस घर में किसी से भी स्वाभाविक होना, नहीं चलता।'

'इना के साथ तुम आराम से गपशप करते हो।'

'बे-शक़! इना मोहक बातें करती है, सूरत-शक्ल से भी ख़ूबसूरत है, बढ़िया टेनिस खेलती है, यहाँ के हर सामाजिक कार्यक्रम की वह जान है।'

'जानती हूँ।'

'माँ तुम्हें हमेशा सीख देती है कि तुम इरा जैसी बनो। लेकिन, मैं नहीं चाहता कि तुम इरा जैसी बनो!'

'क्यों?'

'तुम, तुम ही रहो। यही बात मैं सबसे कहता हूँ, इसलिए तुमसे भी कहा! लेकिन...तुम नीचे जाओ, इरा! इस तरह छिप-छिपकर बातें करना, मुझे भला नहीं लगता।'

इरा नीचे चली गयी।

अगले दिन सुबह वह कहीं नज़र नहीं आयी।

भाभी ने बताया, 'उसे ठंड लग गयी है, अनी, बुखार चढ़ गया है। वह ठंड खा गयी है, इस बात पर माँ ने उसे कसकर डांटा।'

'क्यों? इसलिए कि बुखार उनसे पूछे बिना आ धमका?'

'तुम न अजब ऊलजलूल बातें करते हो, अनी, माँ बिलकुल भी ऐसी नहीं हैं।'

'देखो तो, ज़रा अपने ढंग से उन्मुक्त जीवन मिला नहीं कि फिर इन लोगों में अच्छी-अच्छी खूबियाँ खोजने में भिड़ गयी हो।'

'चलो, छोड़ो, मैं तुमसे बातों में जीत नहीं सकती। अभी मेरे ढेरों काम पड़े हैं।'

'मसलन...?'

'ऊनी कपड़े धुलाने हैं। तुम्हारे डैडी आज बम्बई से तीन मेहमानों के साथ लौट रहे हैं। उन लोगों के लिए कमरे वगैरह ठीक करने हैं।'

'खुद इतना परेशान क्यों हो? मैं तो ये काम नौकरों के जरिये निपटा लेता।'

'नहीं, तुम्हारे डैडी सारा काम बिलकुल ठीकठाक चाहते हैं, वर्ना नाराज़ हो जायेंगे।'

'नहीं, तुमको कुछ नहीं कहेंगे। हाँ, शायद कुछेक नौकरों की छंटाई कर देंगे।'

'ऐसी बातें मत करो। मुझे तो यह सोच-सोचकर डर लगता है।'

भाभी हँसते हुए, अपना काम निपटाने चली गयीं।

अनिमेष ने गौर किया, इन चंद दिनों में ही उनके चेहरे पर ख़ासी प्रफुल्लता छा गयी है। अब, वे हँसती-मुस्कराती नज़र आने लगीं हैं। लेकिन, भाभी, माँ साराज़ क्यों हुई, यह तो नहीं बताया।

भाभी दौड़कर करीब आ पहुँची।

इस घर में कोई किसी से चीखकर या ज़ोर-ज़ोर से बातें नहीं करता, इसलिए उन्होंने सहमी हुई आवाज़ में कहा, 'क्या करते हो?'

'बताओ न।'

'परसों माँ का फ्लावर-शो है न?'

'इना कहाँ है?'

'इना को माँ ने शायद कहा था। इरा तो माँ के काम में ही लगी रहती है। उनका

सारा काम वही तो करती है। उसके बिना माँ को बेहद परेशानी होती है।'

अनिमेष को याद आया कि इसी इरा को घर लाने में, माँ ने कितनी-कितनी आपत्ति उठायी थी।

उससे पहले अनिमेष ने इरा को नहीं देखा था। कहना चाहिये, वे लोग शहर से कहीं बाहर रहते थे। हाँ, कभी-कभी वह शाम के झुटपुटे में, अपनी छाती से बैग चिपटाये, बाज़ार के करीब स्थित, अनन्त पुजारा के घर की तरफ जाती हुई नज़र आ जाती थी।

पुजारा परिवार का बेटा, यशपाल, अनिमेष का दोस्त था।

जाने किसने तो एक दिन उसी से पूछा था, 'पगले कप्तान की बेटी, तेरे घर क्यों जाती है, रे यशी?'

'बेबी तो पढ़ाती है।'

'बेबी तो अब बम्बई रहती है—'

'तब शायद कोई-कोई चीज़ें बेचने आती है। मेरे बापी को वह 'अंकल' जो कहती है।'

'तेरे घर जाकर, सामान बेचती है?'

'और नहीं तो क्या, बाज़ार में घूम-घूमकर बेचेगी?'

अनिमेष को अचरज हुआ था, क्योंकि अनन्त पुजारा खासा धनी, कोयला-व्यवसायी था, लेकिन इससे भी ज़्यादा 'दाता' के रूप में उसकी अधिक शोहरत थी। हर तरह के काम में वह दिल खोलकर दान-ध्यान करते थे। अपने बेटे, यशपाल से वह जब भी नाराज़ होते थे, वह छूटते ही धमकी देते थे—'दे दूँगा, सब चैरिटी में दे दूँगा। इस शहर में आठ हाथ की धोती में आया था, जंगल से रीठा बटोरने की ठेकेदारी मिली थी। तेरे लिए, अंत में वैसी ही आठ हाथ की धोती छोड़ जाऊंगा।'

अनिमेष को यह बात, आसानी से समझ में आ गयी कि अनन्त पुजारा असल में कैप्टेन नन्दी की मदद करते थे।

निलीना मित्र ने कहा, 'इस शहर में इतने-इतने लोग रहते हैं। इतने सारे बंगाली हैं! जाने कितने ही लोगों से कैप्टेन नन्दी की मेल-मुलाकात है। लेकिन, किसी ने भी उनकी मदद नहीं की, सिर्फ अनन्त पुजारा ही मदद करते रहते हैं, इसका क्या मतलब है?'

'ब्रूट! जानवर!'

निलीना मित्र ने एक ही जुमले में कैप्टेन नन्दी के प्रति रायपुर के सभी बंगालियों के मनोभाव जाहिर कर दिया।

'हाँ, ब्रूट! कहना चाहिये, उसी ने आरती को मार डाला।'

'माँ!'

'तुम नहीं जानते, अनी, आरती जैसी औरत मिलना मुश्किल है। वह हम सभी

की मित्र थी।'

गुस्सा चढ़ते ही निलीना मित्र की बुनाई तेज़ हो जाती थी।

उनके कान के हीरे झलक मारने लगे। वह तेज़-तेज़ उंगलियों से ऊल की बुनाई करने लगीं।

'मैंने सुना है कि पत्नी के निधन के बाद ही, कैप्टेन नन्दी वैसे हो गये हैं।'

'सुधांशु अगर पत्नी को उतना ही प्यार करता, तो आरती जब ज़िन्दा थी, तब उसके प्रति ज़रा समझदारी दिखाता। नौकरी पकड़ता था, वहाँ झगड़कर, नौकरी छोड़ देता था। अरे, भइये, नौकरी बिना जब तुम्हारा काम नहीं चलनेवाला, तब तुम्हें ऐसी खामख़्याली नहीं करनी चाहिये न!'

'हाँ, सो तो सच है। मुमकिन है, अपने स्वभाव पर उनका वश नहीं था।'

'पत्नी जब मर गयी, तो एकदम से टूट गया। हुंहः खाक् टूटा था। नौकरी छोड़कर, मनमाने ढंग से पागलपन करने का बहाना था। सबके सामने यह दिखावा करना था कि आरती को वह कितना प्यार करता था।'

'अब, उनका गुज़ारा कैसे होता है, माँ?'

'भगवान जानें।' निलीना ने सिर हिलाया। उनके पतले-पतले अभिजात्य युगल-होंठ कस गये; मानो कोई न्यायाधीश, किसी पापी-गुनहगार को सज़ा सुना रहा हो, 'खैर, उन लोगों के बारे में फिक्र करने की ज़रूरत नहीं है।'

'माँ, यह बात मेरी समझ में आती।'

'क्या समझ में नहीं आती?'

'वह लोग बदनसीब हैं। मुमकिन है, बहुत सारी ग़लतियाँ की हैं। लेकिन, हम सब उनके बारे में न सोचें, तो सारा झगड़ा निपट जायेगा?'

'तो क्या किया जाये? सुधांशु और उसकी बेटी को यहाँ ले आऊँ?'

वैसे शहर के और लोगों ने अनिमेष को और ही बात बतायी। नन्दी साहब नौकरी लेकर ईरान गये थे। वहाँ तेल के खादान की खुदाई हो रही थी। वहाँ विस्फोट की आवाज़ से उनके दिमाग़ को चोट लगी और वह नर्वस ब्रेकडाउन जैसी तकलीफ के शिकार हो गये। उन्हें मुआवज़े के तौर पर मोटी रकम मिली।

उसके बाद, वे स्थिर होकर, कोई काम नहीं कर पाये। उनके ससुर ने बेटी-दामाद को खूबसूरत-सा एक घर दिया था। सुधांशु नन्दी जितने दिन काम करते रहे या जब-जब नौकरी में थे, उनके शौक-आल्हाद की हद थी। इसी रायपुर में बैठे-बैठे, वह नये-नये मॉडल की गाड़ी मंगाते, पत्नी को नयी-नयी साड़ियों से सजाते थे! क्लब के उत्साही मेम्बर थे। सभी लोग उन्हें प्यार करते थे।

सभी लोगों का यह भी कहना था कि जब उनकी पत्नी मरीं, तब उनका मर जाना ही उचित था, क्योंकि बहुत जल्दी ही, प्रायः चार-पाँच वर्षों के अन्दर सारा कुछ, सुधांशु नन्दी की हथेलियों की दरार से फिसलकर उड़ गया। नौकरी, जमा-पूँजी, यहाँ

तक कि अपनी सेहत तक निःशेष हो गयी।

नाते-रिश्तेदार कितने दिन मदद करते? धीरे-धीरे सब खिसक गये। उन दिनों इरा नन्दी काफी छोटी थी, अब सयानी हो चुकी है। रायपुर शहर में उन्नीस या उन्चालिस की उम्र में, बाहर निकलकर रोज़गार कमाने की कोई राह ही नहीं थी। स्कूल के कामकाज के अलावा और कोई उपाय नहीं था।

लेकिन, इरा तो सीनियर केम्ब्रिज भी पास नहीं कर पायी यानी छोटी-मोटी नौकरी या काम करने लायक योग्यता भी उसमें नहीं थी। इसलिए छोटी-छोटी लड़कियों को पढ़ाने के अलावा, वह और कुछ कर भी नहीं सकती थी।

यह काम भी उसे छिपाकर करना पड़ता था, क्योंकि दूसरी तरफ कैप्टेन नन्दी, (उनके शौकीन स्वभाव की वजह से, शहर के लोग उन्हें 'कैप्टेन' और उनके पागलपन की वजह से उन्हें 'पगला कप्तान' कहते थे) भयंकर अहंकारी और खर-दिमाग़ इन्सान थे। इसलिए इरा को छिपकर काम करना पड़ता था। इसीलिए सुधांशु नन्दी के पास कोई काम नहीं था, क्योंकि वह बात-बात में नौकरी छोड़ देते थे। वह एकदम से चींख उठते—'दान कर रहे हो? मैले-मैले नोट दे रहे हो?'

जाने कैसे तो उन्हें इरा की नौकरी की ख़बर मिल गयी। इस जानकारी के बाद, वे अनन्त पुजारा को प्रायः मारने दौड़ पड़े।

अनन्त पुजारा ने कहा, 'सुधांशु बाबू, आपकी बेटी, मेरी बेटी जैसी है। बेबी को उसने थोड़ा-बहुत पढ़ाया था...'

लेकिन उस वक्त मारे गुस्से के, सुधांशु नन्दी की आँखें मानो अंधी हो गयी थीं। जवाब में, उन्होंने अनन्त पुजारा का भयंकर अपमान किया और ऐसी-ऐसी बातें कहीं, जिसके लिए उन्हें हरगिज माफी नहीं दी जा सकती थी।

'रुपये देकर तुम लोग सब ख़रीदना चाहते हो? हमारी लड़कियों की शिक्षा-दीक्षा तक खरीद लेने की मंशा है?'

सुधांशु ने उनकी जाति, उनके कारोबार के नाम पर भी गालियाँ सुनायीं।

अनन्त पुजारा ने धीमे लहजे में सिर्फ इतना ही कहा, 'मेरी शिक्षा-दीक्षा नहीं हुई, सुधांशु बाबू! मैं निहायत अनपढ़ और अशिक्षित हूँ। लेकिन, मैं देख रहा हूँ कि आप लोग जैसे शिक्षित लोगों के मुक़ाबले हम अशिक्षित लोग कहीं ज़्यादा भले हैं। जाइये, आप घर जाइये।'

जब वह घर पहुँचे, इरा ने अपने पिता का विरोध किया। गुस्से में आकर उसने ढेरों बात सुनायीं। यह भी बताया कि अनन्त पुजारा काफी लम्बे अर्से से उसकी मदद करता आ रहा है। वह कितनी तकलीफ से गृहस्थी चलाती है, उसके पिता इसकी कितनी-सी ख़बर रखते हैं।

सारा वृत्तान्त सुनकर, सुधांशु नन्दी एकदम से गुम हो रहे। उन्हें शायद पहली बार समझ में आया कि उनका अपराध बेहद संगीन है। उन्होंने सच ही बहुत बड़ा

गुनाह किया है। उनका ख्याल था कि वह आरती को प्यार करते थे। लेकिन अब जाकर उन्हें अहसास हुआ कि वह भी उनका स्वार्थ था। अगर वह आरती को सच ही प्यार करते थे, तो आरती की बेटी की इतनी अपेक्षा क्यों की? उन्होंने अपनी जिम्मेदारी का निर्वाह क्यों नहीं किया?

उन्होंने अपनी चारों तरफ नज़रे दौड़ायीं! जीर्ण दीवारें, उपेक्षित बाग़। घर के सभी अमबाब-पत्तर पर उपेक्षा के स्पष्ट निशान नज़र आ रहे थे। उन्हें लगा, अब भी समय है। एक बार फिर कोशिश की जा सकती है, लेकिन अब उनमें इतना दम नहीं रहा। अब तक उन्होंने अपने को ख़र्च कर डाला है। उन्होंने भूल की है। सारा भयंकर भूल में परिणत् हो गया है।

उसके बाद, सुधांशु नन्दी ने आत्महत्या कर ली। बन्दूक उनकी अपनी थी।

इस आखिरी कायरता, भीरुता के फलस्वरूप इरा का जीवन और जटिल हो गया। तब, कुछ दिनों के लिए निलीना मित्र इरा को अपने घर ले आयीं। उसके बाद, इरा उस घर के लिए बेहद ज़रूरी बन गयी। निलीना मित्र उसे छोड़ने को राज़ी नहीं हुईं। वैसे इरा को उस घर में सिर्फ निलीना मित्र ने ही चाहा, बल्कि वह और एक प्राणी की भी चाहत बन गयी।

अनिमेष को ये सारी बातें याद आ गयीं।

इसीलिए दो वर्ष बाद, वह कलकत्ता, इन लोगों के यहाँ चला आया।

उधर इरा भी, विभा के घर आ पहुँची। लेकिन क्यों?

6

'लेकिन, अनी, तुम यह क्यों कह रहे हो कि तुम इरा से मिलोगे नहीं?' विभा ने मुँह फेरे-फेरे, अनिमेष से सवाल किया।

अनिमेष के कमरे में एषा का मौजूद रहना, विभा को पसंद नहीं आया। लेकिन, अनिमेष आजकल उसे अपने सामने बिठाये बिना, कोई बात नहीं करता था।

'एषा को क्या बगलवाले कमरे में जाने को कहूँ?' विभा ने अपनी आवाज़ को और मधुर बनाते हुए, कातर अनुनय के लहजे में पूछा।

'नहीं! वह मेरी, जिसे कहते हैं, उसी क़िस्म की दोस्त है, जिसे मैं अपनी मर्जी-मुताबिक गढ़ूँगा। वह मेरी रक्षा करेगी, मुझे बचाये रखेगी।'

'अपनी मर्ज़ी-मुताबिक गढ़ने का तुम्हारा पागलपन, अभी तक गया नहीं, अनी?'

यह कहते हुए विभा इतनी कातर क्यों हो आयी, एषा को समझ में नहीं आया। विभा को देखते ही, मारे अविश्वास और ईर्ष्या के, उसके अन्दर जाने क्या तो जमकर

सख़्त हो उठता है। लेकिन क्यों? विभा तो एषा से उम्र में काफी बड़ी है। अभी उसकी उम्र कम से कम इक्कीस वर्ष होगी, अनी'दा ने तो यही बताया था। इक्कीस वर्ष का मतलब है, वह एषा से सात साल बड़ी थी। बेहद लम्बा व्यावधान है, इक्कीस वर्ष का मतलब है, बूढ़ी हो जाना। आजकल एषा जो भी तस्वीर देखती थी, वह नायिका भी एकदम से चौदह वर्ष की ही लगती थी।

सिर्फ किस्से-कहानी, तस्वीर, कविता ही नहीं, और भी जो कुछ, जहाँ कहीं भी था, जो कुछ सुन्दर और भला लगता था, सभी मानो इसी उम्र के लिए लगता था। इसीलिए एषा, विभा को बर्दाश्त नहीं कर पाती थी। उसके सामने अनिमेष से बातें करना, उससे हेल-मेल, उसके हर काम में निपुणता, दक्षता देखकर, उसे सिर्फ यही अहसास होता था कि वह भले जितनी भी कोशिश क्यों न करे, कई-कई चीज़ें, कभी किसी दिन भी उसके वश में नहीं होंगी। मसलन् आभिजात्य! शायद इसी का नाम आभिजात्य है! यह शब्द वाकई खूबसूरत है।

उसका तकिये पर कवर चढ़ाने का काम पूरा हो गया। अब उसे ऊपर के कमरे में जाना था।

'मैं जा रही हूँ, अनी'दा! विभा'दी आप चाय पीयेंगी?'

विभा ने सिर हिला दिया। सुबह-सुबह के फीके चांद की तरह, एषा अस्पष्ट-सी मुस्कान बिखेरती हुई, कमरे से बाहर निकल गयी।

'सयानी होकर, यह बच्ची और भी खूबसूरत नज़र आयेगी। अपने मन-मुताबिक इन्सान बनाने के लिए, तुम्हें जो मिली है। वह बुरी नहीं है।'

विभा कुर्सी पर आ बैठी। आज उसका चेहरा बेहद मलिन और बुझा-बुझा-सा था।

'रात को नींद नहीं आयी! अच्छा नहीं लग रहा है।' उसने कहाँ

'खैर, सोचा तो मैं भी नहीं।'

'क्यों?'

'इन दिनों इस घर पर विपदा छायी हुई है, उसी में व्यस्त हूं। इसके अलावा अपनी भी लिखाई-पढ़ाई है। यही सब ढेरों झमेले हैं, विभा!'

अनिमेष ईषत् मुस्कराते हुए गंभीर हो आया। आजकल वह विभा से सहज भाव से मिलजुल नहीं पाता। इतने वर्षों की जान-पहचान के बाद विभा ने उसके सामने एक दीवार खड़ी कर दी थी। ज़िन्दगी में काफी कम चीज़ें ही स्वच्छ और निर्मल होती हैं। पेंडोरा झरने का, काँच जैसा पानी, काँच के ही बर्तन में रखने में सुन्दर दिखता है, बेला जैसे-जैसे बढ़ती जाती है, वह पानी गंदला हो जाता है। उसकी और विभा की दोस्ती की भी उम्र हुई! काफी वक्त गुज़र गया है।

'तुम एषा का जिक्र कर रही थी न, विभा?'

'हाँ, मैं कह रही थी, बड़ी होकर इसकी सूरत और निखर आयेगी।'

'यह बात कभी, पहले भी कही थी तुमने, याद है?'

'कब कही थी, बताओ तो?'

'पेंडोरा की पिकनिक पर गये थे हम। यह सन् चालिस चल रहा है न! लगभग पाँच वर्ष पहले की बात है। तुमने अभी-अभी कहा न, कि बड़ी होकर, वह और निखर आयेगी—'

'पाँच, साल बाद, मुमकिन है, यही बात, मैं किसी और से कहूँ! इसकी आदत-सी पड़ती जा रही है।'

विभा सायास मुस्करा दी।

'कनक की क्या ख़बर है?'

'दादा के दिन बिलकुल स्पष्ट हैं! रूटीन में बँधे।

'मसलन्?'

'सुबह फ्रेंच सीखना, दोपहर को दफ़्तर, शाम को शीला के यहाँ।'

'अच्छा ही तो है। वह जो चाहता है, वही करता है'

'हाँऽऽ, जो लोग यह जानते हैं कि वे जो चाहें, कर सकते हैं, वही लोग तो सुखी होते हैं।'

'क्यों? जलन हो रही है, विभा?'

'उन लोगों के बारे में अलबत् जलन होती है। लेकिन, दादा से मुझे जलन नहीं होती।' विभा ईषत् मुस्करायी, 'दादा निहायत भलेमानस हैं, बिलकुल छुटपन जी तरह! वह मुझे सारी बातें बताता है, मेरा सब सुनना ज़रूरी होता है। अगर न सुनूँ, तो वह नाराज़ हो जाता है। इसके अलावा, तुम तो जानते हो, दादा इस बिन्दु पर किस क़दर अनाड़ी है; उससे सारा कुछ सम्हाला नहीं जाता! अब उसे रूलाना भी बहुत आसान है।

अनिमेष भी ईषत् मुस्करा दिया।

'पता है, क्या लगता है, अनी, यह प्यार, स्नेह, प्रीति...'

'बन्धुत्व...!'

'हाँ, बंधुत्व, हमारे आस-पास सारा कुछ बिखरा होता है! बेहद सघन रूप में मौजूद होता है। कोई ग्रहण कर पाता है, कोई नहीं।'

'विभा, आज तुम्हें क्या हुआ है?'

'पता नहीं! शायद कुछ भी नहीं हुआ।'

'अगर कुछ हुआ है, तो मुझे बताओ।'

'तुम्हें?' विभा ने उसकी तरफ देखा!

बेहद गहरी दृष्टि! थोड़ी करुण!

अनिमेष को अच्छा नहीं लगा। विभा यूँ गर्वभरी, अहंकारी, संयत नज़र आती थी। उसमें कहीं निलीना मित्र का भी मेल था। शायद इसीलिए अनिमेष को वह अच्छी लगती थी। निलीना मित्र में जो-जो नहीं था, वह सब भी विभा में मौजूद था स्नेह, वात्सल्य, ममता! लेकिन माँ में क्या यह सब नहीं है? नहीं, नहीं, अनिमेष

अपनी माँ को कहीं से छोटी नहीं कर सकता। है, माँ भी वह सबकुछ है, लेकिन उनमें अपने ढंग से है।

माँ में जो सब है, वह अनिमेष से मेल नहीं खाता। चलो, मेल नहीं खाता, न सही! निलीना में सबकुछ किसी बड़े ढांचे में ढला हुआ था शिक्षा, बुद्धि, दिल का दायरा, सबकुछ विलायत होता, तो लोग उन्हें सचमुच 'लेडी' कहते। उनके स्वभाव में अद्भुत संयम है। स्नेह-ममता जाहिर करने में सकुचाती हैं। लेकिन उनमें वात्सल्य है! बाकी भी सबकुछ है। आफ़त-विपद में समझ में आता है। पिछली बार, जंगल में जब सैर करने गये थे, अनिमेष को अचानक कॉलेरा जैसा हो गया, निलीना ही छत्तिस मील गाड़ी चलाकर उसे ले आयी थीं। चार दिन, चार रात उसके सिरहाने बैठी रही थीं। जब डॉक्टर ने आश्वस्त कर दिया कि अब डरने की कोई बात नहीं, तभी वह उठकर वराम्दे में गयीं।

उन्होंने पति से कहा, 'देखा है अनी अच्छा हो गया।'

हालांकि अनिमेष जब ठीक हो गया, तो उन्होंने भी ख़ासी डाँट पिलायी।

इस बार कलकत्ता आने से पहले, वह अचानक उसके कमरे में आयीं।

उससे कहा, 'पिछली बार की तरह अब बीमार मत पड़ना, अनी, इस बार दौड़कर नहीं पहुँच पाऊँगी। खाने-पीने के मामले में सतर्क रहना।'

अनी का मन रायपुर दौड़ गया, जहाँ उनकी माँ रहती थीं...

'जी-माँ! माँ के बुलाने पर उसने जवाब दिया था।'

'तुम मुझसे नाराज़ होकर जा रहे हो न, अनी।' उन्होंने मुँह फेर लिया। उनकी आँखों की कोरें लाल हो उठी थीं!

...निलीना मित्र! छोटे-छोटे तराशे हुए, कच्चे-पक्के बाल, गोलाकार होकर, उनके सुडौल सिर को घेरे हुए! ग्रीक पत्थर की मूरत जैसे बाल! ग्रीक लोगों से और भी ढेरों मेल था—सुगठित देह-यष्टि, सख़्त-समर्थ निर्मल चेहरा, प्रतिभा-दीप्त निर्भीक दृष्टि!

निलीना का सारा कुछ इसी आकार-प्रकार का था। मानो महान् आदर्श के विशाल ढाँचे में ढली हुई संगमरमर की मूर्ति! अनिमेष का मन हमेशा पीली मिट्टी का नरम आश्रय की कामना करता रहा है, स्नेहरेखा में रेखांकित, सदा-जीवन्त माँ का चेहरा! काल के प्रकोप से, अस्थायी जीवन का सबकुछ जीर्ण हो जाता है, यहाँ तक कि अस्थायी जीवन भी! अनिमेष को याद है, जब भाभी को गाने को कहा गया था, उन्होंने गाया था—'सिर्फ दो दिन का खेल है...'! संगमरमर की मूर्ति काफी दिनों तक क़ायम रहती है, काल के कपोल तले अर्से तक टिके रहना जानती है। लेकिन निलीना अपने को कैसे बदल दें? हो सकता है, अनिमेष उन्हें किसी और रूप में देखना चाहता हो, मगर वह नहीं बदलीं, इसीलिए तो वह निलीना हैं। जब वह चलती हैं, तो लोग सम्मान से उनके प्रति सिर झुकाते हैं। वह सम्राज्ञी हैं।

'मुझसे नाराज़ होकर तुम दूर जा रहे हो, अनी?' माँ ने पूछा था।

'नहीं, माँ!'

'नाराज़ होकर जा तो रहे हो, मगर मैं तुम्हारे बाप को राज़ी नहीं करा पाऊँगी।'

'जानता हूँ!'

'उनकी ज़िद तुम जानते हो! वह झुकनेवाले नहीं हैं।'

'जानता हूँ, मगर मैं भी उन्हीं का बेटा हूँ।'

'हाँ, जानती हूँ। माँ की आवाज़ रुलाई के अन्दाज़ में विलाप कर उठी। उनकी सूनी कंठनली में हाहाकार किसी लम्बी उसांस की तरह सैकड़ों गुनी ताकत के साथ प्रतिध्वनित हुई, न तुम थोड़ा-बहुत समझे, न उन्होंने समझा।'

'तुमने क्या समझा था, माँ?'

'मैंने तो बताया कि तुम क्या सोच रहे हो! अच्छे खून के साथ बुरा खून! सुधांशु भलामानस नहीं था, अनी!'

अच्छा खून, बुरा खून–माँ को अहसास था कि वे क्या कह रही हैं। घोड़े, कुत्ते तक की वे खुद 'ब्रीडिंग' कराती थीं, लेकिन यह कैसी असंभव बात? भयंकर दुराशा! माँ ने अपनी सन्तान के जीवन में भी, विचारक के निर्मम हाथ बढ़ाकर, तर्जनी दिखाने की कोशिश कर रही थीं।

'मैं यह नहीं कहता कि तुम अपना विश्वास बदल डालो। लेकिन, मैं इरा को प्यार करता हूँ, माँ!'

'तुमने उसे कितने दिनों देखा है, अनी, कितना-सा! तुम उसे तकलीफ दे रहे हो। मैंने कहा न वह निहायत कमजोर और डरपोक है। तुम अगर उसे छोड़ दो, तो वह सुखी होगी।'

'यह कहो न कि तुम लोग सुखी होगे।'

'मैं तो तुम्हारा भला चाहती थी। अनी! माँ ने सिर हिलाया।'

अपने छोटे बेटे के साथ हमेशा-हमेशा से उनकी जंग जारी है। जाने किस बिन्दु पर उसके साथ हमेशा से जूझती रही हैं! जाने किस रणक्षेत्र में! वहाँ सूरज डूबता था, सूरज उगता था! दिन गुजरता रहा, युग बीतता रहा, लेकिन उन दोनों में से कोई भी हार मानने को तैयार नहीं था। लेकिन, उसके साथ लड़ाई सिर्फ माँ की ही नहीं, उसके पिता की भी थी। सोचने बैठो, तो छाती फटने लगती है। वह क्यों नहीं क़बूल कर लेता कि वह कमज़ोर है? उन लोगों को उसकी बेहद ज़रूरत है। अनी, तुम कुछ और तरह के क्यों नहीं हुए?

'जितने दिन तुम छोटे थे...'

उतने दिनों उसे, उनकी ज़रूरत थी। अब कोई ज़रूरत नहीं है। लेकिन अनी उनकी सन्तान है। आज अगर वह दुनिया के किसी अंजानी छोर पर भी चला जाये, फिर भी वह उन्हीं की सन्तान रहेगा, फिर भी उसकी छाया लम्बी होकर, उसकी राह

पर छाँव किये रहेगी। अनी यह क्यों नहीं समझता?

'क्या सोच रहे हो, अनी?'

विभा के सवाल ने अनिमेष को धक्का दिया। रायपुर वाले मकान के पूर्वी कमरे से उठाकर अपने को यहाँ तक लाने में अनी को थोड़ा वक्त लगा।

अनिमेष हँस दिया, 'माँ के बारे में!'

'ओऽ!'

विभा निस्पृह! विस्मित! अनिमेष की माँ को उसने जितनी बार भी देखा है, वह मन ही मन चकित हुई थी।

'मेरी माँ तुम्हें कैसी लगती है, विभा?'

'तुम्हारे घर में मुझे सबसे अच्छी लगती हैं—लता।'

'और इना?'

'देखने में वह ज़रूर खूबसूरत है।'

'वह तुम्हें अच्छी नहीं लगती?'

'सूरत-शक्ल से तो निहायत खूबसूरत है। मगर क्या उससे क्या घनिष्ठ हुआ जा सकता है?'

'वह सुन्दर है, विभा? इरा से भी ज़्यादा?'

नहीं! इरा से ज़्यादा कोई भी सुन्दर नहीं हो सकती।

'क्यों?'

'उसके हाथ में चंद तुरुप के पत्ते हैं।'

'मसलन...?'

'उसकी माँ नहीं है; बाप ने आत्महत्या कर ली है। जिसने उसे नहीं भी देखा, वह उसके दुःख से, पहले से ही दुःखी बैठा है। उस पर से वह देखने में भी सच ही खूबसूरत है। लड़की भी बेहद भली है। उस पर से तुम उसे प्यार करते हो, इसलिए माँ-बाप से झगड़कर, यहाँ चले आये। ना, अनी, ईरा की तकदीर से सब ईर्ष्या करेंगे!'

'तुम मज़ाक कर रही हो?'

'नहीं, तुमने शायद गौर नहीं किया, आजकल मैं मज़ाक बिलकुल, नहीं करती। चलो, छोड़ो, हम असली बात पर आयें। इरा से तुम मिलना क्यों नहीं चाहते?'

'वह यहाँ क्यों चली आयी?'

'मेरी माँ ने उसे आने को लिखा था।'

'इतने दिनों तो कभी नहीं लिखा।'

'नहीं। इतने दिनों माँ उसके बारे में सब दाय-दायित्व, सारे कर्तव्य भूलकर, इत्मीनान से थी। आरती मौसी रिश्ते में उनकी बहन लगती थीं। बस, इतना ही भर!

जितने दिन उनकी माली हालत अच्छी थी, हम लोग जाते रहे। रायपुर में हो-हुल्लड़ मचाते रहे। चांदनी रातों में पिकनिक का मज़ा लेते रहे। और भी कितने-कितने ढंग के धमार मचाते रहे। कुछ भी नहीं छूटा।'

'उसी, मौके पर, तो मेरी भी तुम लोगों से जान-पहचान हुई थी।

'नहीं, ठीक इसीलिए ही नहीं। मेरे बापी की कोई दूर की रिश्तेदार बहन की ननद हैं, तुम्हारी माँ! असली रिश्तेदारी खोजो तो निकल ही आती है।'

'ख़ैर, छोड़ो, यह बताओ कि इरा क्यों आयी है?'

'जितने दिनों तुम्हारी माँ ने उसकी जिम्मेदारी नहीं ली थी, उतने दिनों मेरी माँ ने इरा की कोई खोज-ख़बर नहीं ली, कि वह कैसी है। लेकिन, अब जाकर उन्हें होश आया है। वह आखिर उन्हीं की बहन की बेटी है। रिश्ते में, वह भी दूर के रिश्ते में उनकी मौसेरी बहन है, तो क्या फर्क़ पड़ता है? वह निलीना मित्र की संगिनी—सेक्रेटरी बनकर रहे, यह उनके लिए असहनीय था। इसलिए उसे पत्र लिख भेजा।'

'पत्र पाते ही इरा चली आयी?'

'यही तो देख रही हूँ।'

'अब, वह यहीं रहेगी?'

'ना! यह बात तुम अच्छी तरह जानते हो कि यहाँ आने का, तुमसे भेंट करने का जैसे ही पहला मौका मिला, वह चली आयी।'

'पता नहीं! इरा ने मुझे कुछ नहीं लिखा।'

'तुम्हारा उससे मिल लेना बेहद ज़रूरी है, अनी!'

'हाँ, विभा, वह जो यहाँ आयी है, फिर भी, मैं उससे नहीं मिला, यह तुम्हें शायद मेरी बेवकूफी लगे। सच तो यह है कि मैं खुद अपने आपको भी समझा नहीं पा रहा हूं।'

अनिमेष ने मेज़ के कवर के कोने बराबर किये। विभा ने गौर किया उसका निचला होंठ काँप रहा है, आँखों की बगल की नसें टप्-टप् कर रही हैं, हथेली की ऊँगलियाँ अस्थिर और चंचल हैं। अनिमेष जब बेहद उत्तेजित, विचलित या आकुल होता है, तब उसकी ऐसी हालत होती है। आज भी टायफाइड के किसी-किसी मरीज़ के बदन पर ऐसी कोई-कोई छाप बच रहती है, सह सुनी-सुनायी बात है।

'तब तो तुम्हें यह कहना चाहिये, विभा कि...' अनिमेष ने सिर झटकारा। अब वह स्थिर, धीर नज़र आया। उसने अपने को सम्हाल लिया था।

'हाँ, तब तो तुम भी यही कहोगी कि यह बात तो तुम्हारी माँ, बापी, बड़े भाई, मंझले भाई—सभी ने कहा था कि महज झोंक है, आंखों का नशा भर है। याद है, डैडी ने कहा था कि दो वर्ष मिलता-जुलता नहीं; कोई रिश्ता न रखता, तब आकर कहता, तो मैं समझता कि वह सच ही प्यार करता है, इसलिए मैं नहीं चाहता, मेरा

मन नहीं करता कि वे मुझे या इरा को हल्का समझ लें, हमें असंयत मान लें, इसलिए मेरा उससे मिलने का मन नहीं था, विभा!'

विभा ख़ामोश थी। वह भौंहें सिकोड़ कर, अनिमेष को देखती रही। विभा की साड़ी का रंग बेहद उजला था, पके नींबू की तरह पीला! जॉर्जेट की साड़ी अद्भुत नरम थी, उसकी समूची देह से लिपटी हुई थी। ब्लाउज़ का गला काफी गहरा, त्रिकोण! दाहिनी कलाई में घड़ी!

उसने सिर हिलाकर कहा, 'निरा बचपना है।'

'बचपना?'

'हाँ, इरा को तुम प्यार करते हो, यह तो समझ में आया। लेकिन यह कोई आश्चर्यजनक घटना नहीं है, अनी! हज़ार हो, दुनिया में हर रोज़, हज़ारो-लाखों औरत-मर्द प्यार करते हैं।'

'यह भी क्या तुम्हारे अखबार की ख़बर है?'

'नहीं, अखबारों में तो अंकों का हिसाब रहता है—युद्ध की ख़बर, अमेरिका में बड़े दिन के हो-हुल्लड़ में हजारों लोगों के घायल होने की खबर, प्रतिदिन, इतने-इतने लाख शादी, जन्म-मृत्यु, आत्महत्या के हिसाब होते हैं। लेकिन, प्रायः हर मौत के पीछे किसी-न-किसी तरह का प्यार होता है, हाँ, प्यार में फ़ेर-बदल होता रहता है, हाँ, तुम यह ज़रूर यह सकते हो कि प्यार की ख़बरें अख़बारों में नहीं छपतीं, लेकिन, अनी, तुम कुछ ज़्यादा ही उम्मीद कर रहे हो। मुझे तो यह डर है कि तुम फिर कोई चोट खाने के लिए तैयार हो रहे हो।'

'तुम क्या नाराज़ हो, विभा?'

'मैं तुम्हारे लिए फिक्रमंद हूँ, अनी!'

'क्यों?'

'शायद मैं भी तुम्हें प्यार करती हूँ। अरे, नहीं, किसी ग़लतफहमी में न पड़ना। बंगला भाषा में शब्द बेहद कम होते हैं।' विभा कंधे झटकार कर थम गयी।

'नहीं, मैं किसी ग़लतफहमी में नहीं पड़ूँगा।'

'हाँ, इसी में तुम्हारा-मेरा मंगल है। खैर, अब काम की बात की जाये। मेरी माँ ने इरा को हमारे यहाँ हमेशा के लिए रहने, पढ़ने-लिखने या कुछ भी न करके, यूँ ही रहने का प्रस्ताव दिया था। इरा ने उनका हर प्रस्ताव ठुकरा दिया। कोई उनका उपहार लौटा दे, तो मेरी माँ भयंकर ताव खा जाती है, तुम जानते हो न?'

'क्यों?'

'यह तुम्हें वही बतायेगी। वैसे पन्द्रह दिन में न सही, महीने भर में सही या दो महीने बाद, वह लौटकर ज़रूर जायेगी। उसके मन में सैकड़ों तरह की ग़लतफहमियाँ पल रही हैं। काफी तकलीफ पा रही है, बेचारी।'

'कैसी ग़लतफहमियाँ?'

'मसलन, उसके लिए, जब तुम इतना आत्मत्याग कर रहे हो, तो उसे भी तकलीफ उठानी चाहिये। मसलन् उसे तुम्हारे माँ-पापा के पास ही लौट जाना चाहिये, क्योंकि हज़ार हो, उन लोगों ने उसके दुर्दिन में उसे आश्रय दिया था, यह बात उसे नहीं भूलनी चाहिये।'

'हैरत है, इरा ने तो इतनी सारी बातें मुझे कभी नहीं बतायीं।'

'सबसे ज़्यादा बुरा मुझे क्या लग रहा है, जानते हो? उसने सारा कुछ कर्तव्य की खातिर किया है, विवेक के तकाजे पर! तुम फट् से आत्मत्याग कर बैठे, इसलिए वह कुछ बता नहीं पायी। मुझे हमेशा ही लगता है कि इरा बचपन से ही सैकड़ों बंदिशों और प्रतिबंधों में जकड़ी हुई, अब बेहद थक चुकी है। उस पर से अगर सारा बोझ हटा लिया जाये, तो वह हलकी हो पाती।'

'अरे, नहीं, नहीं, यह तुम क्या कह रही हो, विभा? उस पर किसी क़िस्म की बंदिश या प्रतिबन्ध नहीं है। उसने जो किया है, वह काफी समझ-बूझकर ही किया है, तुम नहीं जानती।'

'अगर यह सच हो, तो अच्छा है।' विभा कुछ और भी कहने जा रही थी, लेकिन रुक गयी। उसने घड़ी पर नज़र डाली।

'तुमने अपनी बात तो बतायी ही नहीं, विभा!'

'बताने को कुछ है नहीं, अनी!'

'कनक बता रहा था...।'

'भाई को लगता है कि उनके उस दोस्त ने उत्पला से शादी कर ली, इसलिए मैं दुःखी हूँ। अपना दर्द छिपाये रखती हूँ! वगैरह-वगैरह!'

'विभा!'

'लेकिन वह नहीं जानते...अच्छा, छोड़ो...अभी ये बातें रहने दो, अनी! कोई ज़रूरी बात अभी ही कह डाली जाये, ऐसी कोई हड़बड़ी भी तो नहीं है।'

'नहीं, दस-बीस वर्ष गुज़र जाने के बाद, जब तुम चाहो, तब हम बात कर लेंगे। क्यों? मेरा तो यही मन है।'

'हूँ, प्रस्ताव बुरा नहीं है, बशर्ते हम उतने दिनों तक ज़िन्दा रहें।'

'उतने दिन हम ज़िन्दा रहेंगे या नहीं, समझ में नहीं आता, मौसा जी अनिमेष सतीश से बातें कर रहा था। एषा उसकी।' बगल में ही बैठी हुई थी। उस वक्त रात थी।

आकाश में चमकता हुआ चाँद! छत पर मूढ़े और आराम-कुर्सियाँ बिखरी हुईं। आज शाम को छवि को भी ऊपर ले आया गया था। इसलिए सतीश फिलहाल निश्चिन्त थे। नीचे की मंज़िल पर, गृहस्थी के सारे कामकाज निपट चुके थे। छवि कमरे में लेटी रही, बच्चे भी विस्तर पर जा चुके थे। सतीश और अनिमेष देर से खाना खाते थे। अनिमेष से थोड़ी देर इत्मीनान से बातचीत करने के लिए, सतीश ने सुदऊ

दर्जी की तरह, अपने कामकाज के समय को छांटकर, माप-मुताबिक कर लिया था।

'उतने दिनों तक हम शायद ज़िन्दा न रहें।'

'क्यों, अनी?'

'क्या आपको नहीं लगता कि मुझ जैसे लड़के, इस समय, इस युग में, ऐसा कुछ भी हासिल नहीं कर पायेंगे, जो चिरस्थायी हो, जो हाथ की मुट्ठी में हो? स्वस्थ राजनीति, साहित्य, खेल-कूद...! आप लोग बेहद तकदीरवाले थे! हमारे हाथ की मुट्ठी में कुछ भी नहीं है। चूंकि हमें कुछ भी नहीं मिला, शायद इसलिए हम जैसों को छिटककर, चले जाना होगा! जल्दी ख़त्म हो जाना होगा। उसके बाद, जो लोग आयेंगे...अच्छा, मौसा जी, आज के बाद के लोग सुयोग्यतर होंगे? सुखी होने का अधिकार लेकर, आ सकेंगे? ख़ैर, ये सवाल शायद पहले भी बहुत बार किये जा चुके हैं। है न?'

'तुम मानसिक चिन्तक क़िस्म के इन्सान हो, अनी!'

'हाँ, मौसा जी, मैं बहुत ज़्यादा सोचता हूँ, बहुत ज़्यादा तकलीफ पाता हूँ। जब मैं कहता हूँ कि मुझ जैसे लड़कों को कुछ भी नहीं मिला, तब मैं अपने जैसे लड़कों के बारे में ही सोचता हूँ।'

'तुम इतना सोचते ही क्यों हो, अभी?'

'पता नहीं...'

'दरअसल तुम हर विषय में इतना अधिक सोचते हो कि मुझे अच्छा नहीं लगता।'

'क्यों? क्या आप नहीं सोचते?'

'सोचता था, अनी, किसी ज़माने में सोचता था।'

कभी वह भी सोचा करते थे, जब उनका मन तरुण, सूक्ष्म था। वक्त की ठोकर खाते-खाते, अब वह मन ही भोथरा हो गया है। अब, वह सोचने के चक्कर में नहीं पड़ते, यह क़बूल करते हुए, वह झेंप गये।

'जो लोग जीवन में ढेरों प्रत्याशा के साथ, ज़िन्दगी शुरू करते हैं, अनी, अंत में वह लोग ही भयंकर सब क़ीमत चुकाकर, समझौता भी करते हैं।' सतीश ने धीमी आवाज़ में कहाँ

समझौते करते-करते, आपस में सुलह करते-करते हुए, चलते हुए वह भयंकर रूप से निस्पृह हो गये थे। अनिमेष उनका हाथ थामकर, दुबारा उस तरफ खींच लाया था। लेकिन अपनी घर-गृहस्थी, अपनी पत्नी, अपने बच्चों के पास लौटने के लिए उन्हें काफी चलना होगा, काफी लम्बा फासला तय करना होगा। काफी अर्से से वह धीरे-धीरे दूर चले गये थे। अब लौटने में भी काफी वक्त लगेगा। मुमकिन है, वे कभी लौट ही न सकें। अनिमेष क्या कोई 'शार्टकट' जानता है? उन्होंने प्रत्याशा भरी नज़रों से उसकी तरफ देखा। कुछ ही दिनों पहले अनिमेष आया था और कितनी जल्दी

वह उन लोगों से जुड़ गया।

'अब कुछ दिनों तक छवि मासी को हो-हुल्लड़ मत मचाने दीजियेगा।'

'हाँ, कहूँगा...बात करूँगा।' सतीष ने मृदु लहजें में संक्षिप्त-सा जवाब दिया।

'माँ, नहीं मानेंगी, अनी'दा' एषा बोल पड़ी।

'नहीं मानेंगी, ऐसा मत कहो, एषा!'

'माँ हरगिज नहीं मानेंगी, अनी'दा, जैसे ही मौसी या मामा लोग आयेंगे, वह फिर धमार मचाना शुरू कर देंगी।' एषा ने निंदियाई आवाज़ में कहा।

'इस बार उन्हें अपनी मर्जी-मुताबिक धमार मचाने देगा कौन?'

अनिमेष ने घड़ी पर नज़र डाली।

आज की रात कट जाये, कल की सुबह गुज़र जाये, शाम को इरा से भेंट होगी।

7

शाम का धुँधलका अभी गहराया नहीं था।

इरा उठकर दूसरी मंज़िल पर चली आयी।

बच्चे पार्क में गये थे। छवि विस्तर पर लेटी हुई थी। एषा बाल संवारकर, हाथ-मुँह धोने के लिए बढ़ी ही थी कि एकदम से अचकचा गयी।

इरा के बारे में उसने जो-जो सोचा था, कल्पना की थी, इरा उन सबसे बिलकुल अलग थी।

सीढ़ी चढ़कर वह यूँ दबे पाँव ऊपर आयी, मानो तैरकर आयी हो। उसने रेलिंग पर हाथ रखकर कहा, 'एषा, तुम...'

एषा ने सिर हिला दिया।

'अनी कहाँ है?'

'अभी तक आये नहीं।'

'वह अभी आयेगा तो सही?'

'हाँ, कहा तो यही है...'

छवि ने आवाज़ देकर पूछा, ' वह लड़की आ गयी, एषा? उसे अन्दर ले आ। किसी को चाय बनाने को कह आ।'

चप्पल उतारकर इरा अन्दर दाखिल हुई।

'आप बीमार हैं?' उसने पूछा।

'हाँ! तुम बैठो। वैसे बीमार के कमरे में बैठना, तुम्हें शायद भला न लगे।'

'क्यों?'

'बीमार के पास भला कौन बैठना चाहता है?'

'मेरी माँ तो अर्से तक बीमार रहीं। मुझे ज़रा भी बुरा नहीं लगता।'

इरा ईषत्, मुस्करायी और टिककर बैठ गयी। कमरे में धीरे-धीरे उसकी माया फैल गयी। चीनी धूप की मोटी काठी से जैसे खुशबू बिखरती है, हरा-हरा धुआँ भी निकलता है। छवि तक उसे विस्मित निगाहों से निहारने लगीं। ना, उसे शायद सुन्दरी नहीं कहा जा सकता था। लेकिन सुन्दरी होने की उसे ज़रूरत भी नहीं थी। उसका गोरा-चिट्टा रंग, छरहरा चेहरा, मेकअपविहीन रूप! हाँ, नाक ज़रा छोटी थी, चेहरे का आकार ज़रा फैला हुआ, लेकिन उसकी दृष्टि ग़ज़ब की थी। आंखों की पुतलियाँ निकष काले। थोड़ी-थोड़ी विस्फारित! मानो वह पल-पल शारीरिक यंत्रणा झेल रही हो या अन्य कोई परेशानी उसकी चिर-संगिनी हो! कोई विराट् आतंक!

'आपके अन्य बच्चे कहाँ हैं?'

'सैर के लिए गये हैं।'

'ओ, अच्छा!' इरा निराश हो गयी। लेकिन उसने ईषत् मुस्कराते हुए कहा, 'बच्चे मुझे बेहद प्रिय हैं।'

'तुम्हारे क्या और भी भाई-बहन हैं?'

'नहीं, मैं अकेली हूँ। मासी जी!' इरा ने ज़रा सोचकर फिर कहा, 'सुना है, मेरी एक दीदी थी, लेकिन मुझे कुछ याद नहीं।'

'विभा तुम्हारी कौन होती है?'

'वह मासी की बेटी है।'

इरा की आवाज़ बेहद महीन और थकी-थकी थी। एषा ने गौर किया कि उसकी आँखों तले सियाही और थकान भरी हुई थी, जैसे वह कितने ही दिनों से सोच न हो।

'बच्चे मुझे अच्छे लगते हैं—' इरा ने दुबारा कहा, मानो इस संदर्भ में वह काफी सारी बातें कर चुकी हो। उसने अपने इर्द-गिर्द नज़रें दौड़ायीं।

थोड़ा ठहरकर उसने कहा, 'आप लोगों का घर बेहद सुन्दर है।'

'तुम्हें पसंद आया?'

'जी-हाँ! ढेर-ढेर लोगों से भरा घर, बाल-बच्चे, धमारों से गूँजता हुआ घर, मुझे भला लगता है।'

'तुम भी न...कैसी बातें करती हो?' छवि के चेहरे या हल्की-सी मुस्कान झलक उठी।

उन्होंने कहा, 'एक मैं ही बीमार होकर पड़ी हूँ। अनी को शायद बेहद तकलीफ होती है।'

एषा ने अनी की माँ की तरफ देखा। लेटे-लेटे यह सब कहना, बेहद आसान है। लेकिन माँ को यह समझना चाहिये कि यह घर इतने व्यवस्थित ढंग से कभी नहीं चला।

'अनी को तकलीफ होती है?' इरा ने अचकचाकर देखा, 'अनी ने तो लिखा था कि इतने आराम से वह कभी, कहीं नहीं रहा। एषा के बारे में भी कितना कुछ लिखता रहा है। उसका पत्र पाकर ही उसकी माँ निश्चिन्त हुई थीं।'

'यहाँ अगर उसे अच्छा लगा है, तो अच्छा ही है। मुझे तो हमेशा यही लगा कि उसे कितने आराम से रहने की आदत है! उसे शायद तकलीफ होती है।'

छवि ने आहिस्ते से करवट ली! अभी भी काफी दर्द है। भगवान जानें, वह कब ठीक होंगी, कब चल-फिर-घूम सकेंगी! लेकिन अब पहले की तरह धूम-धड़ाका नहीं करेंगी। इस बार, अब उतनी लापरवाह नहीं रहेंगी।

'जाओ, तुम लोग बाहर के कमरे में बैठो! एषा, इसे चाय पिलाओ।'

इरा अचानक उठ खड़ी हुईं।

उसने कहा, 'लो, अनी आ गया। मैं उसकी चप्पल की आहट पहचानती हूँ।'

चप्पल की आहट पहचानती हूँ—! इरा सीढ़ियों से नीचे उतर गयी। एषा नीचे आते हुए भी ठिठक गयी। हाँ, वह भी अनी'दा की चप्पलों की आहट पहचानती है! वह तो दरवाज़ा खटखटाने की, उनकी विशेष भंगिमा भी पहचानती है। लेकिन उसकी माँ ने ही उसे इशारे में, नीचे जाने को मना किया।

वे दोनों पार्क में बैठकर बातें कर रहे थे।

'विभा बता रही थी कि तुम लौट जाना चाहती हो, इरा?'

'हाँ, ज़रूर! तुमने क्या सोचा, मैं यहाँ रहने आयी हूँ?'

'हाँ या ना में कैसे जवाब दूँ, बताओ? मुझे तो तुम्हारे किसी भी प्लान की जानकारी नहीं है।'

अनिमेष, इरा से आँखें नहीं मिला पा रहा था। उसे परेशानी हो रही थी। इरा इस क़दर शिथिल पड़ गयी थी! ठंडी, नम्र और निस्तेज!

'जानने को और क्या है, बताओ? अचानक मौसी जी की चिट्ठी मिली...।'

इरा ने उसकी तरफ देखा।

उसने कहा, 'मौसी जी ने कहा है कि अगर मैं चाहूँ, तो आगे भी पढ़ सकती हूँ। अब कैरियर बनाने के हज़ारों राहें निकल आयी हैं, मैं कुछ भी पढ़-सीख सकती हूँ! मैं ही राज़ी नहीं हुई।' उसने सिर हिलाया।

'हाँ, मैं राज़ी नहीं हुई—' उसने पार्क में आये हुए सैलानियों, बच्चों की तरफ देखते हुए कहा, 'मैं भला क्यों राज़ी होती, बोलो? मेरे ऐसे दुर्दिन में किसने मुझे आश्रय दिया? किसने पास बुलाया? एक तुम्हारी माँ को छोड़कर!'

'माँ के लिए, तुम वहाँ लौट जाओगी, इरा?'

'हाँ, अनी, मैं कृतघ्न नहीं हो सकती।'

'विभा बता रही थी कि...'

विभा ने जो कहा या बताया, क्या वही सच है? कर्तव्यबोध? विवेक का तकाज़ा? इन्हीं सब मजबूरियों की वजह से इरा ने क्या उसे ग्रहण किया है? अनिमेष को यह कौन बताये कि संशय और भय में कौन-सा सच है?

'विभा बता रही थी और मुझे भी लगता है, इरा, माँ के पास जाने के लिए, तुम पर, मेरी तरफ से कोई ज़ोर-ज़बर्दस्ती नहीं है। मेरे प्रति भी तुम्हारी कोई जिम्मेदारी नहीं है। तुम शायद यह सोच रही हो कि तुम्हारी ही वजह से मेरा, उन लोगों से तकरार हुआ और मैं चला आया, इसलिए तुम्हें मेरे ही पास आना होगा।'

अनिमेष को इरा की तरफ देखने में भी डर लगा। अगर कहीं इरा चैन की सांस ले? परम निश्चिन्त होकर कहे—'मेरी जान बची, अनी। मुझे तुम्हारा यह आत्मत्याग नहीं चाहिये। मुझे अपनी राह जाने दो।'

लेकिन इरा ईषत् मुस्करा दी।

उसने कहा, 'यह बात तुमसे विभा ने कही है?'

'हाँ!'

'मैं उनके पास जाना चाहती हूँ, क्योंकि मैं तुम्हारी माँ को प्यार करती हूँ, अनी!'

'प्यार करती हो?'

'तुम यूं ताज्जुब में क्यों पड़ गये?'

'तुम उन्हें प्यार को, ऐसा स्नेहमय बर्ताव तो उन्होंने तुमसे किया नहीं। क्यों, किया है क्या?'

'उन्होंने मुझे आश्रय दिया। मेरा घर किराये पर चढ़ा दिया। मेरी इतनी-इतनी मदद की, यह सब क्या कुछ भी नहीं है?'

'मेरा मतलब यह नहीं था। लेकिन इस क़िस्म का बर्ताव माँ ने पहली बार तो नहीं किया।'

'अब, देखो, जिन लोगों के साथ उन्होंने ऐसा बर्ताव किया, उन लोगों ने अगर उन्हें प्यार नहीं दिया, तो क्या मुझे भी ऐसा ही करना चाहिये? नहीं, अनी, तुम मेरी बात नहीं समझोगे।'

'लेकिन, मैं समझना चाहता हूँ, इरा!'

'सिर्फ चाहने भर से, सब कुछ समझ में नहीं आता।'

'देखो, तुम मुझे दुःखी कर रही हो।'

'चलो, मान लिया कि मैं तुम्हें दुःखी कर रही हूँ। लेकिन, मैं तुम्हारे भले के लिए ही कर रही हूँ।'

'मेरे भले के लिए?'

'हाँ, अनी! लेकिन, तुम नहीं समझोगे, क्योंकि तुम नहीं जानते कि मैं किस हालत में तुम्हारे यहाँ आयी थी। तुम पापा की मौत से पहले की बात कर रहे हो? पापा के जीते-जी, हमारा गुज़ारा मुश्किल हो गया था। हर पल बेहद अनिश्चित

स्थिति में गुज़रता था! हर पल किसी विपत्ति की आशंका में दिन गुज़ारने का दुःख, तुम कैसे समझोगे, अनी?'

'इरा!'

'तुम्हारी माँ ने मुझे जो दिया, उसके लिए मैं बेहद कृतज्ञ हूँ। मैं उन्हें प्यार करती हूँ। इसलिए मेरा यह सोचने का मन नहीं करता कि तुम मेरे लिए अशान्ति महसूस कर रहे हो। उन्हें लगेगा कि उनके ऐसे बर्ताव के प्रतिदान में, मैंने उनके बेटे को छीन लिया। इस ख़्याल से मुझे तकलीफ होती है, अनी!'

'अगर माँ तुम्हें सच ही प्यार करती है, तो तुम्हें मेरी पत्नी के रूप में स्वीकार क्यों नहीं करती?'

'इसके लिए, मुमकिन है, उनके पास अपना कोई तर्क हो। लता, इना, दोनों बहुओं को वे खुद चुनकर लायीं थी। लड़की का घर, उसका वंश वगैरह देख-सुनकर ही...'

'उनका तर्क बेहद घृणास्पद है, इरा! तुम्हें कहीं बेहद नीचे गिराने की कोशिश है।'

'लेकिन, अनी, मुमकिन है, इस बारे में उन्हें यही लगा हो कि इसी में तुम्हारी भलाई है।'

'अरे, हाँ, तुम कह रही थी कि उन लोगों के बर्ताव के बदले में, तुम्हें जो-जो करना होगा, वह सब उन्हें शायद कृतघ्नता लगेगी! क्यों? यह सच है या नहीं?'

'हाँ–'

इरा ने धीरे-धीरे पीठ टिकाते हुए कहा, 'कोई दुःखी है, तकलीफ पा रहा है। यह सोचना मुझे बुरा लगता है।'

'लेकिन, तुम सभी लोगों को तो सुखी नहीं कर सकती, इरा, मसलन् भाभी को।'

'तुम लता की बात कर रहे हो?'

'हाँ–'

'लता क्यों खुश नहीं है, अनी? मेरा तो ख्याल है कि माया, कुणाल के साथ वह बेहद खुश है।'

'ख़ैर, भाभी को तुम अभी-अभी देखकर आ रही हो, जबकि मैंने उन्हें अर्से से नहीं देखा। तुम बेहतर जानती हो।'

'जिसके पास जो है, उसी में उसे खुश रहने की कोशिश करनी चाहिये न?'

'मसलन्...?'

'तुम कहते हो, तुम्हारे भाई, भाभी को प्यार नहीं करते, माँ उनकी उपेक्षा करती हैं, यही न?'

'अपनी बात मैं बाद में बताऊँगा। पहले तुम ही बोलो।'

'अगर यह सच भी हो, अनी, तो भी लता को वही लेकर रहना होगा। हज़ार

हो, उसके पास, उसके कुणाल, माया हैं। यह क्या कम तसल्ली है?'

'इरा, मेरा ख़्याल है, भाभी के पास कुणाल-माया का होना, चरम भरोसे की बात है। हालांकि उन दोनों के बड़े होने पर, भाभी उन्हें अपने पास रख पायेंगी, इस बारे में मुझे शक है।'

'तुम्हारी माँ उन दोनों को शायद फिर हटा दें, यही न?'

'ना! रणजय मेरिन इंजीनियर है। तुम यह मत भूलो, इरा कि वह बड़े भाई, मंझले भइया या मुझ जैसा नहीं है। उसमें अजब-सी निष्ठुरता है।'

'मुझसे तो उन्होंने हमेशा काफी अच्छा बर्ताव किया है।'

'ओ येस! वह हमेशा बेहद शिष्ट और तेज-दीप्त रहे हैं। वाकई रणजय मित्र की कोई तुलना नहीं है। जो लोग रणजय मित्र पर विश्वास करते हैं, उन लोगों को मैं हमेशा एक घटना सुनाता हूँ। उसी साल पेनचेरा रिजर्व वन में, मई के महीने की घटना! तुम सुनोगी वह कहानी?'

'हाँ, सुनाओ।'

'उस बार मई के महीने में, भइया छुट्टी पर थे। पेनटोरा रिजर्व फॉरेस्ट में जीव-जन्तुओं की हत्या की मनाही है। तुम तो जानती हो, माँ अभी भी कॉन्फ्रंस वगैरह में जाती हैं। उन दिनों वह बाक़ायदा पत्रिका की सम्पादिका होती हैं। उनका नारा होता है—जीव-जन्तुओं को मारना गुनाह है।'

'अभी भी शायद यही कुछ करती हैं।'

'अब, काफी कम हो गया है। इसकी वजह है, माँ जब मीटिंग कर रही थीं, कह रही थीं पोचिंग बंद करना होगा। चोरी-छिपे जीव-जन्तु मारना, नहीं चलेगा, तभी पेन्टोरा के आस-पास गाँव से ख़बर आने लगी। इतनी सख़्ती के बाद भी कोई एक बंदा गोलियाँ चला रहा था। हीरण, चीता, वन्य सूअर या कुछ अन्य जन्तुओं को गोली मारकर, नौ-दो-ग्यारह हो गया। घायल जन्तुओं का बल कम हो जाता है। उस वक्त उन जानवरों ने इन्सानों के खेत नष्ट कर डाले, गाय-बकरियों को धर दबोचा, वर्ना पीड़ा से छटपटाते हुए, सड़-सड़कर दम तोड़ दिया।

'उसके बाद?'

'उसके बाद, सरसों में भूत नज़र आया। गुनाह तो रणजय मित्र ने खुद किया था। ऐसे कई-कई रिकॉर्ड हैं उनके नाम। मेरा तो ख़्याल है कि अब, जो वह चुप हो गये हैं वह पाप के रौब-दाब और माँ के डर की वजह से।'

'अपनी माँ से वह डरते हैं?'

'डरेंगे नहीं? माँ में तो कोई भीरुता नहीं है। भइया का नाम सामने आते ही, वह अपने दफ्तर जा पहुंची। वहाँ जाकर उन्होंने कहा—मैं अब, सम्पादिका के पद पर क़ायम रहने के योग्य नहीं। मेरे बेटे ने ही गुनाह किया है। भइया इस हद तक साहस पसंद नहीं करते। माँ के डर से ही वह भाभी से अच्छा बर्ताव करते हैं।'

'जब तुम ऐसा कह रहे हो, तो ऐसा ही होगा। फिर भी, अनी, मैं कहूँगी, भाभी की जगह अगर मैं होती, तो मैं उतने में ही खुश रहती।'

'उतने में ही?' अनिमेष चकरा गया। उसे कहीं धक्का भी लगा। बस, उतने में ही, इरा खुश रहती! सिर्फ उतने में ही? अगर वह इतने कम-से ही सन्तुष्ट हो सकती है, तो अनिमेष उस पर झूठमूठ बोझ क्यों लाद रहा है?

'हाँ, उतने में ही, मैं तो अति कम पाकर ही खुश रह सकती हूँ। इसके लिए ढेरों आयोजन की ज़रूरत नहीं है।'

'इरा।'

'अब मेरे पापा को ही लो। तुम लोग क्या सोचते थे, मुझे नहीं मालूम। लेकिन मैं समझती थी। उनका ख़्याल था कि वह कोई विराट आयोजन करके, वह माँ के लिए शोक मना रहे हैं। अपनी ज़िन्दगी तबाह करके, सारा कामकाज त्याग कर, माँ की मौत से उन्हें भारी चोट पहुँची है, वह मानो यही जाहिर करते फिर रहे थे।

अनिमेष ताज्जुब में पड़ गया। हाँ, इरा के पिता के बर्ताव का और एक मतलब भी स्पष्ट हो आया है। सुधांशु नन्दी 'शराबी, गैर-जिम्मेदार, विवेचनाहीन' था। विजय मित्र, उसका मृत्यु-संवाद पाने के बाद भी नरम नहीं पड़े।'

'ब्रूट! जानवर!' निलीना मित्र ने कहा था, जो शहर की सबसे सम्मानित महिला थीं।

—कहाँ जाना हो रहा है, भाइसाहब? कप्तान जी की कप्तानी कहाँ फुर्र हो गयी? या क्या इन्सान था, क्या हो गया?—शहर के मनचले छोकरे, उन पर इसी तरह के मंतव्य कसते थे।

'इरा पर नज़र गड़ी है?' रायपुर की रातों में सुधांशु नन्दी जिस राह से गुज़रते थे, यही सवाल बार-बार पूछते जाते थे। वह रोजवुड की कीमती छड़ी ठुकठुकाते हुए ज़िधर से भी गुज़रते थे, वह कहते रहते थे—'इरा को मैं यहाँ नहीं रखूँगा। शी विल मैरी ए प्रिन्स! वह किसी राजकुमार से शादी करेगी।'

वे खुश-खुश लहजे में यह खुशखबरी बिखेरते जाते थे, लोग सुना करते थे।

लेकिन हर घटना के कई-कई पक्ष होते हैं। अलग-अलग व्यक्ति, उसे अलग-अलग तरीके से देखते हैं। इरा अपने पिता के बारे में शायद ही कभी बात करती थी, लेकिन अब, जाहिर है कि उसके मन के किसी कोने में कोई अफसोस या आक्रोश नहीं है।

'दुःख का दिखावा करने के लिए पापा कितना-कितना आयोजन करते थे। अपना जीवन नष्ट करके, अपने को तहस-नहस करके, उन्हें लगता रहा कि वह अपना महान् दुःख जाहिर कर रहे हैं, जबकि सभी लोग यही सोचते थे कि वह गैर-जिम्मेदार निष्ठुर, शराबी और अन्यायी हैं। यह सब मैंने अपनी आँखों से देखा है। इसलिए, अनी, आयोजन करके सुखी हुआ भी नहीं जा सकता। मैं आसानी से

सुखी हो लूँगी।'

'तुम मेरी माँ—डैडी के बारे में कह रही थीं न, इरा, इसलिए मैं कहता हूँ, मुझे सुखी देखकर, वे लोग भी हमें मन से माफ कर देंगे।'

'शायद!'

इरा ने संक्षिप्त-सी उसांस भरी और उठ खड़ी हुई।

'चलो, घर चलें, अनी! शायद विभा मुझे लेने आये! कनक'दा वगैरह हमारा इन्तज़ार कर रहे होंगे।'

'चलो! आज तुम बेहद थकी-थकी लग रही हो। कलकत्ता तुम्हें अच्छा नहीं लगा न?'

'लग क्यों नहीं रहा है? अलबत् लग रहा है।'

'विभा ने कुछ कहा है?'

'नहीं, नहीं! अभी तो परसों ही मौसी जी ने जाने कितने ही रुपयों की साड़ी, जूते, बैग, और भी कितने कुछ ख़रीद दिये। मुझे ख्याल आता रहा, इससे काफी-काफी कम रुपयों की वजह से मेरी बीमार माँ का इलाज नहीं हो पाया था, अनी! हालांकि उन दिनों भी वे लोग मौजूद थे। इन लोगों को लिखा भी गया था।'

'अब वह सब सोचने से क्या फ़ायदा, इरा?'

'कहाँ? मैं तो कुछ नहीं सोचती।' इरा के होठों पर हल्की-सी मुस्कान तैर गयी।

उसने थोड़ा ठहरकर कहा, 'मैं देख रही हूँ, यहाँ के परिवार के साथ तुम बेतरह जुड़ गये हो।'

'हाँ, बे-ह-द!'

'तुम्हें डर नहीं लगता, अनी?'

'डर? डर किस बात का?'

'कहीं चोट न खा जाओ! कहीं चोट न दे दो?'

8

इरा के सवाल पर अनिमेष अचकचा गया।

वह चोट खा जायेगा? चोट देगा? किसे? इस घर में इन्सान कहाँ हैं?

'एषा है न, अनी?'

'एषा?'

इतनी देर बार, अनिमेष उन्मुक्त हो आया। उसने ज़ोर का ठहाका लगाया।

'वह काफी छोटी है न, इरा?'

'हाँ, अभी छोटी है, मगर किसी दिन तो बड़ी होगी!' इरा की आवाज़

महीन-सुरीली बांसुरी जैसी सुनायी दी, 'प्यार छीन लेनेवाला चेहरा है, उस लड़की का। है न?'

'बिलकुल गुड़िया-गुड़िया जैसी।'

'विभा बता रही थी कि तुमने उसे अपनी छाया बना लिया है–'

'विभा ने मज़ाक किया होगा।'

'काश, तुम अपनी यह मास्टरगीरी छोड़ पाते, अनी!'

'तुम्हें आज क्या हुआ है, इरा?'

'तुम हर किसी को अपने ढाँचे में क्या ढालना चाहते हो, अनी? तुम इतने शक्की हो गये हो कि इन्सान को न्यायकर्ता की नज़र से देखने लगे हो? शायद इसीलिए कोई तुमसे सहज नहीं हो पाता।'

'तुम भी नहीं, यही बात है न, इरा!'

'ख़ैर, मेरी बात छोड़ो! इरा बता रही थी कि...'

'क्या बता रही थी?'

'बता रही थी कि एषा तुम्हें बहुत मानती है, तुम्हारी हर बात सुनती है। लेकिन, अब उठो! चलो, सच ही बहुत देर हो गयी है।'

घर में विभा और कनक बैठे हुए थे। सतीश उन दोनों से बातचीत कर रहे थे।

'मौसा जी, यह इरा है–'

इरा ने झुककर उनके चरण-स्पर्श किये।

'आओ, बिटिया!' सतीश ने इरा की तरफ ग़ौर से देखा। अनी इरा को प्यार करता है और अनी अब, उनका प्रिय है, अति प्रिय!

'तुम दोनों ने आने में देर कर दी। हमने बहुत अच्छे-अच्छे पकवान खाये।' विभा ने हँसकर कहाँ

चाय के सरंजाम अभी तक फैले हुए थे।

एषा ने अनी की तरफ गर्व से देखा मेहमानों के स्वागत-सत्कार में कोई त्रुटि नहीं थी।

'अब, कुछ दिन रहोगी न?'

छवि के प्रश्न के जवाब में इरा ने कहा, 'रहने का मन तो था, मौसी जी, लेकिन रायपुर से जैसे बुलावे पर बुलावा आ रहा है, कब तक रह पाऊँगी, कह नहीं सकती।'

'अगर मन न हो, तो रुक जाओ न! कलकत्ता हमेशा तो आना होता नहीं!'

निलीना मासी ने कहा था...

'उन्होंने चाहे जो भी कहा हो, अगर तुम्हारा मन न हो, तो क्या जाने की तुम पाबन्द हो?'

'ज़रा घनिष्ठ होते ही, जिम्मेदारी आ पड़ती है, कनक'दा। है कि नहीं?'

सतीश ने गौर किया, इरा की आँखें विस्फारित हो आयी हैं मानो हमेशा डरी-डरी

रहती है, या उसे कोई शारीरिक तकलीफ है या किसी बहुत बड़ी परेशानी में जीती है, जो उसकी सोच से भी बढ़कर उसे डराती रहती है या पीड़ा देती रहती हैं। इसीलिए उसकी आँखों की पुतलियाँ हमेशा विस्फारित निगाहों से देखती रहती हैं।

मन ही मन सतीश ने उसके प्रति अद्‌भुत ममता महसूस की। जाने किसने तो उन्हें कोमल-कोमल हथेली से सहला दिया। लेकिन इस लड़की...इस विभा की आँखों में विद्रूप क्यों भरा है? सतीश अपने मन के भावान्तर पर खुद ही बेहद आवाक् हो उठे। लेकिन, इरा बेहद प्यारी बातें करती है।

'हाँ, सो तो सच है! हर रिश्ते की एक जिम्मेदारी होती है। वह जिम्मेदारी तो क़बूल करनी ही पड़ती है।'

'सिर्फ जिम्मेदारी ही क्यों?' विभा ने अब जाकर जुबान खोली, 'अनी की माँ उसे प्यार करती हैं, बेहद प्यार करती हैं। इसीलिए, शायद वह लौट जाये, तो वह खुश होंगी।'

'लेकिन, इरा अगर यहाँ रुक जाये, तो हम सब खुश होंगे।'

कनक एक दौर हँस पड़ा, मानो उसकी यह बात सुनकर ही, महफ़िल टूटेगी और सभी उठ खड़े होंगे।

उधर निलीना बेचैन हो उठीं। इरा उनके लिए इतनी अपरिहार्य हो उठेगी, यह किसी ने भी नहीं सोचा था।

विजय मित्र के पास वक्त बेहद कम था और उनके वक्त की काफी क़ीमत भी थी। ऐसा वक्त काफी कम मिलता है, जब पति-पत्नी बैठकर गपशप करते हों।

निलीना तो हमेशा ही कहती थीं, 'तुमसे भी ज़रा बोल-बतिया सकूँ, इतना वक्त ही नहीं मिलता।'

इसीलिए गर्मी के मौसम में, दोनों प्राणी पहाड़ और समुन्दर-तट पर सैर के लिए निकल पड़ते थे। लेकिन, वहाँ जाकर, इतनी-इतनी फुर्सत का वे दोनों करेंगे भी क्या, यह उनकी सोच से बाहर थी।

डॉक्टर हर बार विजय मित्र को आगाह कर देते थे, 'अपने को बिलकुल अलग रखियेगा! किसी काम को हाथ भी मत लगाइयेगा।'

निलीना मित्र को भी हिदायत मिली थी कि जो लोग उनकी तरह दिमाग़ी काम करते हैं, अगर वह आराम न करें, तो उन्हें कौन-कौन-से रोग हो सकते हैं।

इसलिए बाहर निकलने पर, विजय मित्र भी डॉक्टर की हिदायत मुताबिक चलने की कोशिश करते थे।

'किसी भी काम में तुम मुझे अपने साथ नहीं पाओगी। मैं सिर्फ खाने और सोने आया हूँ' यह जुमला वह बार-बार दोहराते थे।

लेकिन दूसरे ही दिन एकदम से बेचैन हो उठते थे। तीसरे दिन बदस्तूर अधीर

और चंचल हो आते थे।

'इस तरह बैठे-बैठे, क्या कोई वक्त गुज़ार सकता है?'

इसलिए होटल-मैनेजर या और कोई सज्जन आकर, उनसे अनुरोध करते थे, 'सर, आपका समय बर्बाद होगा, जानता हूँ। लेकिन मेरे ये काम, अगर आप एक बार देख लेते, तो...'

वह बदस्तूर उत्साहित हो उठते थे, 'ओ येस, नहीं, नहीं, काफी वक्त है मेरे पास! मेरी तबीयत भी बिलकुल ठीक ठाक है। लाइये, अपना काम ले आइये।'

वे उसी दिन कागजात ले आने की हिदायत देते थे। अगले ही दिन वह मैनेजर से कहते थे, 'कामकाज में परेशानी हो रही है। एक अच्छी-सी मेज, पढ़ने के लिए लैम्प भेज दें। आपके कागज-पत्तर जैसे बदहाल देख रहा हूँ, इस सबको टाइप करा लेना चाहिये। यहाँ कोई टाइपिस्ट नहीं मिलेगा?'

अगले ही दिन वे अनिमेष को तार भेजते थे, 'फलाँ-फलाँ किताबें लेकर चले आओ। सेहोड़ कोलियरी की फाइल भी लेते आना।'

ऐसा हर साल होता था। हैरत की बात यह थी कि अनिमेष जब माँ-डैडी के पास जाता था; तब वह महसूस करता था कि बाहर सैर पर रहते हुए, वे दोनों प्राणी कितने सहज और अंतरंग नज़र आते थे।

वापस लौटकर, निलीना घर-गृहस्थी के लोगों की देखभाल करेंगी या रसोई की खोज-ख़बर लेंगी, यह उम्मीद करना फिजूल था। सारा दायित्व उन्होंने लता पर छोड़ दिया था। लता को मालूम था कि उसके घर में, कौन, कब खाता है, बगीचे से फल मंगाकर, हर वर्ष कैसे अचार, सॉस वगैरह तैयार करके रखा जाता है, माली और जमादार के परिवार को हर रोज सिद्धा, किस हिसाब से दिया जाता है।

यहाँ आकर अनिमेष ने देखा, सभी लोग निलीना के इर्द-गिर्द आ जुटे थे। मैनेजर सुबह-सुबह ही उसका कुशल-समाचार लेने आये। धीरे-धीरे वह अपनी बातों का पिटारा खोलते थे—पिछले दिन फलां पकवान कैसा बना था? फलां कमरे के सज्जन के पेट में तीखा दर्द उठा है, बिचारे छटपटा रहे हैं, उन्हें कौन-सी दवा दी जाये कि उन्हें आराम आये?

इसी तरह की सैकड़ों बातें—निलीना क्या जानती है कि आलू कैसे सुरक्षित रखा जाता है। मैनेजर ने इस बार जितने आलू, अंडे वगैरह जमा रखे थे, वह सब जल्दी-जल्दी नष्ट हो जाते हैं। वह अपनी बेटी को किस स्कूल में दाखिला दिलायें, तो बेहतर हो? होटल की तरक्की के लिए और क्या-क्या करना चाहिए?—यही सब बातें!

अनिमेष जितनी बार आता था, यह नज़ारा देखकर आवाक् होता था।

'माँ, रायपुर में तो तुम कभी भी दुनियादारी की इन बातों को लेकर माथापच्ची नहीं करती थीं?'

निलीना ने जवाब दिया, 'अनी, तुम कुछ भी नहीं समझते। वहाँ लता है न, फिर

मैं क्यों उनमें अपना सिर भिड़ाऊँ?'

'हाँ, यह तो सच है।'

'अनी, मैं पूछती हूँ, इन सब बातों को लेकर, तुम इतनी माथापच्ची क्यों करते हो? लता क्या करती है या नहीं करती है, मैं उस मामले में टांग नहीं अड़ाती, यह मेरी स्वार्थपरता नहीं है। उससे अगर वह काम भी छीन लूँ, तो वह क्या लेकर रहेगी, बताओ?'

'लेकिन, माँ...' अनिमेष ने पावरोटी पर मक्खन लगाते हुए कहा, 'लता को यूँ काम करते रहने की जिम्मेदारी, मैंने दी है।'

'चलो, ऐसे ही चलेगा।'

निलीना ने बात आगे नहीं बढ़ायी।

वह रसोई-पानी, बाग, स्कूल वगैरह की समस्याओं में व्यस्त हो उठीं। विजय मित्र खुश-खुश नज़र आये, क्योंकि एक तरफ कागज-पत्तर, हिसाब-किताब की देखरेख करते हुए, ढेरों रुपयों का काम कर रहे थे, उधर जी भरकर सब पर राज भी करते रहे।

उन्होंने डॉक्टरों को सुझाव दिया कि डिस्पेंसरी का रखरखाव कैसे किया जाये। उन्होंने सेक्रेटरी को समझाया कि क्लब चलाने के क्या-क्या नियम हैं। इसके अलावा, उनके दिमाग़ में जो-जो परिकल्पनाएँ थीं, सभी लोगों को बताते रहे—यह सड़क चौड़ी कर देनी चाहिये, इस स्कूल-बिल्डिंग की जगह, बड़ा-सा पार्क बनाना चाहिये। शहर में एक तरफ जन-आबादी हो। वहाँ इसके अलावा और कुछ नहीं होगा। हाँ, सिर्फ चंद स्कूल, कॉलेज, अस्पताल, दुकानें ज़रूर होंगी।

वह बताते जाते थे और शहर के गण्यमान सुनते रहते थे। कुछ-कुछ लोग ऐसे भी होते हैं, जो जितना कुछ सुनते हैं, उसी में उच्छ्वासित हो उठते हैं।

'आपने बेहद खूबसूरत विचार व्यक्त किये। सच्ची, इतना कुछ आपके दिमाग़ चलता रहता है—' लोग कहते थे।

विजय मित्र, गहरी आवाज़ में कहते रहे—'अन्यान्य दुकान'पाट, बाज़ार वगैरह सारा कुछ बीच में बसा होगा। शहर की दूसरी तरफ होगा, होटल, सिनेमा, खेल के मैदान! जन-आबादी के साथ, उनका कोई योग नहीं होगा।'

जब वह अपना वक्तव्य रखते थे, उनके चश्मे के कांच पर रोशनी चमकती थी। उनके गले से निकलती हुई भारी-भरी आवाज़, श्रोताओं को मंत्रमुग्ध कर जाती थी। अनिमेष को बार-बार यही लगता था कि विजय मित्र ईश्वर की तरह, सर्वशक्तिमान होना चाहते हैं। घर-मकान, बाज़ार-हाट, पार्क, मानो उन्होंने कहा और शहर के नक्शे पर, जहाँ, जो फिर बैठेगा, टपाटप बैठा दिया जायेगा। लेकिन, जो लोग ईश्वर बनना चाहते हैं, वह हमेशा आगे बढ़कर सोचते हैं, कुछ ज़्यादा ही आगे बढ़कर सोचते हैं। देश की हालत, दरिद्रता, असहायता—यह सब उन्हें कुछ भी याद नहीं रहता। जो

लोग यह सब याद रखते हुए सोचते हैं, अनिमेष जानता था, विजय मित्र उन लोगों के दल में नहीं था।

ऐसा हर बार होता था।

असल में निलीना या विजय मित्र, कोई भी अकेले रहने से डरते हैं, इसलिए रिटायरमेंट उन्हें बेहद थकानभरा लगता था।

अनिमेष ने कहा, 'असल में वे दोनों अकेले-अकेले रहने से डरते हैं, इसलिए वह इन्सान खोजते रहते हैं।'

इरा ने कहा, 'तुम जो कह रहे हो, वह सच नहीं है। काम करते रहना, उन्हें शायद अच्छा लगता है।'

ऐसा ही होता था! अब तक अनिमेष ने हमेशा ग़ौर किया था कि माँ-डैडी के बारे में कोई आलोचना सुनने को, इरा कतई राज़ी नहीं थी।

बहरहाल, रायपुर में, अपने घर में विजय मित्र का वक्त चाहे जितना भी मूल्यवान क्यों न हो, इस बार इरा जब कलकत्ता में देर होने लगी, तो निलीना से स्थिर रहना मुश्किल हो आया।

उन्होंने विजय मित्र को बुला भेजा। सुबह चाय पीने के बाद ही, विजय मित्र को मिल लेने का संदेशा भेजा।

विजय मित्र अचकचा गये। निलीना यह बात अच्छी तरह जानती है कि चाय-नाश्ते के बाद, उनके पास वक्त कितना कम होता है। उन्हें कितने-कितने काम होते हैं, फिर भी उन्हें बुला भेजा। क्यों?

'ओ येस!' कहते हुए, चप्पल पहनते-पहनते, अचानक उन्हें याद आया कि निलीना ने ही कभी उन्हें समय का उपयोग सिखाया था। किस काम के बाद, कौन-सा काम करना चाहिये, वक्त बर्बाद करने से काम नहीं चलेगा। ना, विजय मित्र अपनी पत्नी के अहसानमंद हैं। उसका यह अहसास कभी चुकाया नहीं जा सकता।

हैरत है! इस समय तो निलीना बगीचे में रहती थी।

लेकिन लता ने कहा, 'माँ कमरे में हैं।'

यह भी रूटीन का व्यतीक्रम था। मामला क्या है, विजय मित्र मन ही मन सोच में पड़ गये।

निलीना बराम्दे में चहलकदमी कर रही थीं। यूँ वे हर वक्त काम में व्यस्त रहती थीं, इसलिए उनके सामने कोई न कोई काम पड़ा ही रहता है। उस वक्त वह हाथ में कैंची लिये, बराम्दे में रखे हुए पौधों को तराश रही थीं। अंगूर की तरह, उनके कच्चे-पक्के, खुले-खुले बालों पर धूप चमक रही थी। उनकी सफेद साड़ी फर्श तक लोट रही थी। सूर्य-किरणें, उनके माथे पर मुकुट जैसी लग रही थीं।

'उन लोगों ने कैक्टस में पानी डाल दिया है।'

'क्या कहा?'

विजय मित्र बेतरह अचकचा गये। किसने पौधों में पानी डाल दिया, इसलिए उन्हें तलब किया गया? इसका क्या मतलब है?

'पानी डाला गया है—' निलीना ने धीमे से कहा, वह बेहद परेशान नज़र आयीं।

'तो क्या हो गया?'

'पौधा मर जायेगा। इरा जानती थी कि इस पौधे में पानी नहीं दिया जाता।'

'इसमें, मैं क्या कर सकता हूँ, निलीना?'

'मैंने तुम्हें इसलिए नहीं बुलाया! ज़रूरी बात करनी है।'

'कहो—'

निलीना ने पति की ओर देखा।

उन्होंने कहा, 'इरा अब तक आयीं क्यों नहीं? मुझे फ़िक्र हो रही है।'

'शायद कलकत्ते में उसे अच्छा लग रहा है।'

'उसे अच्छा लग रहा है या नहीं, मैं नहीं, जानती। विभा की माँ ने लिखा है कि अनिमेष और इरा मिले थे। वे दोनों एक साथ पार्क में घूमने भी गये थे...' निलीन ने होंठ चबाते हुए कहाँ

'मिले थे, तो क्या हुआ! पार्क में घूमने गये थे। तो भी क्या? तुम यह सब सोचकर परेशान न हो।'

'मैं सोच रही थी...'

'क्या सोच रही थी, अनिमेष के बारे में शायद हमने इन्साफ नहीं किया। तुम इस क़दर गरज-तरज़ उठे कि कुछ कहने की हिम्मत नहीं पड़ी।'

'अब, ये बातें रहने दो, निलीना!'

'मुझे जाने क्यों तो लग रहा है कि इसका नतीजा अच्छा नहीं होगा। उसी को मैं जानती हूँ। वह बे-हद ज़िद्दी है।'

'ओ येस! अनी की ज़िद, अनी की सोच, मैं भी सब जानता हूँ। यह भी जानता हूँ कि बाकी दोनों बेटों के मुक़ाबले उसके भेजे में बुद्धि बहुत ज़्यादा है। लेकिन इसलिए मैं उसकी हर बात नहीं मान सकता! वह मेरा बेटा है।'

विजय मित्र आगे बढ़ आये। यूँ वह शख़्स संयम का आदर्श था, लेकिन छोटे बेटे का ज़िक्र छिड़ते ही, वे धीरज खो देते थे।

उन्होंने लगभग चींखकर कहा, 'वह मेरा बेटा है। फिर भी उसकी यह मजाल कि वह मुझे 'जज' करे? वह मेरी निन्दा करता है, मुझ पर शक़ करता है, मुझ पर दोष लगाता है।'

उन्होंने मेज़ पर टिकी, निलीना की हथेली थामकर कहा, 'जबकि मैं बुरा पिता नहीं हूँ, निलीना! न मैं दारू पीता हूँ, न सुधांशु नन्दी की तरह बेहिसाबी हूँ और न मैं अन्याय करता हूँ, फिर भी वह मेरा विश्वास नहीं करता। येस, मेरा छोटा बेटा मुझ

पर भरोसा नहीं करता। इसके लिए मैं तुम्हें जिम्मेदार मानता हूँ। तुमने ही उसे लाड़-प्यार दिया, कुछ ज़्यादा ही दुलार किया, ज़रूरत से ज़्यादा!'

'ज़रूरत से ज़्यादा लाड़-प्यार दिया मैंने? अनी की माँ ने?'

निलीना की आवाज़ में तीखा दर्द था। अपार अविश्वास रायपुर के घर में हर ओर बिखर गया। निलीना की इतनी तेज़ आवाज़ कभी किसी ने नहीं सुनी। लेकिन, उनके चरित्र में संयम था! उनमें ग़ज़ब की शोभा थी! अन्दर ही अन्दर छाती फट जाने के बावजूद, बाहर वह ज़ाहिर नहीं करती थीं।

आज उनकी भयंकर तेज़ आवाज़ सुनायी पड़ी। रायपुर के घर के सभी लोग दौड़कर आ पहुँचे। दोनों बेटे, उनकी बीवियाँ, काम करनेवाले नौकर-चाकर! सभी ने निलीना की बातें सुनीं। निलीना बेहद आश्चर्यचकित थीं, क्योंकि अपनी सन्तान को ज़्यादा लाड़-प्यार देने के लिए, कोई भी उसकी माँ पर इल्ज़ाम नहीं लगाता, कम से कम उन जैसी माँ पर!

'हैरत है, आज मुझे तुम्हारी जुबानी यह बात सुननी पड़ी।'

'क्यों, मेरी बात क्या झूठ है?'

'तुम्हारी बात सच है या झूठ, इस बारे में मैंने तुमसे कभी, कोई सवाल नहीं किया, आज भी नहीं करूँगी।'

निलीना ने मुँह फेरकर, एक ही जुमले में जता दिया कि कौन सच बोल रहा है, कौन झूठ, इस बारे में सवाल करना या सवाल करने का खयाल भी मन में लाना, उनके स्वभाव के विरुद्‌ध है। कोई छोटी या संकीर्ण बात, वे सोच भी नहीं सकतीं। उनका सब कुछ विशुद्‌ध है, मानो संगमरमर में गढ़ी हुई, किसी देवी-देवता की मूर्ति हो। उनके मन में कहीं, कोई फाँक नहीं था।

'लेकिन, एक बात मैं तुम्हें बता दूँ, अनी ने अगर तुम पर आरोप लगाया है, तो उसने मुझे भी नहीं छोड़ा। तुम कहते हो, मैंने उसे ज़रूरत से ज़्यादा प्यार दिया, लेकिन वह कहता, मैं प्यार-ममताहीन, जड़-पत्थर हूँ।'

'ईडियेट!'

'ओह नो! अनी बेवकूफ नहीं है। अभी सब कुछ जानता-समझता है, लेकिन उसे भी आरोप लगाने का हक़ है। उसे भी हमारे विरुद्‌ध शिकायतें हैं।'

'कैसी शिकायत? किस बारे में?'

'वह इरा से शादी करना चाहता था, मगर हमने उस पर गौर ही नहीं किया। अनी ने समझा कि हम इरा को इतना-इतना स्नेह देते हैं, फिर भी हमें सुधांशु बाबू के स्वभाव का ख़्याल आता है, उसकी माँ की बीमारी याद आती है! विवाह बेहद सीरियस...बेहद गंभीर मामला होता है, अनी ने यह नहीं समझा।'

निलीना की आवाज़ टूट गयी! गला बेहद भारी हो आया। दुःखी होने पर, वे रोती नहीं थीं। उनसे रोया नहीं जाता था।

उस घर में बहुत-बहुत बार, बड़ी-बड़ी मुसीबतें आ चुकी थीं! रणजय बीमार हो गया! मेनिन्जाइटिस में मरणासन्न हो आया, निलीना पत्थर की मूरत बनी, रोगी के सिरहाने अडिग बैठी रहीं। लता रोती रही, घर के सभी लोग रोते रहे।

लेकिन उन्होंने बीमार बेटे पर झुककर, सिर्फ इतना ही कहा, 'बड़े लल्ला, तुम परेशान मत हो। लता को मैं अपनी छाती से लगाकर रखूँगी।'

उस दिन भी उनकी आवाज़ अवरुद्ध हो आयी थी। इसके अलावा, उनका 'बड़े लल्ला' सम्बोधन, उनकी आँखों में झलकता हुआ आकुल आतंक, विजय मित्र को अभी भी याद था।

वह आवाज़ सभी पहचानते थे। विजय मित्र आवाक् हो उठे। निलीना इस क़दर भावुक हो उठेगी, विजय मित्र को पहले समझ में नहीं आया था।

उन्होंने कहा, 'अनी जो चाहे या करे, उसे करने दिया जाये, यह ज़रूरी नहीं है। इसके अलावा, उसने मुझसे वादा किया है कि वह कलकत्ता में रहकर, कामकाज सीखेगा, परीक्षा देगा और वह यहाँ लौट आयेगा। वैसे भी, शादी का वक्त अभी ख़त्म नहीं हुआ जा रहा है। असल बात यह है कि तुम इरा को चाहते हो या नहीं?'

निलीना को अचानक ख्याल आया कि उसके पति पूछेंगे 'बहू के तौर पर तुम उसे चाहती हो या नहीं?'

उन्होंने नज़रें उठाकर पति की ओर देखा। मन से इस प्रस्ताव पर सहमति जताना, उनके लिए भी असंभव था। लेकिन उनके पति अगर यह प्रस्ताव देते, तो वह ज़रूर जाँच देखतीं। उनके लिए भी मान लेना आसान हो जाता। भगवान करे, पति ऐसा ही कुछ कहें, निलीना के मन में प्रत्याशा जाग उठी। भगवान करें, अनी का हाथ पकड़कर, इस घर में सुख आये, शांति आये! सब कुछ सहज हो जाये।

उनकी प्रत्याशा बुझ गयी।

'इरा रहती है, तो तुम्हें अपने कामकाज में सहूलियत होती है, इसीलिए उसे रखा हुआ है, वर्ना सुधांशु की बेटी को चैरिटी करने के लिए, यहाँ उसे तुमने नहीं रखा है।'

'न-ही!' उनके बारे में दूसरों के मन में ग़लत धारणा बनेगी, यह जानते हुए भी वह सच के सिवा झूठ नहीं बोल पायीं।

इस घर में दान दिया जाता था, मदद भी की जाती थी, लेकिन एकदम से चैरिटी कभी नहीं की जाती थी। हर दान-ध्यान के पीछे, विजय मित्र का कोई न कोई लक्ष्य हुआ करता था। इसका यह मतलब हरगिज नहीं था कि वह दौलत के लोभी थे। ऐसे दो-एक हज़ार रुपये तो वह तुच्छ समझते थे।

वैसे निलीना की बात अलग थी। उनके पास बाप से मिली हुई सम्पत्ति जो भी। गरीब-दुःखियों को देने के लिए वह अपने पति के आसरे-भरोसे नहीं थीं। पति की सहृदयता की बात तो सभी लोग जानते थे।

इसके बावजूद, उन्होंने भी ठीक मदद करने के लिए, इरा को अपने पास नहीं रखा।

'वह रहती है, तो मुझे सहूलियत होती है। उस पर मैं भरोसा कर सकती हूँ। अगर वह होती, तो इस कैक्टस में कोई पानी नहीं उड़ेलता।'

उन्होंने वह खूबसूतर पौधा उखाड़कर फेंक दिया।

उन्होंने फिर कहा, 'मर जायेगा, मर जाने दो।'

विजय मित्र ने कहा, 'उसे आने को लिख दो। लिख दो कि तुम्हें उसकी ज़रूरत है और, अनी को भी एक पत्र भेज दो। उसे याद दिला दो कि उसने, मुझे वचन दिया था कि कलकत्ता में रहते हुए, वह मेरी मर्जी के खिलाफ नहीं जायेगा।'

'तुम ही लिखो! मुझसे नहीं होगा।'

'ठीक है! मैं ही लिख दूँगा और हाँ, इरा के लिए तुम लोग परेशान न हो, बल्कि उसकी शादी कर देने की कोशिश करो। यही उसके प्रति बड़ा उपकार होगा।'

'इरा भला क्यों राज़ी होने लगी?'

'इसलिए राज़ी होगी कि उसे पता चल गया है कि उससे विवाह करके, अनी ज़मीन-जायदाद के हक़ से वंचित हो जायेगा।'

'सभी लोग क्या सिर्फ रुपइय्यों की सोचते हैं?'

'नहीं! नहीं! अगर वह सच ही अनी का भला चाहती है, तो उसका इतना बड़ा अनिष्ट नहीं होने देगी। मेरा विश्वास है कि वह भली लड़की है।'

विजय मित्र कमरे से बाहर निकल गये।

9

निलीना मित्र ने इरा को पत्र लिखा।

इधर रणजय ने लता से कहा, 'तुम बुद्धू हो! परम बुद्धू! इरा ने इन कुछ ही दिनों में, माँ को अपने हाथ में कर लिया, तुम फेल हो गयीं।'

'हाथ में करने को क्या है? माँ इरा को प्यार करती हैं।'

'हाँऽऽ, एक तरफ अनी, दूसरी तरफ इरा, क्या खूब जोड़ी है।'

लता ने इसके आगे कुछ नहीं कहा अनी और इरा से उसे भी लगाव था। अनी का उस पर उपकारों का अन्त नहीं था। इस परिवार के नक्शे में, उसने जितनी भी जगह दख़ल की है, सब अनी की देन है। उसी ने उसे राह दिखायी कि कैसे इस गृहस्थी में, सबका अपना बना जा सकता है।

वह रणयज की बीवी, निलीना मित्र की पुत्र वधू और कुणाल-माया की माँ है, लेकिन फिर भी उसे किसी का मन नहीं मिला। उसके साथ किसी का भी रिश्ता

नहीं बना। लता इसकी वजह खोजते-खोजते हैरान-परेशान होती रही। इस घर के सभी लोग भले हैं, अति भद्र हैं, फिर भी इन लोगों को किसी को अपना बनाना नहीं आता, आखिर क्यों? वह अक्सर सोचती रहती थी।

अनी ने ही उसे समझाया कि यूँ मन ही मन घुटते रहने से कोई फ़ायदा नहीं है। ये लोग तुम्हें प्यार करें, इसका इन्तज़ार करने से बेहतर है कि अपने को कामकाज में डुबाये रखा जाये।

'बशर्ते कि तुम जीना चाहती हो, तभी...' अनी ने हँसती हुई आँखों से उसे देखते हुए कहा था। एकमात्र अनी ने ही समझा था कि लता जिस ढंग से दिन गुज़ार रही है, उससे उसकी जीवनशक्ति धीरे-धीरे कम होती जा रही है। अनी के अलावा और किसे ख़बर है कि लता मन ही मन भयंकर इरादे के साथ उस चांदनी रात के बगीचे में गयी थी और कुएँ के जगत पर जा खड़ी हुई थी?

उस दिन, रणजय शिकार सम्बन्धी कोई अंग्रेजी पत्रिका उलट-पलट रहा था। उसके पैरों में दर्द था। लता उसके पैरों में मालिश कर रही थी।

लता ने उससे सवाल किया, 'यह जो तुम्हारे डैडी, अनी-इरा के विवाह में एतराज कर रहे हैं, तुम कुछ कहते क्यों नहीं?'

'मैं क्या कहूँ?'

'तुम इसे सही समझ रहे हो या ग़लत, कुछ कहोगे नहीं?'

'भई, अनी विवाह करना चाहता है, ठीक है। उसने अपनी मर्जी मुताबिक काम किया। डैडी रुकावट डाल रहे हैं, ही इज़ करेक्ट! बिलकुल सही हैं वह। वह अपनी मर्जी-मुताबिक पेश आ रहे हैं।'

तुम क्या इस बारे में, इससे ज़्यादा कुछ नहीं कहोगे?

'ना! जब तक, वह 'ओल्डमैन' राज-पाठ कर रहे हैं, मैं कुछ नहीं बोलूँगा। उनके मरने के बाद मैं बताऊँगा कि मेरी अपनी भी कोई राय है।'

'तब तक क्या अनी-इरा की समस्या बनी रहेगी?'

'न-ही। बनी नहीं रहेगी। लेकिन हम अनी के बारे में इतना न भी सोचें, तो चलेगा। माँ सोचती है कि डैडी मौजूद हैं। अनी का मामला सम्राट और सम्राज्ञी ही तय करें। मैं ठहरा मामूली आदमी, मैं क्यों माथापच्ची करूं?'

'तुम भी कैसी बातें करते हो, तुम्हारे डैडी तो भड़के हुए हैं।'

'लता, तुम न, परले दर्ज़े की मूर्ख हो–' रणजय ने बन्दूक की तस्वीर पर नज़रें गड़ाये हुए कहा, 'अनी के साथ डैडी का मामला बिलकुल अलग है। अब, देखो न, मैं इतना आज्ञाकारी हूँ, अजय भी आज्ञापालक है, मगर डैडी क्या हमारा विश्वास करते हैं? अनी के साथ उनका इतना मतभेद है, लेकिन अगर वह एक बार कहे, तो वह झट् बैंक के कागजात, ज़मीन-जायदाद का हिसाब, उसके जिम्मे सौंप देंगे।'

वैसे रणजय की यह बात, बिलकुल झूठ भी नहीं थी।

लता ने लम्बी उसांस भरकर कहा, 'पता नहीं, क्या झूठ है, क्या सच, मुझे तो कुछ समझ में नहीं आता।'

'समझने की कोशिश भी मत करो। मैं समझने की बिलकुल कोशिश नहीं करता। मुझे देखकर ही कुछ सीख लो–'

'अनी के लिए फिक्र होती है; तकलीफ भी होती है, इस बात से मैं इन्कार नहीं कर सकती।'

परेशान-सी लता, इना के कमरे में आ पहुँची। रणजय सोचता रहा, इरा अगर वापस लौट आये, तो वह भी कम खुश नहीं होगा। इरा में ऐसा कुछ है, जो रणजय के मन और आँखों को खींचता है।

इना कमरे में ढेर सारे कपड़े फर्श पर बिखेरे बैठी हुई थी। रंगीन, रेशमी, जरी और ब्रोकेड के कपड़े।

साड़ी-ब्लाउज़ के ढेर से सिर उठाये बिना ही, उसने कहा, 'मेरी हरी साड़ी नहीं मिल रही है।'

'अपनी एक साड़ी तो तुमने कल दर्जी के पास, रफ़ू करने भेजा है...'

'सर्वनाश! वही साड़ी मिल नहीं रही है, इसलिए मैंने नौकर को कितना-कितना डांटा। माँ ने भी सुन लिया।'

'कब?'

'सुबह! उसके बाद, मैंने जाकर पौधों में पानी डाला, इससे माँ और भी भड़क गयीं।' इना परेशान-सी साड़ियों के ढेर में घिरी बैठी रही।

'अजय कहाँ है?'

'यहीं है...!'

पलंग के नीचे से अजय ने झांका।

उसने हँसकर कहा, 'गुडमॉर्निंग, भाभी, हालांकि यह चाय पीने का वक्त नहीं है, फिर भी जाने क्यों तो लगा, इना अभी चाय बनाने वाली है।'

'वहाँ क्या कर रहे हो?'

'पलंग की सूराखों में खटमल की दवा डाल रहा हूँ।'

'गंजी-पायजामे में लैस, अजय फिसलकर पलंग के नीचे से बाहर निकल आया।'

'क्या बात है?' उसने पूछा।

लता ने धीमी आवाज़ में कहा, 'तुम्हारे भइया तो कुछ कहेंगे नहीं। तुम ज़रा डैडी से बात करोगे?'

'क्याऽऽ? किस बारे में?'

'अनी के बारे में!'

'क्यों? अनी को क्या हुआ? क्या बात करूँ?'

'यही कि अनी, इरा से शादी करना चाहता है।'

'माफ करो, भाभी, इस बात को लेकर घर में काफी कांड हो चुका है। अब दुबारा यह बात छेड़ी गयी, तो फिर घर में कलह मच जायेगी।'

'सिर्फ कलह के डर से, उस लड़के की सुख-शांति नष्ट हो जाये और तुम बैठे-बैठे देखते रहोगे, अजय?'

'क्यों, तुम ऐसी बातें क्यों करती हो? डैडी ने जो कहा, सोच-समझकर ही कहा है, तुम यह नहीं सोच सकतीं?'

'सोच-समझकर या महज़ अपनी ज़िद में कही है, अजय?'

'अब, आप चाहे जो कहें, हमारा क्या उनकी बातों को काटना चाहिये?'

अब जाकर इना ने भी जुबान खोली, 'तुम्हें भी इस बारे में नहीं सोचना चाहिये, दीदी! क्योंकि इरा पर मुझे बूंद भर भी विश्वास नहीं है।'

'क्यों?'

'अरे, वह क्या कम चालाक है? माँ का मन पिघला लिया, अब अनी से उसकी शादी हो जाये, तो वह अड्डा गाड़कर यहाँ बैठ जाये, बस, किला फतह! और क्या!'

'इना—' अजय ने उसे डपट दिया।

उसने लता से मुखातिब होकर कहा, 'उसकी बात पर ध्यान मत देना, भाभी!'

'वैसे इरा अगर इस घर की बहू बनती है। तो मुझे खुशी ही होगी! बे-हद खुशी होगी'—इना ने हँसकर कहा!

लता को समझ में नहीं आया कि वह क्या कहे।

अजय ने ही लता से सवाल जड़ा, 'अभी-अभी तो तुमने कहा कि तुम्हें इरा पर विश्वास नहीं?'

'हाँ, विश्वास तो नहीं ही है।' इना ने होंठ बिचकाकर, सिरचढ़ी दुलारी लड़की की तरह इतराकर कहा, 'अभी तो बड़ी दीदी इरा के बारे में खूब-खूब फिक्र कर रही हैं। मगर, जब वह लौट आयेगी, तो सभी उसे फिर प्यार करने लगेंगे, तुम्हें तो वे लोग भूल ही जायेंगे। सबसे पहले मैं ही बिसरा दूँगी, क्योंकि इरा मुझे भी बेहद अच्छी लगती है।'

'ऐसी बच्ची से बात करने में कोई तुक नहीं है—' लता ईषत् हँसकर कमरे से बाहर निकल आयी।

निलीना के कमरे में दाखिल होने से पहले, वह ज़रा ठिठक गयी। उसने दरवाज़े पर दस्तक दी।

'आओ...लता!'

निलीना कुछ लिख रही थीं। उन्होंने सिर उठाकर लता की तरफ देखा। लता के घने-काले बालों के बीच में सिन्दूर की महीन-सी रेखा! आँखों की दृष्टि थकी-थकी! बाल रूखे, उड़ते हुए! इसके बावजूद वह उन्हें बेहद भली लगी।

'कुछ कहना चाहती हो, लता?'

लता ईषत्, मुस्करा उठी। वह सच ही कुछ कहना चाहती थी, मगर उसकी हिम्मत जवाब दे गयी थी।–'अनी के साथ इरा का विवाह कर दीजिये–' यह बात, उनसे कैसे कही जाये? लेकिन, बिना कहे भी, तो काम नहीं चलेगा। आज ससुर जी की एक बात सुनकर, वह बेतरह डर गयी थी। उन्होंने हिदायत दी–'इससे बेहतर है, इरा की शादी की कोशिश करो–' तभी उसकी छाती धक्क् से रह गयी थी।

उसी वक्त उसे अहसास हुआ कि अब तक जो बात धुआँ-धुआँ और खामख़्याली लग रही थी, आज बिलकुल स्पष्ट हो गयी। विजय मित्र ज़रूर और किसी बंदे के साथ इरा की शादी की कोशिश कर रहे हैं और उनकी मदद कर रहा है, रणजय, उसका पति! वह उसकी शादी की कोशिश ही नहीं कर रहे हैं, बल्कि काफी दूर तक आगे भी बढ़ चुके हैं। यह अलग बात है कि निलीना से बात करते हुए, उन्होंने इस लहजे में बात की मानो उसकी शादी का ख़्याल अभी-अभी आया है।

लता को जानकारी थी। कागज-पत्तर समेटकर रखते हुए, उसकी निगाह इरा के बारे में विशद् विवरण से भरे एक पत्र का मसौदे पर पड़ी थी, जिससे विवाह के प्रस्ताव के अलावा और कुछ अन्दाजा नहीं होता था। लता जानती थी, क्योंकि उसे दुल्हन बनाकर लाने से पहले, उसकी उम्र, सेहत, शक्ल-सूरत, वंश-परिचय, शिक्षा, गुण, योग्यता, दहेज में मिलने वाले रुपये-पैसे, गहनों का हिसाब माँगा गया था। उसके बाद ही विज़य मित्र लड़की देखने को राज़ी हुए थे।

निलीना कलम रोककर, उसकी तरफ देखती रहीं। शांत-संयत चेहरा। आँखों की दृष्टि गंभीर, मगर उजली!

'मैं अनी के बारे में कुछ कहना चाहती थी–' उसने मृदुल आवाज़ में कहाँ

'किसी और वक्त हम बात करें, तो नहीं चलेगा?' निलीना ने कोमल लहजे में कहा और उसकी तरफ देखा, मानो उनके पास ढेरों...अपार समय है। वक्त की रफ़्तार मानो इस कमरे से बाहर निकलकर, चौखट से ही किसी और राह चली मुड़ जाती है। इसीलिए, उस कमरे में बैठे-बैठे, निलीना को ख़बर नहीं होती।

वह खुद अटूट और सख़्त बनी रहती थी, इसलिए उन्हें ख़बर नहीं थी कि–इसी घर में अन्यत्र, वक्त अपना काम किये जा रहा है। उन्हें नज़र नहीं आता था कि इस परिवार से सीधा-सरल प्यार माँगते-माँगते, लता के बाल सफेद होने लगे हैं। उन्हें दिखायी नहीं देता था कि रणजय के माथे की नसों और आँखों में हमेशा महत्वाकांक्षा दपदपाती रहती है। रणजय हमेशा इस घर का एकछत्र अधिपति होना चाहता था। उनकी आँखें तो यह भी गौर नहीं कर पाती थीं कि–विजय मित्र भी किसी अद्‌भुत महत्वाकांक्षा में डूबे हुए हैं। रुपये-दौलत...और रुपये, और दौलत, प्रतिष्ठा...और ज़्यादा प्रतिष्ठा–यह सब उनको अब पहले की तरह नहीं खींचता। अंब, वह अनी की स्वामीभक्ति चाहते हैं। अनी के प्यार को धूल-धूसरित कर देने,

एक जुमले में, इन्सान की तकदीर लिखने की कोशिश कर रहे हैं, जो उनके इख़्तियार से बाहर है। इन्सान जब इन्सान की तकदीर लिखने की कोशिश में, स्वेच्छाचार का आश्रय लेता है, उसका नतीजा अच्छा नहीं होता। ऐसा करने की वजह से ही इतिहास में राजा-महाराजाओं की पीठ पर चोरी-छिपे छुरा घोंप देने की घटनाएँ सामने आयी हैं।

निलीना नहीं जानतीं, कुछ भी नहीं जानतीं। उनकी तो दुनिया ही अलग है; उनकी सोच भी किसी अन्य दायरे में घूमती है। वह कुत्ते पालती थीं, पेड़-पौधे की देखभाल करती थीं, स्कूल, आश्रम, होम, अस्पताल वगैरह विभिन्न कामों में व्यस्त रहती थीं। क्षुद्रता, नीचता, स्वार्थपरता, जो कुछ इन्सान का क्षय करते हैं, सब कुछ जीर्ण बना देते हैं, उन सबको उन्होंने अपने से बाहर रखा है! इस नीले पर्दे के पीछे।

'लेडी', 'ए ग्रेट लेडी—साहब लोग रटते रहते थे दीन-दुःखी, गरीब कहते थे—माई जी गरीबों की माँ-बाप हैं। उनका जिक्र छिड़ते ही घरबारी लोग अभिभूत हो उठते थे। जो लोग उन्हें महज़् शौकीन, विलासिनी, शौमिया समाजसेविका समझते थे, वे भूल करते थे। निलीना मित्र के चरित्र में कहीं, कोई दिखावा नहीं था। जो अहसास उनके दिल से नहीं उभरता था, वह उसे कतई तवोज्जोह नहीं देती थीं। उनके हर काम के पीछे, उनका आन्तरिक उत्साह और समर्थन झलकता था।

लेकिन, लता को लगता था कि इतना विशुद्ध होना भी सही नहीं है। यूँ अटूट और अपनी महिमा में अचल रहना, मानो जीवन के धर्म को अस्वीकार करना है। जीर्ण होना स्वाभाविक है। दुनिया में हर चीज़ अंत में जीर्ण हो जाती है।

बहरहाल, ये तमाम बातें निलीना से नहीं कही जा सकती थीं। वह समझ नहीं पातीं। वे काफी कुछ नहीं समझतीं, मसलन अनी को। अनी पहली बार, अपने लिए कुछ करना चाहता था। लता जानती है, वह करके ही मानेगा। अनी के प्यार की तीव्रता देखकर, लता डर गयी थी। निलीना यह क्यों नहीं समझती कि यह बच्चों के खेल जैसा विषय नहीं है? इतना अबूझ, इतना अन्जान बने रहना, सही नहीं है।

लता को अब बार-बार यही ख़्याल आता था कि उनकी यह उन्नत, खूबसूरत देह, बड़ी-बड़ी आँखों की अचंचल दृष्टि और यह जो विशुद्ध दिखने के लिए तथा अनन्या होने के लिए, उनका यह प्रयास है, इसके लिए उन्हें किसी दिन भयंकर सज़ा मिलेगी।

'हम कभी बाद में बात करें, तो नहीं चलेगा, लता?' निलीना ने दुबारा अस्फुट लहजे में कहा।

बहुत बार उनका मन होता है कि वह लता से कहें कि वह उसकी अहसानमंद हैं, क्योंकि वह अनी से स्नेह करती है, हाँ, उनका यह कहने का मन होता है, मगर कह नहीं पातीं। बहुतेरे लोग उनके अहसानमंद हैं, यह जुमला उन्होंने अक्सर सुना था लेकिन वे भी किसी के प्रति अहसानमंद हैं, यह स्वीकार करने में उनकी जुबान

कहीं अटक जाती थी। कहीं लता को यह न लगे कि वे झूठमूठ की बातें गढ़ रही हैं।

'नाऽ–' लता ने ज़रा ज़ोर से कहा और उनके करीब चली आयी। लता निलीना के आगे झुककर बैठ गयी और उनके घुटनों पर हाथ रख लिया।

उसने बिनती के लहजे में कहा, 'अनी अगर इरा से शादी करके खुश रहे, तो शादी हो जाने दें न, माँ, वर्ना मेरा मन कहता है, इतनी जिद्दा-जिद्दी का नतीजा अच्छा नहीं होगा। अनी भयंकर जिद्दी है। उसने जो सोच लिया है, अगर उसे न करने दिया गया, तो बहोत बुरा होगा। मुमकिन है, ऐसा कुछ हो जाये, जिसे सही करने का हमें वक्त ही न मिले। आप ससुर जी को ज़रा समझायें न!'

लता पहली बार यूँ करीब आकर, इस लहजे में बातें कर रही थी। निलीना आवाक् रह गयीं। लता अपनी बात कहकर, कमरे से बाहर निकल गयी।

ख़ैर, लता तो चली गयी, मगर जैसे कोई एक दरवाज़ा खोल गयी। उस दरवाज़े से काफी कुछ निलीना के कमरे में घुस आया। सैकड़ों तरह की परेशानी, अशान्ति, दुश्चिन्ता!

लता अनी के बारे में बात करने आयी थी। अब उन्हें याद आया, माया और कुणाल को दूर भेज देने से, उसे तकलीफ होगी, यह बात लता ने अनी के जरिये कहलायी थी। खुद कहने की उसे हिम्मत नहीं पड़ी। लेकिन आज वह अनी के बारे में खुद बात करने आयी थी। यानी अनी के शुभ-अशुभ के बारे में सोच-सोचकर, लता इस हद तक उद्वीग्न होती है!

लता कह गयी कि अनी जो करना चाहता है, अगर वह न करने दिया गया, तो नतीजा बहुत बुरा होगा। मुमकिन है, ऐसा कुछ हो जाये, जिसे सही करने का वक्त ही न मिले।

निलीना से कुछ सोचा नहीं गया। उसकी यह बात सुनने के बाद से ही जाने क्यों तो उन्हें पेनढोरा रिजर्व फॉरेस्ट में आये हुए सैलाब का दृश्य एकदम से याद हो आया।

वहाँ उनके कानों में किसी की आर्त चीत्कार गूंज उठी, 'माता जी! माता जी!'

बाढ़, पानी के भंवर, 'माता जी' पुकार, किसी बूढ़े का यथार्थ चेहरा! निलीन ने कलम बंद कर दिया और तनकर बैठ गयीं।

बूढ़े का चेहरा, पानी के भंवर, 'माता जी' पुकार और बाढ़!

उन्होंने अस्फुट लहजे में आवाज़ दी थी, 'शुकदेव! शुकदेव! ओ शुकदेव!'

याद आ गया! सबकुछ याद आ गया।

उन दिनों रणजय और अजय छोटे थे! अनी तब पैदा ही नहीं हुआ था। अचानक ख़बर आयी, पेनढोरा नदी में बाढ़ आ गयी है! बांध टूट गया है। सबुई और बरहई गाँव बह गये हैं।

वे लोग गाड़ी दौड़ाते हुए वहाँ पहुँचे। मजिस्ट्रेट, पुलिस सुपर, और भी कई लोग! निलीना के साथ, उनका विश्वस्त नौकर शुकदेव भी था।

सभी लोग सोच रहे थे कि ऐसा हुआ कैसे? इंजीनियर गुप्ते सिर झुकाये बैठे हुए थे।

मजिस्ट्रेट साहब ने सिर्फ इतना ही कहा, 'सरकार ने ऐसे किसी आदमी को क्यों भेजा? जिसने पहले डैम बनाया हो, जिसके पास अनुभव है। इन गुप्ते को भेज दिया?'

'ऐसा कैसे हो गया?' विजय मित्र ने धीरे से सवाल किया।

मजिस्ट्रेट की बात सुनकर, सभी को यही लगा कि गुप्ते से ही कहीं भूल हुई है। गुप्ते में अनुभव की कमी थी। इसलिए यह नुकसान हुआ।

तब तक वे लोग पहुँच गये। निलीना मित्र ने देखा कि पेनढोरा नदी, बारिश में उमड़ी पड़ रही है और गर्जन-तर्जन के साथ साबुइ और बरूहई गाँव बहाये लिये जा रही है। कहाँ बाँध और कहाँ नदी! नदी जिस राह बहती थी, उसे वहाँ से हटाकर, उस पर बांध तैयार किया जा रहा था। छोटी-सी पहाड़ी नदी! लेकिन अपनी राह रोकने के लिए, बारिश में उसने बदला लिया था।

उसी बाढ़ में अचानक मजिस्ट्रेट साहब का पैर फिसल गया। उन्हें बचाने की कोशिश में वह खुद बह गया। शुकदेव उनके पीहर से आया था। काफी पुराना नौकर था। लेकिन उसके लिए शोक करें, इतनी फुर्सत निलीना के पास नहीं थी। उन लोगों के बाढ़-पीड़ितों के लिए राहत कार्य में कोई विराम नहीं था। उन दिनों वह हर पल व्यस्त रहती थीं।

इसके बावजूद, उन्हें याद है...

इस वक्त वह बात क्यों याद आ गयी? अनी जो चाहता है, अगर उसे न करने दिया गया, तो क्या ऐसा ही कोई अनिष्ट होगा? ऐसा ही कोई सर्वनाश? नहीं, निलीना ऐसा कुछ नहीं होने दे सकतीं।

नदी में बहकर गुम होते-होते, शुकदेव आर्त स्वर में चींखता रहा। आज अनी भी किसी सर्वनाश के स्रोत में बहा जा रहा है। शायद निलीना उसे बचा सकती हैं।

कलम उठाकर, वह पत्र लिखने लगीं।

ऐन उसी वक्त, कलकत्ता में, इरा चीख उठी, 'यह नहीं हो सकता! यह असंभव है।'

10

अनिमेष की माँ जब इरा को वापस बुला लेने की कोशिश में लगी थीं, अनिमेष के

डैडी, अनिमेष को भी वापस बुलाने के लिए, बड़े बेटे की मदद से इरा की शादी तय करने में जुटे हुए थे, ठीक उसी वक्त, कलकत्ता में विभा परिवार के घर में इरा असहाय की तरह खड़ी-खड़ी देख रही थी कि उसकी ज़िन्दगी किसी अनिवार्य परिणति की ओर दौड़ चली है।

यह एक घटना किसी अटल-अचल छाया की तरह उसके और अनिमेष-एषा के जीवन में, हमेशा-हमेशा के लिए अंधियार किये रहेगी, इसका उसे अन्दाज़ा नहीं था। वह डर गयी थी। इरा भयंकर दहशत से भर गयी थी। उसे लग रहा था, सभी लोग मिलकर, ज़ोर-ज़बर्दस्ती उसे अनिमेष की ओर धकेलते जा रहे हैं। उसके तैयार होने के काफी-काफी पहले से ही, उसे धकियाया जाने लगा है। अपना भावी जीवन उसे अंधेरे में करीब आते हुए इंजन की लाल-सुर्ख, धुंधलायी हुई प्रमत्त आँखें, जैसी लग रही थीं।

'तुम लोग मुझे यूँ धकेलो मत।' इरा चींख उठी।

वही उसका पहला और आखिरी प्रतिवाद था। बाकी ज़िन्दगी में उसने कभी किस्मत के पंजों से बचने या लड़ने की कोशिश नहीं की।

समूची घटना किसी दुःस्वप्न की तरह घट गयी।

इरा जब विभा परिवार में आयी थी, जब उसके मन में बूंद भर भी यह शक़ नहीं था कि वे लोग सच ही उसे प्यार करते हैं। विभा की माँ, उसकी मौसी थी। रिश्ता काफी नजदीकी नहीं था, तो बिलकुल दूर का भी नहीं था। इरा के कोई भाई-बहन जीवित नहीं थी; माँ की अकाल मृत्यु हुई थी; उसके पिता सुधांशु की दारू पीने की आदत थी, इरा पर कड़ी निगरानी रखने की उनकी कोशिश—इन सारी बातों ने उसे ज़्यादा ही शर्म आती थी। यह उसे पसंद भी नहीं था।

इसीलिए निलीना उसे पसंद थीं।

जिन-जिन कारणों से अनिमेष अपने घरवालों को नापसंद करता था, उन्हीं-उन्हीं कारणों से इरा उन लोगों को पसंद करती थी। वे लोग उसके गले नहीं पड़ते थे, उसे अपनी मर्जी मुताबिक अकेली रहने देते थे, इसके लिए वह उन लोगों की कृतज्ञ थी।

उसे इसी तरह रहने दिया जाता, तो वह सुखी होती। मुमकिन है धीरे-धीरे अपनी मर्जी से अनिमेष को प्यार कर पाती। लेकिन अनिमेष ने ही ऐसी गड़बड़ कर दी कि इरा को लगा कि वह जो चाहती है, वह होनेवाला नहीं है। अस्थिर, चंचल, विशृंखल जीवन के बाद, इरा किसी निश्चित आरामदेह आश्रय में आराम कर सके, ऐसा मुमकिन नहीं था। उसी को लेकर, अनिमेष और उसके डैडी में टकराव हो रहा है।

इरा को अपनी जुबान से यह कहने का मौका कभी नहीं मिला कि अनिमेष की यह आत्मत्याग, प्रेम के लिए घरवालों से रिश्ता तोड़ लेने का संकल्प—यह सब वह कतई नहीं चाहती थी। सच तो यह था कि वह अनिमेष को प्यार करती है या

नहीं, यह किसी ने नहीं जानना चाहा, अनिमेष ने भी नहीं। सच यह भी है कि अनिमेष ने ऐसा हंगामा मचा दिया कि इरा को लाचार होकर, अनिमेष के इस आत्मत्याग की क़ीमत चुकाने के लिए, अपने को तैयार करना पड़ा। लेकिन, उसके अन्दर ही अन्दर जाने क्या तो बेहद सख़्त, अटल-सी चीज़ जमी रही, जाने क्या तो उससे विमुख ही रहा। सभी फूलों से, सबके लिए माला नहीं गूंथी जा सकती, सबकी राह एक नहीं हो सकती। लेकिन, इरा के बारे में कभी, किसी ने नहीं सोचा। अनिमेष के प्यार ने सबकी आँखें चौंधिया दी थीं। उसका त्याग, अपने पैरों पर खड़े होने के उसकी कोशिश देखकर, सभी लोग अचंभित हो गये थे।

इरा भी कोशिश करने को तैयार थी। वह बस, इतना ही चाहती थी कि जो होना है, स्वाभाविक ढंग से हो, निलीना के लिए उसके मन में हर पल छटपटाहट भरी रहती थी। उसे उनका आश्रय खोना पड़ेगा, इरा यह सोच भी नहीं सकती थी। अनिमेष और बाकी लोग क्या यह जानते हैं कि आड़ में, सभी की नज़रों से छिपकर, निलीना उसके माथे पर हाथ रखकर, उसे दुलारते हुए, अस्फुट लहजे में कहती हैं—'सुधांशु की बेटी!' उसके बापी को वे बाहर-बाहर से चाहे जो भी कहें, लेकिन असल में वह उनसे नफरत नहीं करतीं, इरा यह बात समझती थी। उसके अभागे, ज़िन्दगी में व्यर्थ, शराबी, फिर भी स्नेहांध बापी को निलीना करुणा और ममता की नजरों से देखती थी, इसके लिए उनके प्रति इरा की कृतज्ञता का कहीं, कोई अंत नहीं था।

इरा को और भी एक प्राणी की याद आती है, मगर वह उसे अन्तस में ही छिपाये रखना चाहती थी।

यहाँ, कलकत्ता आकर, उसने विभा और कनक को अपने दिन के रूप में ही ग्रहण किया। यह तो सच था न कि वे दोनों रिश्ते में उसके भाई-बहन थे। लेकिन जिनसे इतनी दूर का रिश्ता था, जिन्हें उसने इतना कम-सा देखा था, उन लोगों के साथ, वह निःसंकोच ढंग से मेल-जोल नहीं कर पायी। स्वाभाविक तो यह था कि विभा से ही उसकी अंतरंगता हो जाती। लेकिन वह किसी हाल में भी उसे अपना नहीं पायी।

उसके आने और यहाँ रहने से, उन लोगों के जीवन में भी किसी तरह की हलचल मच सकती है, इसका इरा को अन्दाज़ा नहीं था। ख़ैर, उसे अन्दाज़ा होता भी, तो वह क्या कर लेती? उसे तो यही नज़र आया कि उन लोगों का जीवन सुन्दर है। इन लोगों को कोई समस्या नहीं है! मौसा सफल और प्रतिष्ठित हैं, मौसी सुगृहिणी! विभा लिखने-पढ़ने में व्यस्त रहती थी, कनक अपने कामकाज और शील के साथ भावी सपनों में डूबा रहता है। ले-देकर बिलकुल दुखी परिवार की तस्वीर!

अचानक किसी ने उस तस्वीर का रंग निचोड़ लिया। असली तस्वीर, उसके नीचे नज़र आयी! हर चेहरा दर्द से विदीर्ण! आवेग में अंधे!

इसीलिए इरा चींख उठी, क्योंकि अचानक विभा की माँ उसके कमरे में दाखिल

हुई थीं।

उन्होंने आते ही सवाल किया, 'इरा, अंत में तुमने यह किया?'

'मैंने क्या किया, मौसी जी?' इरा अचकचा गयी।

उसने ऐसा क्या किया कि जिसकी वजह से विभा की माँ का चेहरा इतना विभ्रांत, असहाय और गुस्से से लाल हो उठा।

'शीला आयी थी—'

ख़ैर, शीला के आने की बात इरा जानती थी। शीला आयी थी। उसने विभा की माँ से बातचीत की थी। उन दोनों की बातें उसे नहीं सुननी चाहिये, इसलिए इरा वहाँ से हट गयी थी।

वह बिस्तर में लेटे-लेटे, अपने में डूबी-हुई, आलस भंगिमा में किसी किताब के पन्ने उलट-पलट रही थी। उसकी आँखों तले सियाही, हथेली की कमज़ोर त्वचा पर नीली-नीली नसों के जाल उभरे हुए। इरा को देखकर लगा, वह बेहद थकी हुई है।

लेकिन विभा की माँ को उस पर ज़रा भी दया नहीं आयी। वह उसके क़रीब आ खड़ी हुईं।

उन्होंने गुस्से से हिसहिसाते हुए, दबी-दबी आवाज़ में कहा, 'शीला बता रही थी कि कनक बहुत दिनों से उसके यहाँ नहीं गया। अगर कहीं भेंट होती है, तो वह कतराकर निकल जाता है। शीला की माँ ने चिट्‌ठी भेजी है कि कनक अगर इसी तरह पेश आता रहा, तो वह यह रिश्ता तोड़ देंगी।'

'इस बारे में, मैं कुछ नहीं जानती, मौसी जी।'

'नहीं जानती? कनक रोज कहाँ जाता है? और तुम रोज़-रोज़ कहाँ निकल जाती हो? तुम बिलकुल अनजान हो?'

'मौसी जी, मैं तो यहाँ से निकलकर, सामनेवाले पार्क में बैठी रहती हूँ। हाँ, उस दिन अनी के साथ ज़रा लेक तक गयी थी...' सूखी रुलाई के मारे इरा की आवाज़ अवरुद्ध हो आयी।

'मुझे नहीं पता, इरा कि तुम सच बोल रही हो या झूठ। मगर एक बात जान लो, तुम जो सोच रही हो, वह नहीं होनेवाला।'

'मैं जो सोच रही हूँ...?'

'हाँ, वह नहीं होने का! मैं होने नहीं दूँगी। कनक तुम्हारा भाई है। छिः छिः तुम हमारी रिश्तेदार हो, पराये लोगों के यहाँ पड़ी हुई थी, हमारे उपकार का तुमने यह बदला दिया? इसे ही कहते हैं, खून का ऐब! सुधांशु बाबू की बेटी हो न तुम, और कितनी भली हो सकती हो तुम?'

'आप लफ़्ज-लफ़्ज झूठ बोल रही हैं, मौसी जी, सफेद झूठ! आप मेरे बापी के बारे में ऐसी कोई बात न कर सकतीं...रुकिये मैं कनक'दा को बुलाती हूँ। वही आकर कहें, यह बात लफ़्ज-लफ़्ज झूठ है।'

इरा कनक की खोज में दौड़ गयी! कनक अकेला ही बैठा हुआ था। अपने कमरे के कोने में, सिर पर हाथ रखे हुए, बैठे-बैठे, अपने ही ख्यालों में खोया हुआ था। कनक की माँ भी उसके पीछे-पीछे दौड़ी आयीं।

'कनक'दा तुम कहो-कहो कि यह सब झूठ है।' इरा ने कनक का हाथ कसकर थाम लिया।

कनक ने धीरे-धीरे सिर उठाया, चारों तरफ नज़र घुमाकर देखा। इरा पत्थर की मूरत बन गयी थी।

'झूठ नहीं है, इरा?'

'झूठ नहीं है?' इरा को जैसे और कोई बात नहीं सूझी।

'कनक, तू इतना बेशर्म हो गया?' उसकी माँ चींख उठी।

'भाई, तुम पागल हो गये हो।' विभा ने अस्फुट लहजे में कहाँ

'हाँ, पागल हो गया हूँ। इरा इस घर में आयी ही क्यों?'

कनक की आवाज़ ज्वरग्रस्त रोगी की तरह सुनायी दी। ऐसा लगा, मानो अब शर्म-हया, सोच-विचार की कोई ज़रूरत नहीं रही। उसकी हर बात आग के गोले की तरह, मानो कोई और जोड़ रहा हो, उसकी बातों के आघात से इरा की जानी-पहचानी दुनिया मानो एकबारगी जल उठी। फिर अशांति, बदनामी; अब फिर निराश्रय होने का वक्त!

विभा की आँखों में अगाध विस्मय! आवेग से कितना अधीरे होने पर, कनक जैसा डरपोक, दुर्बल-चित्त लड़का, इस क़िस्म की बातें कर सकता है, यह सोच-सोचकर वह विस्मित थी।

'इरा, अगर तुम एक बार कहो...'

'कनक!' उसकी माँ गुस्से से फुनफुनाती हुई बाहर निकल गयी

'तुम एक बार...सिर्फ एक बार कहो, इरा, मैं समाज, संसार, किसी की भी परवाह नहीं करूँगा। अगर तुम एक बार 'हाँ' कह दो...'

'नाऽऽऽ...!'

'एक बार तुम 'हाँ' कर दो, इरा! विभा, तूने इरा की आँखें देखीं? जो इसे एक बार देख ले, वह क्या अपने आपे में...? इरा, तुम बताओ! बताओ न, तुम किसे प्यार करती हो? तुम कितनी भी कोशिश करो...खूब-खूब कोशिश करो...'

'भाई, तुम बीमार हो।'

'हाँ, मैं बीमार हूँ। सच ही, मैं इस वक्त भयंकर बीमार हूँ। जब तक इरा इस घर में है...'

'चुप करो, कनक'दा, मैं आज ही यहाँ से चली जाऊँगी...अभी चली जाऊँगी।'

इरा उद्‌भ्रान्त की तरह इधर-उधर देखती रही। कहाँ जाये वह? उसे कौन बतायेगा कि उसका ठिकाना कहाँ है? वह कुर्सी पर ही ढह गयी। उसने अपना चेहरा

ढक लिया। वह फूट-फूटकर रो पड़ी।

कनक कमरे से बाहर निकल गया। विभा ने इरा का हाथ पकड़कर उसे उठाया और अपने कमरे में ले गयी। उसकी माँ के कमरे का दरवाज़ा बंद था, कनक बाहर निकल गया था। उसने इरा को रो लेने दिया।

रोती हुई भी इरा अद्भुत मोहक लग रही थी। जाने वह सुन्दर थी या नहीं, लेकिन अद्भुत लग रही थी। शायद इसीलिए जवान लड़के उसका आकर्षण नज़रअन्दाज़ नहीं कर पाते—विभा स्वगत् ही बुदबुदाती रही।

'बता सकती हो, विभा, मैं कहाँ जाऊँ? तुम लोग मुझे रायपुर से यहाँ क्यों ले आयीं? छिः छिः अब, यह बदनामी और कलंक लेकर, वहाँ भी कैसे लौटूँ?'

'सिर्फ वहीं लौटने का ख्याल आ रहा है न, इरा?'

विभा भी, मौका पाकर, निष्ठुर हो सकती थी। उसकी आवाज़ बर्फ की तरह सर्द और ठंडी थी।

'और कहाँ जाऊँ?'

'वहाँ कौन है, इरा, अनी के भाई, रणजय?'

'विभा!'

'मैं तो पहले ही समझ गयी थी! रणजय! जो अनी के पाँव के नाखून के भी काबिल नहीं है। इसीलिए तुम यहाँ चली आयी; इसीलिए तुम अनी के प्रस्ताव पर राज़ी हुईं। क्यों? यह सच है न?'

'इस बारे में, मैं एक शब्द भी नहीं कहूँगी, विभा! तुम्हें नहीं पता, वे सभी लोग मुझसे स्नेह करते हैं। मैं नहीं चाहती कि यह बात, अनी के भाई की बात, वहाँ कोई जाने। ये बातें अगर उन लोगों को पता चली...'

'क्यों, उन लोगों को पता चला, तो तुम क्या करोगी?'

'एक बार जो करने की कोशिश की थी, वही, करूँगी। मैं अपनी जान दे दूँगी, और किसी तरह भी मेरी लाज नहीं बचेगी।'

'मैं कहती हूँ, तुम्हारे लिए इससे भी बेहतर एक राह है।'

इरा की निगाह विभा के चेहरे पर गड़ गयी।

'तुम अनी से ब्याह कर लो। मैं जानती हूँ, तुम अभी भी अनी को पूरी तरह क़बूल नहीं कर पायी हो। लेकिन सच ही, वह भला लड़का है। अपने भाइयों से बहुत ज़्यादा भला और शरीफ!'

'जानती हूँ।'

'तो तुम उससे ही शादी कर लो, अन्य किसी तरह भी तुम्हारी मुक्ति नहीं है।'

'तुम लोग मुझे यूँ धकिया क्यों रही हो? मुझे यूँ लाचार क्यों किये दे रही हो? मुझे वक्त क्यों नहीं दे रही हो? मुझे क्यों एक के बाद एक जिम्मेदारी में बांध रही हो?' इरा चींख उठी।

लेकिन यह उसका पहला और आखिरी प्रतिवाद था, क्योंकि विभा ने इसके बाद जो कहा, वह सुनकर इरा और अधिक डर गयी।

विभा ने भी चींखकर कहा, 'तुम अनी से विवाह क्यों नहीं करोगी? तुम अपने को समझती क्या हो? सभी लोग तुम्हें प्यार करते रहेंगे और तुम सबका प्यार ठुकराते हुए, दनदनाकर चल दोगी?'

ऐन उसी पल इरा को विभा की एक गुप्त बात का पता चला गया। वैसे भी विभा की बात ही अगर सच हो, तो कनक के इस वज्र पागलपन का नाम भी प्यार ही है।

प्यार!

हाँ, कनक ने भी यही कहा था। इरा के जीवन से हमेशा के लिए धुल-पुंछ जाने से पहले, कनक ने यही कहा था। नहीं, कनक ने ज़हर नहीं खाया, कोई पागलपन भी नहीं दिखाया। उस दिन कलकत्ता के विभिन्न रास्तों का चक्कर लगाते रहने के बाद, बीमार हालत में वह घर ही वापस लौट आया।

रोगमुक्त होने के बाद, एक दिन वह कलकत्ते से बाहर भी चला गया। जाने से पहले ही उसकी दीवानगी काफी हद तक ख़त्म हो गयी थी। लेकिन, शीला से टूटे हुए रिश्ते के सूत्र में उसने दुबारा गिरह नहीं लगायी। वह अध्याय उसने समाप्त ही कर दिया, किसी से भी एकान्त रिश्ता बनाने के अध्याय का ही समापन कर दिया था।

वैसे इरा को उसने सच ही प्यार किया था, यह बात वह भुला नहीं पाया। इन दो मामलों में उसने अद्भुत ज़िद दिखायी।

जाने से पहले, उसने विभा से कहा, 'इरा और अनी को मेरी शुभकामनाएँ देना। उस बारे में मेरे प्यार की बड़ी छीछालेदर हुई, इसलिए सारी बातें मैं तुझे बताकर जाऊँगा। मेरा नोटबुक तू पढ़ लेना और सुन, मैंने इरा को प्यार किया, तूने अनी को, मुझे यह मालूम है। लेकिन, उन दोनों को ही तू भूल जा। वे शरीफ लोग नहीं हैं, री! ऐसे लोग, मेरे-तेरे जैसे लोगों को खींचते हैं, करीबतर खींचते रहते हैं, लेकिन असल में वे लोग इन्सान नहीं, राक्षस हैं, क्योंकि अंत में वे लोग अपने में ही सुखी होते हैं। हमें तो वे लोग अपनी सुविधा के लिए इस्तेमाल करते हैं। बाद में वे लोग भुला देते हैं और फेंक देते हैं। तुझमें मुझसे कहीं ज़्यादा माद्दा है, विभा, अपनी ज़िन्दगी तू बबार्द न करना।'

'भाई, बम्बई से ही चिट्ठी लिखते रहना।'

'सुन, विभा, शादी कर लेना, अपनी ज़िन्दगी तबाह न करना।'

विभा ने हँसकर सहमति जतायी। उसके बाद, आँसू पोंछते-पोंछते, कनक को छड़ी टेककर, जाते हुए देखती रही, जितनी देर तक वह नज़र आता रहा।

हाँ, तब भी, कनक का एक पाँव पंगु और कमजोर था। छड़ी पर ही भरोसा था।

सिर्फ एक बार ही, उसने भी कमज़ोर-सी कोशिश की थी। उपने भाग्य को अपने सामने झुकाने की थी। उसने अपनी गाड़ी को लैम्पपोस्ट की ओर जाने दिया और स्टीयरिंग से अपना हाथ हटा लिया।

लेकिन मज़ेदार बात यही थी। चाहकर कोई दुर्घटना नहीं घटायी जा सकती। कनक अगर मर जाता, तो ट्रेजेडी होती, चूँकि वह बच गया, इसलिए लोगों को उस पर हँसने का मौका मिल गया। ट्रेजेडी और प्रहसन के बीच की सीमा रेखा का, इन्सान अन्दाज़ा नहीं लगा पाता।

कनक ने लिखा, इरा को प्यार करके, उसने कोई गुनाह नहीं किया।

'—तू जानती है, विभा, जो रिश्ता था, वह अतिशय मामूली था। अब, अर्से बाद, उसे देखा, तब मेरी समझ में आया, अगर उसकी तरफ से सम्मत्ति मिल जाती, तो समाज की उपेक्षा करने से, मैं बिलकुल नहीं हिचकता।'

इरा का प्रस्ताव बेहद स्वस्थ नहीं था। वह कैंसर की तरह, अन्दर के खून-माँस में अपना असर दिखाता है। मुझे लगता है, अनी भी सुखी नहीं होगा। इरा किसी को भी सुखी नहीं बना सकती क्योंकि उसे जो भी प्यार करेगा, बेसुध हो जायेगा, मोहग्रस्त! सोचने बैठता हूँ, तो उसके लिए भी मुझे दुःख होता है। वह चाहे जितना भी निर्दोष हो, इन्सान को ध्वंस करने का अभिशाप, वह हमेशा-हमेशा अपने अन्दर ही वहन किये रहेगा।

इसीलिए मुझे लगता है कि अगर उसे करीब से देखने का मौका न मिला होता, तो बेहतर होता। मेरी वजह से ही ये सारी घटनाएँ घटती रहीं। हम लोगों ने ही उसे मज़बूर कर दिया कि वह इतनी अफरातफरी में अनी से शादी कर ले।

कनक की बातें भी कहीं सच थी। प्यार, भले जितना भी मोहांध हो या सर्वनाशी, कनक को उसने स्वच्छ दृष्टि दी थी। प्यार, भयंकर बुखार की तरह कभी-कभी नसों के अद्भुत सतर्कता लाता है, इन्सान को जगा देता है, काफी दूर तक देखने की नज़र देता है। शायद इसीलिए, जो प्यार करता है, सिर्फ उसी को समझ में आता है कि उसके साथ वाला अब उसके करीब से हटता जा रहा है, कब उसने किसी दूसरे को अपना दिल दे डाला। कब उसे थकान आने लगी है—वह सब समझ जाता है।

इरा, अनिमेष के पास ही दौड़ गयी थी।

तब तक विजय मित्र का फ़रमान भी आ पहुँचा। उन्होंने इरा का विवाह तय कर दिया है, यह ख़बर अनिमेष को देते हुए, उन्होंने अद्भुत उल्लास महसूस किया।

अनिमेष ने हँसते-हँसते सतीश से कहा, 'मैसा जी, हमारी जंग कभी ख़त्म नहीं होगी। मैं डैडी की प्रतिछाया से जूझ रहा हूँ और वह कोशिश कर रहे हैं कि मेरी छाया को धज्जी-धज्जी बिखेर दें। यह छाया-छाया के बीच युद्ध है, मौसा जी, उनकी छाया मेरे जीवन में है, मेरी छाया उनके जीवन में। अब डैडी यह सोच रहे हैं वह इस ढंग से मुझे अपने आगे झुका लेंगे, मेरी गुलामी वसूल कर लेंगे।'

उसकी हँसी किसी पराजित की हँसी नहीं थी, किसी विजेता की भी नहीं थी। वह हँसी बेहद तीखी व्यंग्यभरी, महज़ विद्रूप भर थी।

'मुझे हर वक्त सजग रहना होगा, वर्ना अनजाने में उनकी प्रतिछाया के विरुद्ध लड़ते-लड़ते, मैं ही उस छाया के साथ एकाकार हो जाऊँगा और एक अन्य विजय मित्र बन जाऊँगा।'

सतीश ने उसे इरा की बीमारी याद दिलायी, एक के बाद एक उत्तेजना, इरा से बर्दाश्त नहीं हुआ। वह बीमार पड़ गयी। बुखार की बेसुधी में, वह सिर्फ अनी की माँ को ही पुकारती रही।

'इरा को मैं अपने सीने से लगाकर रखूँगा, मौसा जी, आप बिलकुल फिक्र न करें।'

'क्या करोगे?'

'मैं उससे शादी करूंगा।'

'इतनी जल्दीबाज़ी मत करो, अनी, उसे वक्त दो।'

'मैं उसे वक्त कैसे दूँ, मौसा जी? उधर विभा की माँ उसकी बदनामी फैला रही हैं, इधर मेरे डैडी। मेरे डैडी को आप नहीं जानते, मौसा जी, जब उन्होंने फैसला कर लिया है, तो वह उसका विवाह करके ही मानेंगे।'

'अगर वह राज़ी नहीं हुई, तो भी?'

'बे-शक़! डैडी उससे कोई ज़बर्दस्ती नहीं करेंगे, बस, उसे समझायेंगे कि उसे यह विवाह कर लेना चाहिये। और कुछ नहीं तो उनके और उनकी पत्नी के उपकारों के लिए कृतज्ञतास्वरूप ही सही, वह विवाह कर ले। इरा में अगर ज़रा भी कृतज्ञता का अहसाय हो, तो...किस सुरंग या किस दुर्ग में घुसा जाये, यह बात डैडी बखूबी जानते हैं, मौसा जी!'

'और तुम्हारी माँ? इरा तो तुम्हारी मां पर बेतरह निर्भर करती है, अनी!'

'मेरी माँ?'

'अनिमेष हँस पड़ा, आपको क्या लगता है, विभा की माँ की चिट्ठी जब उन्हें मिलेगी, तो वह परेशान नहीं होंगी? कुछ सोचेंगी नहीं? उन्हें जो सोचना होगा, वह ठीक ही सोचेंगी। इसके अलावा, डैडी जो फैसला करते हैं, माँ उसमें कोई रुकावट नहीं डालतीं। मेरी माँ काफी ऊँचे महल की प्राणी हैं। मौसा जी, इरा जैसी मामूली इन्सान के दुःख तकलीफ पर, उनकी निगाह नहीं पड़ती।'

सतीश क्या कहें, उन्हें कुछ सूझ नहीं पड़ा। यह बात ज़रा सच है कि विजय मित्र का ख़त पाकर ही, वह अनी को अपने यहाँ रखने को राज़ी हुए थे। लेकिन दिनोंदिन अनी, उसका सुख-दुःख, इरा से उसका प्यार—यह सब उनके लिए और ज़्यादा सच हो उठा। वह उससे विश्वासघात कैसे करें?

'पहले इरा ठीक हो ले। तब तक...अगर तुम उससे शादी करना चाहते हो, तो

पहले कोई कामकाज ढूंढ़ो।'

लेकिन उस वक्त भी उन्हें यही लग रहा था कि इरा को बहुत ज़्यादा परेशान किया जा रहा है। इरा के लिए, उनके मन में जाने क्यों तो ममता जाग उठी थी।

इरा ने सिर्फ इतना ही कहा कि एक बार वह सारी बातें निलीना को बताना चाहती है।

उसने निलीना को पूरी बात लिख भेजी। लेकिन, उसके पत्र का कोई जवाब नहीं आया। उसने उन्हें लिखा था—'आप ही बाता दें, मैं क्या करूँ?'

निलीना मित्र से कोई जवाब न पाकर, इरा ने इसे भाग्य की अन्तिम चोट मान ली। इसीलिए उसने अनिमेष की किसी भी कोशिश में रुकावट नहीं डाली।

इरा को पता ही नहीं चला कि निलीना मित्र को जैसे ही उसका पत्र मिला, उन्होंने यह गुहार लगायी कि 'मुझे कलकत्ता जाने दो—' इतना कहकर, वह बेहोश होकर गिर पड़ी। इतनी उत्तेजना उनके रक्तचाप से सहन नहीं हुई। जब उन्हें होश आया, तो विजय मित्र को उनसे वादा करना पड़ा कि वह रणजय के साथ उन्हें कलकत्ता भेज देंगे।

वह वक्त ही ऐसा था कि उन्हें सभी बातों के लिए राज़ी होना पड़ा। डॉक्टर की सख़्त हिदायत थी कि उनकी किसी बात के विरुद्ध कोई काम न किया जाये।

इरा को इन बातों की ख़बर नहीं हुई।

इसीलिए अनिमेष ने उससे व्यंग्य के लहजे में कहा, 'तुम्हें देकर, वह तुम्हारी मदद करेंगी, यह उम्मीद भी तुमने कैसे की, इरा?'

इरा उस वक्त भी यह सवाल नहीं कर पायी कि वह अपनी माँ को बिलकुल नहीं पहचानता। उसकी जुबान से तो यह तक नहीं निकला—'अनी, तुम चाहते हो कि इन्सान, इन्सान के करीब आये, लेकिन तुम्हारी माँ डैडी से तुम्हारा रिश्ता, ग़लतफहमियों की बुनियाद पर गढ़ा हुआ है, अनी।'

हाँ, इरा ने यह भी नहीं कहा कि जब तक वह—सब ग़लतफहमियाँ दूर नहीं होंगी, वह उसे भी कभी समझ नहीं पायेगा।

नहीं, इरा ने कुछ भी नहीं कहा।

कनक और विभा के सामने एक बार प्रतिवाद करने के बाद ही, उसकी समूची ताकत ख़त्म हो गयी थी।

इसीलिए वह बीमारी से जर्जर, कमजोर सेहत लिये, अपने विस्तर पर खामोश बैठी रहती थी। एषा उसके करीब मौजूद रहती थी।

उतने दिन एषा भी उसके अद्भुत खिंचाव की ताकत में बंधी धीरे-धीरे उसकी पकड़ में आ चुकी थी।

सिर्फ एषा को ही वह लगता रहा कि ये बड़े-बुजुर्ग, खुद अनी'दा और उसके डैडी बहुत बड़ी भूल कर रहे हैं।

एषा के मन में इरा के लिए ही ज़्यादा तकलीफ थी। उसी के लिए वह ज़्याद दुःखी थी। उसे बार-बार यही लगता रहा कि अनी'दा, जो सब कुछ समझ लेते हैं, यह बात क्यों नहीं समझ रहे हैं कि इरा को अभी काफी, का-फी दिनों तक आराम की ज़रूरत है। सभी लोग इरा'दी को भूल जायें, यह बेहद ज़रूरी है।

11

इरा की आँखों की थकान, अद्‌भुत पीड़ा, दुनिया में इन्सानों का दुर्बोध बर्ताव के बारे में पूछे गये सवाल, बरबस ही एषा की निगाहों को बाँध लेता था।

किसी बंदे को फुर्सत नहीं थी कि वह इरा की बात सुने। अनी'दा और इरा के बारे में बहस-मुबाहसे करते हुए, मानो हर पल की शांति को तार-तार कर डाला था।

अनी'दा दिन भर काम-काज की तलाश में निकल जाते थे और शाम को घर लौटकर, छत पर इरा के साथ बातचीत किया करते थे।

—'इरा, तुम बिलकुल परेशान न हो।'

—'इरा, मैं तुम्हें पूरी हिफ़ाजत से रखूंगा।'

—'देखना, इरा, हम और तुम यह साबित करेंगे कि...'

उनके ये दिलासे सुनते-सुनते इरा की निगाहें धीरे-धीरे उदासीन हो आतीं। आँखें बेहद थकी-थकी, दर्दभरी और भारी नज़र आती थीं।

उन दिनों अनिमेष की आँखों में एक और किस्म का पागलपन, अंधा आवेग झलक उठता था। उसकी आँखें सबकुछ देखकर भी, कुछ नहीं देख रही थीं।

घर में अशांति का माहौल धीरे-धीरे चरम पर पहुँच चुका था।

'भगा दो। खदेड़ दो उसे! इरा में तुमने ऐसा क्या देख लिया?'

छवि ने कुत्सित संदेह से भरी-भरी, पति पर हमला किया।

उन्हें खदेड़ने से पहले ही, एक दिन सतीश, अनिमेष और इरा को लेकर चले गये।

उसके अगले दिन ही, निलीना मित्र एषा के घर आ पहुँची वह लगभग बीमार ही थीं।

इसकें बहुत-बहुत दिनों बाद, एषा यह सोचने बैठती कि उसका जीवन कब और कैसे इतना जटिल हो उठा; क्यों वह प्यार न ले पायी, न दे पायी, तब उसे घूम-फिरकर घने-घने बादल-घिरे उस दोपहर की याद हो आती, जब खिड़की पर बैठे-बैठे उसकी आँखें भटकती रही थीं और आसमान में इकलौती पतंग उड़ती रही थी। पतंग धीरे-धीरे ऊपर...और ऊपर चढ़ती रही और उसकी निगाहों को भी खींचकर अपने साथ लिये उड़ती रही। उसे बार-बार वह दिन याद आता रहता था।

एषा जान नहीं पायी कि उसी दिन उसके शैशव ने विदा ली थी।

उसी दिन अनिमेष उसके घर आया था और उसने ज़ोर-ज़ोर से उसका दरवाज़ा खटखटाया था।

सिर्फ अनिमेष ही नहीं, उसी दिन बड़ों की दुनिया का दुःख-दर्द, प्यार की पीड़ा—सभी कुछ ठहराकर एषा-परिवार के घर में घुस आये और एषा दिनोंदिन किसी अदृश्य जाल में फंसती गयी।

इसीलिए बारिश के आसमान में रंग-बिरंगी पतंगों का मेला देखते ही एषा अनमनी हो आती थी।

ख़ैर, यह तो काफी बाद की बात है, जब एषा सयानी हो गयी। उसके माँ-बाप जब एक ही घर में रहते हुए भी एषा के जीवन-वृत्त से काफी दूर खिसक गये थे। घर-संसार में और भी कई छोटे-बड़े बदलाव आ चुके थे।

उतने दिनों उस घर के लिए अनिमेष और इरा-दो निषिद्ध नाम थे। उनका नाम जुबान पर लाने की मनाही थी। उतने दिनों में, यानी एषा जब बड़ी हो गयी, उसकी और विभा की काफी दोस्ती हो गयी।

दूसरे-दूसरे लोग तो ख़ैर कहते ही थे, विभा भी एषा को आगाह करती रहती थी, 'उन दोनों का नाम मत लो, एषा! वे दोनों ही इतने भले हैं, फिर भी उन दोनों के अन्तस में जैसे कोई सर्वनाश बसा हो।'

एषा चुपचाप सुनती रहती।

'वर्ना वे दोनों इतने-इतने लोगों को इतना-इतना दुःख देते!'

एषा ने विभा के इस बात का भी प्रतिवाद नहीं किया। उतने दिनों में वह जान गयी थी कि प्रतिवाद करने से कोई फ़ायदा नहीं होता। इस दुनिया में सभी लोग अपने-अपने विश्वास मुताबिक चलते हैं, प्रतिवाद करने में सिर्फ वक्त की बर्बादी होती है।

मुमकिन है, यह बात उसने इरा से ही, इरा को देखकर ही सीखी हो।

इरा की तरह, बिना कोई प्रतिवाद किये, हर चोट, हर ठोकर क़बूल करते हुए, एषा ने किसी को भी नहीं देखा था। अपने पिता की नाइन्साफी और गैर-जिम्मेदाराना व्यवहार, उसने बेहद खामोशी से सह लिया। अनिमेष के बड़े भाई, रणजय ने, लता की निगाहों की आड़ में, बहुत बार उससे प्रणय-निवेदन किया, इरा ने किसी को नहीं बताया। अनिमेष उसे प्यार करते हुए, अपने माँ-डैडी से झगड़ा करे, विजय मित्र की दौलत की धौंस और आभिजात्य के उत्ताप से भाग आये, यह सब इरा ने नहीं चाहा था। अंत में कनक...! दूर के रिश्ते का ही सही, उसका भाई, कनक, उसे प्यार करे, ठोकर खाये और देश छोड़कर चला जाये, इरा यह भी नहीं चाहती थी।

लेकिन, यह इरा का दुर्भाग्य ही था कि परिवार में किसी ने भी उसका विश्वास नहीं किया। इरा से सम्बद्ध जितनी भी घटनाएँ घटीं, इरा उनमें से किसी एक के

लिए भी जिम्मेदार नहीं थी।

इरा की किस्मत का मज़ाक!

सच ही, किस्मत किसी-किसी को इसी तरह गढ़ती है, इसी तरह खिलवाड़ करती है। ऐसे लोगों के मन में कोई पाप नहीं होता; कोई असाधु-ख्याल नहीं होता, दुर्नीलि भी नहीं होती। असल में ऐसे लोग निष्पाप होते हैं।

लेकिन ऐसे ही लोगों के इर्द-गिर्द, कई-कई जीवन सम्मोहित पंतग की तरह मंडराते रहते हैं और अंत में दम तोड़ देते हैं।

इसीलिए एषा को लगता था कि इरा जैसी बदकिस्मत शायद ही कोई हो। न चाहते हुए भी उन्मत्त, प्रबल और अजस्र प्यार पाना भी एक क़िस्मत का दुर्भाग्य होता है।

इरा ने तो किसी एक का, सिर्फ एक का प्यार चाहा था।

निलीना के पास वह काफी समय के लिए रही। उतने कम समय में ही उसने निलीना मित्र का कैसा परिचय पा लिया था, यह कोई नहीं जानता। कम से कम निलीना के बेटों ने भी निलीना को उतने जी जान से प्यार नहीं किया; उनका विश्वास नहीं किया।

परिवार में सभी लोगों का यही ख्याल था कि निलीना काफी दूर की इन्सान हैं। अकेली इरा ही थी, जिसने उन्हें अपने वंचित जीवन का सा-रा प्यार देकर, उन्हें जकड़े रखा था।

शायद इसीलिए, जब वह विभा परिवार का घर छोड़कर चली आयी और अनिमेष उससे विवाह करने के लिए बेचैन हो उठा, उस वक्त उसने आकुल-व्याकुल होकर, निलीना को पत्र भेजा था...।

उस ख़त का जब कोई जवाब नहीं आया, तो अनिमेष ने कितने क्रूर लहजे में, उसका मज़ाक उड़ाया था।

इरा, निलीना को इतना प्यार करती थी, अनिमेष को शायद यह भला नहीं लगा था। वह इरा के जीवन में अकेला, एकमात्र बनकर रहना चाहता था। अपने आफत-विपद में इरा अन्य किसी को याद न करे, उसकी यही मंशा थी।

हालांकि यह बात कोई नहीं जान पाया, जानने की कोशिश भी नहीं की गयी कि 'मुझे कलकत्ता जाने दो' यह कहते हुए निलीना मित्र बेहोश हो गयी थीं। इस बात की किसी को ख़बर नहीं हुई कि रायपुर वाले घर में काफी दिनों तक किसी ने ज़ोर-ज़ोर से बात नहीं की, सबके सब पाँव दबा-दबाकर चलते थे। रणजय, अजय—दोनों बेटे डॉक्टर की हिदायत पर दवाएँ बदलते रहते थे, नर्स को सारे निर्देश देते रहते थे।

इना, अजय की बीवी थी। वह लता के बच्चों-कुणाल और माया को लेकर, घर के पिछले हिस्से में, अपने कमरे में रहती थी। बच्चों को रोके रखना ही, उसकी ड्यूटी

थी।

लता, घर की बड़ी बहू, निलीना के पास रहती थी। नर्सें सिर्फ उसकी फर्माइशें बजा लाती थीं। लता ही निलीना को फलों का रस पिलाती, उनके बाल संवारती, उनकी हथेली थामे बैठी रहती थी।

'तुम कहीं मत जाना, लता, मेरे पास ही रहना।' निलीना फुसफुसाकर कहती थीं।

'मैं आपके पास ही हूँ, माँ! देखिये, मैं कहीं नहीं गयी! यहीं हूँ।'

'तुम रात को भी मेरे पास ही रहोगी न?'

'मैं तो आपकी बगल में ही पलंग डालकर, हर पल, आपके पास रहती हूँ।'

'अनी और इरा को ख़त लिखना नहीं हो पाया, लता।'

'मैं लिख दूँ?'

'नहीं, नहीं! इरा ने अपनी मुसीबत के समय मुझे याद किया, मैं ही उसके पास जा नहीं पायी।'

बीच-बीच में निलीना के कमरे का पर्दा हिल उठता था। विजय मित्रिर कमरे में आकर खड़े होते थे।

'आज कैसी तबीयत है?'

उनकी आवाज़ सुनते ही, निलीना मानो सिहर उठती थीं।

वह मुँह फेरकर कहती थीं, 'लता, इनसे कहो, ये चले जायें।'

विजय मित्र का चेहरा अपमान से सियाह पड़ जाता था। इसके बावजूद, वह जहाँ के तहाँ खड़े रहते थे।

'तुम अभी तक गये नहीं?'

'मैं तो तुम्हारी ख़ैरियत पूछने आया था, निलीना!'

'नहीं, मेरी ख़ैरियत जानने की तुम्हें कोई ज़रूरत नहीं है। तुम्हारी वजह से अनी, पराया हो गया। तुम्हारी वजह से इरा...' उनकी आँखों से आँसू बहने लगते थे। नर्सें दौड़ती हुई आ पहुँचती थीं।

विजय मित्रिर सियाह चेहरा लिये, कमरे से बाहर निकल जाते थे।

हाँ, बीच-बीच, में वह बुदबुदा उठते थे! दुश्मन! सभी मेरे दुश्मन हैं! अनी... उसकी माँ, सभी घोर दुश्मन हैं मेरे।

रणजय और अजय भी कहते, 'सच्ची, माँ बीमार हैं, इसलिए मैं कुछ नहीं कहता। लेकिन इरा को लेकर इतनी अतिशयता क्यों, मेरी समझ में नहीं आता।'

दोनों भाई एक-दूसरे का चेहरा निहारने लगते थे। अनिमेष का जिक्र, वे दोनों जानबूझकर नहीं करते थे, मानो अनिमेष नाम का, उनका कोई छोटा भाई नहीं है, किसी दिन था भी नहीं।

सिर्फ बीच-बीच में, कोई दूसरी ही आवाज़ गरज उठती थी, 'यह सब क्या हो

रहा है, मेरी समझ में नहीं आता।'

वह आवाज़ विजय मित्र की आवाज़ से भी ज़्यादा गहरी होती थी, फिर भी उतनी सूखी नहीं होती थी।

निलीना के बड़े भाई, जस्टिस वरेन दत्त उर्फ बूढ़ो दत्त, बम्बई से आ पहुँचे थे।

क्या-क्या हुआ था, नहीं हुआ था, उन्होंने घर के हरेक बंदे की जुबानी सुनी। रणजय, अजय, विजय मित्रिर, लता, इना, सबने विवरण दिया। वह ठहरे जज! उनका विश्वास था कि सभी इन्सानों के पास, कहने को कुछ न कुछ होता है।

सबके बयान सुनने के बाद, वह गंभीर हो गये। मेज़ पर डबलरोटी, मक्खन, पनीर, अंडे, चाय—सब करीने से सजे हुए! काँच के बड़े कटोरे में सेब, अंगूर, पीच वगैरह रखे हुए थे।

निलीना के भाई रोज़-रोज़ नहीं आते थे। उनकी खातिर-तवाजो ठीक तरह हो, इसकी निगरानी के लिए विजय मित्रिर मेज़ के सामने खुद मौजूद थे।

निलीना के पागलपन, अनिमेष की ढिठाई, बेअदबी—इन सभी मुद्दों पर बूढ़ो दत्त क्या कहते हैं, यह जानने के लिए, सभी की उत्सुक निगाहें उनके चेहरे पर गड़ी हुई थीं।

'लता, मुझे और एक टोस्ट देना।'

टोस्ट पर मक्खन लगाते-लगाते, बूढ़ो दत्त ने कहा, 'भई, यह समस्या तो मिनट भर में निपट सकती है।'

'क्या किया जाये?'

बूढ़ो दत्त ने अचानक विजय मित्रिर की आँखों में झाँका। उनकी निगाह एकाग्र, तीक्ष्ण, कठिन! वह इस दृष्टि से आसामियों की तरफ, गवाहों की तरफ देखते थे। सुना है, जस्टिस दत्त की आँखों से आँखें मिलते ही, भयंकर धाकड़ से धाकड़ मुजरिम भी सच उगल देते थे।

उन्होंने पूछा, 'विजय, तुम निलीना का सुख चाहते हो?' बिलकुल इसी लहजे में वह आसामी और मुजरिमों से भी सवाल करते थे।

'जी-हां, बेशक! आपको इसमें क्या कोई शक़ है?'

'तब तो, कुल दो-तीन रुपयों का मामला है।'

'दो-तीन रुपयों का मामला है?'

'हाँ, जी, हाँ!' अनी को एक तार भेज दो। ख़बर कर दो कि अनी, इरा को लेकर चला आये। विवाह में तुम्हारी सहमति है।'

'आप यह क्या कह रहे हैं? इरा का बाप एक स्काउंड्रल था एक नम्बर बदमाश!'

'विजय, सुधांशु नन्दी बाद में क्या बन गया था, मैं नहीं जानता। लेकिन पहले उसमें कहीं, कोई ऐब नहीं था। जो भी हो, तुम लोगों की जो मर्ज़ी हो, तुम लोग करो। मैं अपनी बहन को ले जाऊँगा यहाँ से।'

'ले जायेंगे?'

'हाँ! यहाँ उसे बेहद तकलीफ हो रही है, वह मन ही मन काफी दुःखी है। मैं उसे अपने साथ ले जाऊँगा। वहाँ जब वह स्वस्थ हो जायेगी, उसके बाद, मैं अनी को लिखूँगा। येस, आइ लाइक दैट ब्वाय! वह पसंद है मुझे।'

'आपने जो कहा, अगर वही किया जाये, तो...'

'क्या करोगे?'

'अनी का मैं त्याग करूँगा।'

वरेन दत्त ने ज़ोर का ठहाका लगाया!

अगले ही पल उन्होंने कहा, 'त्याग करोगे? इससे क्या फर्क़ पड़ने वाला है? अनी में काफी ज़बर्दस्त मनोबल है। इसके अलावा, मेरे जीते जी, निलीना का बेटा चाहे जैसा भी हो, उसे रुपये-पैसों का अभाव नहीं होगा।'

उन्होंने निलीना के सामने भी अपनी यही बात दोहरायी।

'भइया, सुधांशु ने मुझसे इरा की जिम्मेदारी लेने का अनुरोध किया था।' निलीना की आँखों से आँसू बहने लगे।

'अच्छा, कहा था? तो ठीक है, जिम्मेदारी तू निभायेगी। पहले ज़रा ठीक हो ले। सब ठीक हो जायेगा।'

एकमात्र वरेन दत्त को छोड़कर, और कोई नहीं जानता था कि निलीना कभी सुधांशु नन्दी को पहचानती थीं। हाँ, इस बात की किसी को भी ख़बर नहीं थी कि आत्महत्या करने से पहले, उसी दिन शाम को सुधांशु नन्दी, छिपते-छिपाते निलीना के पास आया था।

उसने निलीना से आग्रह किया था, 'निलीना, एक दिन तुमने मुझे अपना दोस्त माना था, नहीं, तुमने प्यार किया था, यह मैं नहीं कहूँगा। इसीलिए कहता हूँ, इरा को तुम देखना—'

यह बात इरा को भी नहीं मालूम थी।

बम्बई से वरेन दत्त का टेलीग्राम जब कलकत्ता पहुँचा, तब इरा और अनिमेष कहाँ थे?

12

इरा को साथ लेकर, अनिमेष चला गया।

उधर, बम्बई के करीबी उपनगर में, पानी हिल पर स्थित, पेड़ों से घिरी कोठी में, निलीन अब, धीरे-धीरे स्वस्थ हो उठीं।

उन दिनों वरेन दत्त व्यस्त थे! बेहद व्यस्त! न्यायाधीश के तौर पर उनका काफी

सुनाम था। उनकी न्यायनिष्ठा, सत्यप्रियता, साहस, ईमानदारी, यानी हर खूबी ने उनके लिए तरक्की की सीढ़ी तैयार की थी। इसीलिए उन्हें दिल्ली तलब किया जाता था। सभी लोग जानते थे कि आज या कल, उन्हें कैबिनेट में जगह मिलकर रहेगी। बहरहाल, अपनी घोर व्यस्तता में भी वे निलीना को नहीं भूले।

निलीना को लाकर, उन्होंने अपनी पत्नी के जिम्मे सौंप दिया।

उन्होंने निलीना से कहा, 'विजय से झगड़कर, मैं तुझे ले आया। अब तेरी भाभी तेरी सेवा-जतन करेगी और तू जल्दी-जल्दी ठीक हो जा, वर्ना मैं क्या मुँह दिखाऊँगा? मेरी नाक नहीं बचेगी।'

पत्नी को आड़ में ले जाकर उन्होंने कहा, 'प्रभा, तुम उसकी सेहत ठीक कर दो। यह विजय बिलकुल पहले जैसा ही रह गया। अपनी ज़िद के अलावा और कुछ नहीं समझता। निलीना का मुँह देखकर, अगर वह अनी की शादी कबूल कर लेता, तो क्या हो जाता?'

'अनी किससे शादी करना चाहता है?'

सुधांशु की बेटी से!

'सुधांशु!'

प्रभावती को सबकुछ याद आ गया। सुधांशु! अपनी तरुणाई के दिनों में वह निलीना के साथ टेनिस खेलने आता था।

'सुधांशु की बेटी क्या बेहद ख़ूबसूरत है?'

'लो देखो! यह मुझे क्या मालूम, बताओ?'

'सुधांशु की बेटी क्या निलीना के पास रहती थी?'

'हाँ! सुधांशु की आत्महत्या के बाद, निलीना उसे अपने घर ले आयी थी।'

'पता नहीं, बहनोई जी ने एतराज क्यों किया? उन लोगों का वंश तो बुरा नहीं था। धन-दौलत नहीं था, तो क्या हो गया? बहनोई जी को तो रुपये-पैसों की कमी नहीं है।'

'यह तो विजय ही जाने कि उसे एतराज क्यों है!'

'निलीना खुद भी तो अनी को ख़बर दे सकती थी।'

'अचानक बीमार न पड़ती, तो शायद ख़बर देती।'

'ख़ैर, छोड़ो, अब वह ठीक हो जायें, उसके बाद सब ठीक हो जायेगा।'

'हाँ, प्रभा, मेरा भी यही ख़्याल है।'

प्रभा ने पति की तरफ प्यार से देखा। उसके कोई बाल-बच्चा नहीं था, इसलिए उनका सारा का सारा प्यार, पति के हिस्से में आया था। वरेन दत्त साहब अपनी बहन को कितना प्यार करते थे, यह प्रभा से बेहतर कौन जानता है?

'देखो, तुम बिलकुल परेशान न हो, सब ठीक हो जायेगा।'

प्रभा की तरफ देखते हुए वरेन दत्त को लगा, जैसे उसी पल सब ठीक हो गया

है, जैसे अब कोई परेशानी नहीं रही। प्रभा उनके जीवन की केन्द्रबिन्दु थी; प्रभा उनका आश्रय थी; आश्वासन और सुख-चैन थी।

सच ही निलीना धीरे-धीरे सेहतमंद होने लगीं।

पाली हिल की छायादार कोठी और भाई-भावज के स्नेह-ममता में, उनकी शारीरिक-मानसिक ग्लानि मिटने में देर नहीं हुई।

अभी वक्त इरा और अनिमेष को लाने के लिए वह बेचैन हो उठीं। वरेन दत्त को उनका प्रस्ताव सही लगा।

उन्होंने कहा, 'लेकिन...विजय को बताना तो होगा।'

'हाँ, बता दूँगी, भाई, उन्हें बताये बिना, मैं इतना बड़ा क़दम उठा सकती हूँ भला?'

निलीना उस वक्त भाई की शर्ट में बटन टांक रही थीं। उनके थके-थके, करुण चेहरे को देखते हुए, वरेन दत्त को अचानक क्यों तो लगा कि निलीना अभी भी बीमार, असहाय और अकेली हैं।

'हाँ, री, अब तो तेरे मन में कोई दुःख तकलीफ नहीं है न?' यह पूछना चाहकर भी, वरेन दत्त की ज़ुबान कहीं अटक गयी।

वह भौंहें सिकोड़कर सोचते रहे। निलीना की शादी बाइस वर्ष की उम्र में हुई थी। अब वह बावन वर्ष की है। नहीं, नहीं अब तो वह चौवन वर्ष की है। बत्तीस वर्ष बाद, अचानक ऐसा कोई सवाल नहीं पूछा जा सकता।

वह सुखी नहीं हुई, वह सुखी नहीं है—यह ख़ौफ उन्हें शुरू से ही था। लेकिन, निलीना और विजय मित्रिर का वैवाहिक जीवन, हर तरह से इस क़दर सार्थक हो उठा कि वरेन दत्त ने उन लोगों के बारे में फिक्र करना छोड़ दिया। निलीना जहाँ भी जायेंगी, वहीं वह सम्राज्ञी के आसन पर बैठेंगी, यह बात वह जानते थे।

टाई की गिरह बांधते-बांधते वरेन दत्त ने सोचा—इसके अलावा, बीमार हो जाना, खालीपन के अहसास से दुःखी होना—इन सबसे उनका या निलीना का कभी परिचय नहीं रहा। विवाह का मतलब, ऐसी शै है, जो व्यक्तिगत प्यार से भी ऊपर, कर्तव्य के आदर्श से गढ़ा होता है और समाज की ज़रूरत पर, अपने को दायित्व लेने का हुनर सिखाता है।

फिर निलीना इतनी अ-सुखी क्यों लगती है?

'भाई, क्या सोच रहे हैं?'

वरेन दत्त कुछेक पल उसकी तरफ देखते रहे।

थोड़ा ठहरकर उन्होंने जवाब दिया, 'तेरे बारे में!'

'मेरे बारे में? क्या?'

'तू क्या खुद कलकत्ता जाना चाहती है?'

'अगर तुम मना न करो...'

'मुझे लगता है, तेरी सेहत अभी इतनी मज़बूत नहीं हुई! तू बर्दाश्त कर पायेगी? कलकत्ता जाने में काफी थकान हो जायेगी। इसके अलावा, विजय भी शायद नाराज़ हो जायेगा।'

'उनके राजी-नाराज़गी के बारे में मैंने पहले सोचा है, भाई, काफी सोचा है। लेकिन, अब मुझे अनी के बारे में सोचने दो।'

'अगर मैं चला जाऊँ, तो नहीं होगा?'

'मैं जा सकती हूँ, भाई!'

'ठीक है! लेकिन पहले मैं एक टेलीग्राम भेज दूँ।' वरेन दत्त हँस पड़े। काफी-काफी दिनों बाद, उन्हें निलीना के छुटपन की याद हो आयी। सुधांशु नन्दी, निलीना के साथ टेनिस खेलने आया करता था। उसी सुधांशु नन्दी ने जब आरती से विवाह करना चाहा, तब निलीना उन्हीं के पास आयी थी और कहा था, 'आपको सारा इन्तज़ाम करना पड़ेगा।'

हमेशा दूसरों के बारे में सोचना, दूसरों के दुःख को अपना समझना—यह निलीना का स्वभाव था।

'ठीक है, कुछ दिन अच्छी तरह आराम कर ले। तबीयत का ख़्याल रख। यह प्रभा कहाँ गयी? ए जी, सुनती हो, मैं जा रहा हूँ।'

प्रभा को आवाज़ देते हुए वरेन दत्त बाहर निकल गये।

निलीना आरामकुर्सी पर ढह गयीं। थकान आने लगती है! आजकल बेहद थकान महसूस होती है।

भाई के जाने से क्या होगा? उन्हें ही कलकत्ता जाना होगा।

सुधांशु ने उनसे इरा का दायित्व लेने का आग्रह किया था।

सुधांशु! अब सोचने बैठो, तो उसका यूँ आवारा बन जाना, ख़ामखाह समूची ज़िन्दगी ख़र्च कर देना, निःसंग सड़क पर आत्महत्या कर लेना—इन सबके लिए, बेहद-बेहद अफसोस होता है।

सुधांशु ने आरती को इतना-इतना प्यार क्यों किया? सुधांशु ने उसे इरा की जिम्मेदारी, काफी पहले ही क्यों न सौंप दी? आरती की बेटी के लिए, उनके मन में इतना प्यार क्यों जाग उठा? विजय मित्रिर अनिमेष को हमेशा इतना-इतना दुःख क्यों देते रहे? अनी का ख़्याल आता है, तो छाती फटने लगती है। माँ होने के नाते, क्या उन्होंने ही सारे फ़र्ज निभाये? क्या उन्हें ज़रा और नरम होकर, उसका मन नहीं समझना चाहिये था? अनी उन्हें हमेशा निष्ठुर ही समझता रहा। लेकिन निलीना को अनी का सिर्फ बचपन ही याद आता है। नरम-नरम हथेलियों से गर्दन पकड़कर भूल जाना...। नहीं, नहीं, अनी के पास उन्हें खुद जाना होगा। अनी के डैडी को भी समझाना होगा...सारा कुछ समझाना होगा। जाने क्यों तो निलीना को बार-बार यह लग रहा है कि काफी देर होती जा रही है।

लेकिन, जब वह कलकत्ता पहुँची, तब अनिमेष और इरा वहाँ नहीं थे।

'वे तो चले गये–' सतीश निरुपाय-से खड़े रहे।

उनके झूले हुए कन्धों में अद्‌भुत अपराधी जैसा भाव! अनिमेष को रोक लेना चाहिये था, मगर वह उसे रोक नहीं पाये।

'चला गया? अनी चला गया?'

निलीना को जैसे कोई बात ही नहीं सूझी। वह बेहद खामोश हो गयीं। वरेन दत्त सकपकाये-से सतीश से बातें करने लगे।

'कहाँ जायें, जहाँ अनिमेष का पता मिल सकता है?'

'हमारा टेलीग्राम अनी को नहीं मिला?' निलीना ने पूछा।

'मिला था–'

इसके बाद, कहने को कुछ नहीं था। अचानक निलीना बेतरह थक आयीं। बीमारी की थकान, समूची देह पर उतर आयी।

'चलो, भाई, वापस लौट चलें।' उन्होंने शिथिल आवाज़ में कहा।

'कम से कम एक दिन तो आराम कर लें, फिर चली जाइयेगा।' सतीश ने हाथ जोड़कर कहा।

'आराम?' निलीना सूनी-सूनी निगाहों से उन्हें देखती रही।

उसके बाद, अचानक उन्हें याद आ गया कि अनिमेष सतीश को प्यार करता है, उन्होंने भी उसे स्नेह दिया है। यहाँ आकर उसे चैन मिला था, जो शांति, जो चैन, निलीना, अनी को नहीं दे पायीं।

'ठीक है! हम रुक जाते हैं, भाई!'

निलीना को नरम पड़ते देखकर, वरेन दत्त ने राहत की सांस ली। इतनी-इतनी शारीरिक थकान, उसके फौरन बाद ही, यह चोट! निलीना के लिए थोड़ा-सा आराम ज़रूरी है।

'तुम एषा हो न?' निलीना मानो विस्मित निगाहों से एषा की सूरत निहारती रहीं। यह नन्हीं-सी लड़की ने भी अनिमेष को अपना बना लिया था, जबकि वह नहीं बना पायीं। अच्छा, कोई, किसी को अपना कैसे बना लेता है?

'यहाँ आपको अच्छा लग रहा है?' सतीश ने बेहद व्याकुल होकर जानना चाहा।

निलीना को अच्छा लग रहा था। बेहद अच्छा लग रहा था। अचानक उन्हें ख्याल आया कि यहाँ रहना, अनी को बेहद अच्छा लगता था, इसीलिए शायद उन्हें भी अच्छा लग रहा है। उनकी क्लान्त देह, अवसन्न मन को बेहद भला-भला लग रहा था। उन्होंने बेहद आराम महसूस किया।

लेकिन वहाँ रुकने का कोई उपाय नहीं था।

वरेन दत्त को लौटने की जल्दी थी। निलीना भी वही सोच रही थी कि अनी शायद बम्बई ही गया हो। इरा को लेकर बम्बई या रायपुर पहुँच गया हो। अपनी

जगह वह नहीं गयीं, तो उन दोनों को खोजेंगी कैसे?

सतीश और छवि निलीना को अपने घर में यथासंभव आराम से रखने और उनकी सेवा-जतन की कोशिश में व्यस्त रहे।

वैसे निलीना ने सारा कुछ सहज बना दिया। वह अत्यन्त सहजता के साथ इस छोटे परिवार में घुलमिल गयीं। यह कतई नहीं लगा कि वह इन लोगों को जीत लिया। उनका अद्भुत सुन्दर चेहरा, रुपहले बाल, आँखों तले अतल उदासी, रानी जैसा सहज अभिजात्य ने एषा को अभिभूत कर दिया।

एषा को साथ लेकर ही निलीना विभा के यहाँ भी गयीं।

शायद मन के दुःख से या कनक के जाने की पीड़ा से, विभा बेहद बेचैन हो उठी थी। इसलिए निलीना के सामने उसने इरा के नाम सैकड़ों शिकायतें मढ़कर, रोना शुरू कर दिया।

निलीना खामोश बैठी-बैठी, उसे देखती रहीं। विभा की माँ के क्षुब्ध आरोपों के प्रवाह में उन्होंने कोई बाधा नहीं डाली, विभा को भी रोकने की कोशिश नहीं की।

विभा चुपचाप आँसू बहाती रही। कमरे में घड़ी की टिक्-टिक् की आवाज़ गूंजती रही। समय गुज़रता रहा। जैसे नदी का पानी धीरे-धीरे खिसकता रहता है, वक्त भी उसी तरह चुपचाप रेंगता हुआ, आगे बढ़ता रहा। निलीना को गहरी-गहरी, भरी आवाज़ में गाया हुआ, अनिमेष का वह गीत—'तुम रहोगे चुपचाप, मम हृदय में

और भी जाने कितना कुछ खामोशी से सरकता रहा, दूर जाता रहा—विभा का किसी दिन इरा को माफ कर पायेगी, यह संभावना; अनिमेष का किसी दिन, निलीना के पास लौट आयेगा, यह संभावना! ये सारी संभावनाएँ धीरे-धीरे दूर होती जा रही थीं। निलीना ने दर्द से भरी नज़रे उठाकर देखा! इन्सान, इन्सान को कितना कम समझता है। वह विभा को कैसे समझायें कि खुद सुधांशु ने उन्हें इरा का दायित्व लेने को कहा था; विभा कैसे जान सकती है कि निलीना को, विजय मित्र ने अनिमेष को अपना बनाने ही नहीं दिया। इसलिए अनिमेष बेहद अकेला है!

निलीना जानती थीं कि इरा, रणजय को प्यार करती थी, अनिमेष को नहीं। इसलिए उन्हें इस विवाह में इतनी आपत्ति थी। वह सोचती थीं कि सब कुछ जाहिर हो जायेगा।

इसीलिये तो निलीना उन दोनों के पास जाना चाहती थीं। अनिमेष की मौजूदा निःसंगता, भगवान करें इरा भर दे। लेकिन निःसंगता तो दिनोंदिन बढ़ती जाती है। अनिमेष को अकेलापन तो सब लोगों ने मिलकर दिया था। शायद निलीना ने भी उसे शैशव में ही अकेला कर दिया था। आज के अनिमेष के मन में बसी पीड़ा, निलीना को ही मिटाना होगी। लेकिन, वक्त बेहद कम है और वह बेहद थक चुकी हैं।

'तुम अनी को प्यार करती हो, विभा?'

विभा ने सिर उठाकर देखा। निलीना की आँखों में ममता, करुणा और स्नेह झलक रहा था। विभा ने सिर हिला दिया।

'लेकिन, अनी, इरा को प्यार करता है।'

विभा ने दुबारा सिर हिलाया। कमरे के निःशब्द सन्नाटे में, उसके कान के हीरे की इयरिंग, ईषत् जगमगाते रहे।

'भगवान से मनाओ, वह दोनों सुखी हों।'

निलीना ने ईषत् हँसकर, विभा के माथे पर रखा और कमरे से बाहर निकल गयीं।

जाने से पहले उन्होंने कहा, 'मैं बम्बई जा रही हूँ। मेरा मन कहता है कि वे लोग लौटकर वहीं पहुचेंगे। लता के भाई से अनी स्नेह करता था। मुमकिन है, अभी वह पटना, उन्हीं के पास गया है। जाने के लिए उसके पास ज़्यादा जगह नहीं है। मैं वहाँ भी एक टेलीग्राम कर दूँगी कि अनी बम्बई आ जाये।'

विभा के घर से निकलकर, एषा का हाथ थामे-थामे, निलीना गाड़ी में सवार हो गयीं।

'सुनो, एक बार रायपुर ज़रूर आना।' उन्होंने एषा से कहा और एकदम से ख़ामोश हो गयीं।

उनकी बगल में बैठे-बैठे, उन्हें देखते-देखते, जाने क्यों तो एषा के मन में ख्याल आया, वह निलीना को अब कभी नहीं देख पायेगी। उनसे अब कभी भेंट नहीं हो पायेगी।

बम्बई लौट जाने के बाद, निलीना को लता के भाई का जवाब मिला—अनी और इरा पटना आये ज़रूर थे, लेकिन वहाँ से भी वे दोनों जा चुके हैं।

टेलीग्राम हाथ में लिये-लिये, निलीना काफी देर तक खड़ी रहीं। उसके बाद कमरे में जाकर, उन्होंने दरवाज़ा अन्दर से बंद कर लिया।

जिस वक्त उन्होंने दरवाज़ा अन्दर से बंद कर लिया, वरेन दत्त को समझ जाना चाहिये था कि निलीना यह आघात सह नहीं पायेंगी।

जब उन्हें समझ में आया और ज़ोर-ज़बर्दस्ती दरवाज़ा खोला गया, तब तक काफी देर हो चुकी थी।

हताशा के इस एक ही धक्के से निलीना का दिल स्तब्ध हो गया। हमेशा-हमेशा के लिए उनके दिल ने धड़कना बंद कर दिया। टेलीग्राम भेजकर, रायपुर ख़बर दी गयी।

विजय मित्र दौड़कर आ पहुँचे।

उस वक्त वान-गंगा श्मशान में निलीना की बेजान देह जलकर खाक हो चुकी थी।

'तुम्हारी वजह से...वह सब कुछ तुम्हारी वजह से ही...तुम ज़रा नरम नहीं पड़

सकते थे, विजय?' वरेन दत्त पागलों की तरह चींख उठे।

विजय मित्र पत्थर की बुत बने खड़े रहे। उन्हें फांकी देकर चली गयी...निलीना उसे धोखा दे गयी। उनके लिए छोटी-छोटी जय-पराजय, द्वेष-विद्वेष, अपने व्यक्तित्व की धौंस डालने की उनकी हर क़िस्म की कोशिश छोड़ गयी, जो अभी ही किस क़दर तुच्छ हो गया।

अनिमेष भी उन्हें चकमा दे गया। उनकी उपेक्षा करके चला गया।

निलीना की मृत्यु की ख़बर, अनिमेष ने अखबार में ही पढ़ा।

उस वक्त अनिमेष काफी दूर था। उन दिनों वह इलाहाबाद के किसी स्कूल में पढ़ा रहा था।

इरा चेहरे पर साड़ी का आंचल डाले लेटी रही।

पूरा दिन गुज़र गया, जब शाम हुई, तब अनिमेष ने पूछा, 'इरा, उठोगी नहीं?'

इरा ने कोई जवाब नहीं दिया।

'तुम्हें भी मेरे साथ जाना चाहिये, इरा!'

हाँ, उन दोनों का ही जाना तय हुआ् संगम में नहाकर, बदन पर उत्तरीय लपेटते-लपेटते, अनिमेष को अहसास हुआ कि उसकी ज़िन्दगी में अब शांति नहीं आयेगी। उसकी सुख की प्रत्याशा किसी दिन भी नहीं, मिटेगी, क्योंकि इरा ने कहा था–'तुमने भी उनका दिल तोड़ दिया, अनी?'

अनिमेष को उसकी बात, अब समझ में आयी। बंद दरवाज़ा खोलकर, अंधेरे में ही, वापस लौटकर, अचानक उसने महसूस किया कि इरा की हर बात सच है

'माँऽ...' अनिमेष की आर्त, दीर्घ, अश्रुहीन कलाई से समूचा घर थर्रा उठा।

इरा को बस, यही लगा, काश, अनिमेष पहले इस लहजे में माँ को पुकारता! एक उसके अलावा, और किसी ने नहीं समझा कि निलीना का मन किस क़दर कोमल और स्नेहिल है।

'ए-जी उठो। यूँ रोने से क्या माँ लौट आयेंगी?' इरा ने उसके माथे पर हाथ रखा–आशीष दें, माँ! आशीर्वाद दें, निलीना, इरा, अनिमेष को सुखी कर सके।

निलीना के निधन के साथ-साथ, रायपुरवाले घर में अनिमेष का नाम निषिद्ध हो गया।

'उसका नाम मत लो! उसी ने निलीना को मारा है।' विजय मित्र गरज उठे।

निलीना उनके जीवन में कितना अमूल्य थी, यह बात विजय मित्र ने रायपुर के घर में क़दम रखते ही महसूस किया। वही निलीना, अब कहीं नहीं थी। वह उन्नत, सुन्दर चेहरा, रानी की तरह उसकी दृष्टि, हमेशा व्यस्त रहनेवाली, उसकी दोनों हथेलियाँ–अब वह कभी नहीं देख पायेंगे।

यानी निलीना का मन सच ही इस हद तक कमजोर हो गया था?

इतने वर्षों के वैवाहिक जीवन में भी, विजय मित्र निलीना को पहचान नहीं

पाये। यह ख़्याल भी उन्हें अपनी पराजय लगी।

इसी एक आघात ने एषा को एकदम से बड़ी कर दिया।

अनिमेष और इरा के चले जाने की खबर पाकर एषा पागलों की तरह दौड़ती हुई आ पहुँची।

निलीना की मौत की ख़बर पाकर, उसी विभा ने कहा, 'वे दोनों कभी सुखी नहीं होंगे। इतने-इतने लोगों को दुःख देकर, जो लोग अपना जीवन शुरू करते हैं, वे लोग कभी सुखी नहीं हो सकते।'

तभी एषा को समझ में आया कि कनक ने जैसे इरा को प्यार किया था, उसी तरह विभा ने भी अनिमेष को प्यार किया था।

हाँ विभा कुछ इसी तरह की सर्वग्रासी उग्रता, इसी तरह अपने को ध्वंस करने के नशे में, वह पागल हो उठी थी, क्योंकि उसके बाद ही विभा मानो बिलकुल ही बदल गयी।

बड़ी होने पर एषा को विभा के बारे में ख़बरें मिलती रहती थीं। अब वह रेस के मैदान में नज़र आती थी। ताश के अड्डों में, इसके अलावा और भी इधर-उधर, कई जगह देखी जाती है। उसने उग्र किस्म के अस्थिर-बिगड़ैल शोहदों का एक गिरोह बनाया था, इन दिनों वह उस गिरीह के साथ घूमती-फिरती थी।

लेकिन वह एषा के पास भी आती-जाती थी। तब भी चक्कर लगा जाया करती थी।

पाँच साल गुज़र गये।

एषा भी बड़ी हो चुकी थी। शायद इसीलिए विभा उससे इतने निर्लज्ज ढंग से बातचीत करती थी।

'हाँ, एषा तुम तो बच गयी।' यह कहते हुए, उसकी आवाज़ में जैसी थकान भरती थी, वह क्या सिर्फ अस्थिर जीवन की ही थकान है?

'मुझे कुछ अच्छा नहीं लगता, एषा! बेहद थकान लगने लगी है।'

एषा खामोश रहती थी।

'प्यार इतनी थकान देता है, मैं पहले नहीं जानती थी।'

एषा निरुत्तर!

'तुम बच गयीं, एषा!'

'क्यों?'

'तुमने अनी को प्यार जो नहीं किया।'

विभा इस जुमले के साथ उठ खड़ी होती।

जाते-जाते वह कह जाती थी, 'अगर मुझे यह ख़बर मिलती कि वे दोनों बेहद तकलीफ में हैं, तो मुझे खुशी होती, एषा!'

ठुकराये हुए प्यार ने इसी तरह विभा के मन से सारी दया-मया पोंछ दिया था।

इसके बावजूद, जो विभा अनी और अनिमेष का सर्वनाश चाहती थी, वही उन दिनों एक और क़िस्म के पागलपन में मस्त हो उठी थी।

वह मदर मातिल् के मिशन में शामिल होकर अब घूम-घूमकर दया दिखाने लगी थी।

अब, वह अस्पतालों, कुष्ठ आश्रमों और भिखारियों की बस्तियों में सेवा-कार्य करती फिरती थी। यहाँ तक सुना गया कि कभी-कभी वह रात के वक्त इस्प्लानेड की सड़क पर घूम-घूमकर, सड़क के लावारिस कुत्तो में रोटियाँ बाँटती थी।

एक ही इन्सान के अन्दर इतनी अगाध दया और इतनी अनन्त निष्ठुरता, एक साथ कैसे रसी-बसी होती है, यही सोच-सोचकर निलीना आवाक् होती थी।

तब तक एषा भी बड़ी हो चुकी थी।

उन दिनों उसने भी पहले प्यार का स्वाद जाना। ललज्ज, भीरु, कुंठित किसी नौजवान का प्यार!

तपन अपने क्लब की तरफ से उसके घर आया था। सरस्वती पूजा के दिन उसके घर के सामने शामियाना लगाया जाने वाला था, इसलिए वह यह अनुरोध लेकर आया था कि दो दिनों के लिए, खिड़कीवाला दरवाज़ा उन लोगों को इस्तेमाल करने दिया जाये और बड़ा दरवाज़ा बंद रखा जाये।

उसके बाद, जाने कैसे तो, कभी मुहल्ले की लाइब्रेरी से किताबें लेने-देने और एषा की माँ की फर्माइशें बजा लाने के लिए, तपन मानो 'घर का लड़का' बन गया।

वैसे तपन उस क़िस्म का लड़का नहीं था, जिसे खुद गले पड़नेवाला, हल्का या सस्ता कहा जाये।

'उसके अन्दर शर्मालु किस्म का छाप-छाप भाव बच रहा है।'

एषा की माँ, छवि उससे प्यार से बातें करती थीं। लेकिन तपन सचमुच कोई छात्र-वात्र नहीं था। तपन-परिवार उस मुहल्ले में नवागन्तुक ही था। लेकिन छवि को उसके घर की सारी जानकारी मिल चुकी थी।

वे लोग उस मुहल्ले में किराये के घर में ही आये थे, लेकिन घर बक़ायदा काफी बड़ा था। घर की सजावट पर रुचि और दौलत, दोनों ही ख़र्च की गयी थी।

उस घर के बाशिन्दा थे—तपन की माँ, बहन, काका-काकी और काकी-काका के तीन बच्चे!

तपन अपने घर का अन्यतम 'बल-भरोसा और सहाय था। उसकी नौकरी भी ख़ासी अच्छी थी, छवि ने यह भी पता लगा लिया था।

मुमकिन है, छवि के मन के किसी कोने में कोई और इच्छा भी रही हो, जिसके बारे में एषा को कोई जानकारी नहीं थी।

एक सरस्वती-पूजा के मौके पर उन दोनों की जान-पहचान हुई और अगली

सरस्वती पूजा में। वे दोनों सड़कों पर घूम-घाम रहे थे।

काफी कोशिशों और काफी उठक-बैठक के बाद, तपन यहाँ तक पहुँच पाया कि उसके साथ अकेले रहने के लिए उसे इतना-भर वक्त मिल पाया। बस, यह ज़रा-सा वक्त उसके साथ आया।

शाम को टहलते हुए, एषा के बदन पर पीले रंग की साड़ी, रूखे बालों की वेणी और ऊपर से, निहायत लापरवाही से शॉल पड़ी हुई!

'तुम क्या कहना चाहते थे, तपन, बता डालो।'

ऐन उसी वक्त सामने से आती हुई एक गाड़ी, उन दोनों की बगल से गुज़र गयी।

'क्या कहना था, कहो!' एषा ने दुबारा पूछा, सामने के पंडाल में, रिकॉर्ड पर कोई गाना बज उठा।

आसमान चीरते हुए गीत के बीच, तपन ने धीरे से कहा, 'एषा, मैं तुम्हे प्यार करता हूँ। तुम्हें भी शायद इसका आभास हो गया होगा।'

एषा निरुत्तर!

उसने बिलकुल नहीं समझा, कुछ भी नहीं समझा-इतना बड़ा झूठ अभी जुबान पर नहीं आया।

'तुम अगर कहो, एषा, तो मैं ज़िन्दगी भर तुम्हारा इन्तज़ार कर सकता हूँ—' तपन की आवाज़ ज़रा काँप गयी। लेकिन यह कहकर, उसे बेहद राहत मिली। बेहद-बेहद चैन! मानो छाती पर से कोई बोझ उतर गया।

तपन ने एक सिगरेट सुलगा ली और एषा की तरफ देखते हुए, वह हँस दिया।

13

तपन से विदा लेकर, एषा को घर लौटते-लौटते ईषत् देर हो गयी।

मुहल्ले के करीब पहुंचकर तपन ने कहा, 'एइ, तुम चली जाओ। मैं ज़रा देर बाद जाऊंगा।' यह कहकर वह हँस पड़ा।

असल में वह मुहल्ला, अब पहले जैसा नहीं रहा। मुहल्ला काफी विशाल हो गया था। बहुतेरे नये-नये लोग आ बसे थे। एषा और तपन को एक साथ आते देखकर, शायद सरस्वती पूजा के पंडाल से ही बात फैल जाती।

तपन पान की एक दुकान के सामने रुक गया। उसकी तरफ पीठ फेरकर, पैदल-पैदल चले आने में, एषा का संकोच हो आया।

शायद इसीलिए वह जल्दी-जल्दी, लम्बे-लम्बे डग भरती हुई, अपने घर में दाखिल हुई। घर में अगर वह किसी के सामने पड़ जाती, तो ज़रूर पकड़ी जाती।

लेकिन, आज किसी से भी टक्कर नहीं हुई। घर में कोई था ही नहीं। भाई-बहन पूजा पंडाल में थे। महाराज रसोई में किसी काम में व्यस्त थे। पापा ऊपर थे, माँ भी शायद वहीं थी। एषा ने ड्राइंगरूम का दरवाज़ा खोलकर अन्दर झाँका। ड्रॉइंगरूम की खिड़की-दरवाज़े बंद ही थे।

अपनी आदत-मुताबिक उसने मेज़-कुर्सियों पर उंगली फेरकर देखा। ना, धूल का नामोनिशान नहीं था।

वैसे ये सब छोटे-छोटे काम करते हुए, उसे अनी'दा की याद आ जाती थी। जाने क्यों तो अकेले खड़े-खड़े, सर्दी की बर्फीली हवाओं में, अभी भी अनिमेष याद आने लगता था। उसी ने तो पहली बार उसके मन की खिड़की खोल दी थी। उसी ने दिखाया था कि खूबसूरत तरीके से जीना, बेहद ज़रूरी है।

रसोई की तरफ की बत्तियाँ जल रही थीं। लेकिन इधर की बत्तियाँ बुझी हुई थीं। जबकि सड़क पर रोशनी ही रोशनी थी। शायद इसीलिए घर के भीतर का अंधेरा तरल और धुंधला नज़र आया। एषा को अँधेरा हमेशा से भला लगा है! इसके अलावा सर्दी की इस बर्फीली हवा में जाने क्या तो था, मन पर भी बूँद-बूँद बर्फ झरता रहा। धीरे-धीरे मन के अन्दर मानो किसी सर्दी की शाम, शिशिर में नहाया मैदान तैयार हो जाता था। उसमें यह अहसास भी अनिमेष ने ही रचा-गढ़ा था।

आज, अर्से बाद, सीढ़ियों की रेलिंग पर हाथ रखते हुए, उसे फिर अनिमेष की याद हो आयी। इतने कम समय की जान-पहचान! उन दिनों तो वह काफी छोटी थी! लेकिन एषा ने उन्हीं दिनों, अपना क्या कुछ तो दे डाला था, अपना काफी कुछ! अब उसके मन का उतना-सा हिस्सा, मानो प्राचीर-घिरा निर्जन बागान होकर बस गया है, कहाँ क्या है, कोई भी नहीं जानता! अब, कौन आकर उसकी चाबी खोलेगा?

सीढ़ियों पर कदम रखते हुए, एषा ने याद करने की कोशिश की। उसने अपना क्या और कितना कुछ अनिमेष को दे डाला था! हाँ, वह प्रेम नहीं था, उसका नाम प्यार भी नहीं था, लेकिन प्यार से कहीं ज़्यादा दुर्बोध! कैसा प्रगाढ़ आकर्षण था उसका!

'तपन...!' एषा अस्फुट बुदबुदा उठी।

तपन उसके प्रति आकर्षित है! तपन उसे प्यार करता है। वह भी तपन को देखने के लिए, बार-बार, चोरी-चोरी क्या छत के कोने में जाकर खड़ी नहीं रहती? इतवार की दोपहरी में, जब चारों तरफ धूप से धुला-धुंधा होता है, उस वक्त माधवी लता से घिरे वराम्दे में वह खड़ी होती है! तपन उसके बिलकुल करीब होता है। वह चाहे तो उसे निरख सकती है, यह ख़्याल आते ही एषा का मन बेसुध होने लगता है। सब कुछ जैसे नशीला हो आता है।

इसी का नाम तो प्यार है! एषा, तपन को प्यार करती है। अनिमेष इरा से प्यार करता था। कनक इरा से प्यार करता था। हालांकि उनमें बहुत दूर का रिश्ता था,फिर

भी कोई भाई, बहन को कैसे प्यार कर सकता है, यह बात आज तक एषा की समझ में नहीं आयी। संकोच कहीं मन को रोक लेता है। इसके बावजूद कनक का प्यार किस क़दर तीखा था, जो उसे स्वाभाविक जीवन से उखाड़कर, उसे छीनकर कहीं और ले गया। विभा भी अनिमेष को प्यार करती थी। उसके लगाव का नाम भी प्यार ही था। एषा का सम्मोहन भी प्यार ही था। लेकिन, एषा यूँ रोती क्यों है? सीढ़ियों के करीब खड़ी होते ही, उसकी आँखें क्यों भर आती हैं?

उन दोनों ने तो एक ख़बर तक नहीं दी। कहाँ गये वे दोनों, यह तक नहीं बताया। उसे निलीना भी अभी तक याद आती हैं। कभी-कभी उसे यह भी लगता था कि अनिमेष उसकी कोई अवास्तविक कल्पना है। वह उसके घर कभी नहीं आया। उसी पर केन्द्रित कई-कई ज़िन्दगी नष्ट नहीं हुई। सारा कुछ नितान्त फाँकीबाज़ी है। दोपहरी के जादूगर के हाथों का आम-गुठली की जादुई करामात है! अचानक भीषण हताशभरी कोई लम्बी उसांस गूंज उठी। यह हताशाभरी साँस किसने ली? यहाँ तो कोई भी नहीं है। लेकिन...क्या? अनिमेष के कमरे का दरवाज़ा खुला क्यों है? उस घर का दरवाज़ा तो पिछले पाँच सालों से बंद ही था। वह दरवाज़ा कोई नहीं खोलता। उस कमरे की ज़रूरत ही नहीं पड़ती। एक दिन एषा की माँ ने भाई-बहनों के पढ़ने के लिए वह कमरा खोल देने को कहा ज़रूर था। कहीं वह सच ही कमरा खोल न दें, इस आशंका से एषा अपनी कुछेक किताबें लेकर कई दिन वहाँ बैठी भी थी।

लेकिन, आज, उस कमरे का दरवाज़ा खुला हुआ था।

एषा धीमे कदमों से आगे बढ़ी। किन्हीं दिनों अंधेरे से उसे बेहद डर लगता था। उसी तरह हर कमरे में बत्ती जल रही हो, मगर वहाँ कोई आदमी न हो, तो भी वह जाती थी, शायद ही डर जाती थी।

लेकिन ऐसा बहुत दिनों पहले होता था, जब माँ बीमार होकर अस्पताल में पड़ी थी।

एषा को अब जाकर समझ में आया है कि उस दिन, आधी रात को चौरंगी में टमटम समेत, जब घोड़ा लैम्पपोस्ट से जा टकराया था और वह दृश्य देखकर जब माँ बेहोश हो गयी थी, तभी वह माँ बनने की क्षमता भी खो बैठी थीं।

उन दिनों डैडी अस्पताल में ही रहते थे। एषा घर में अकेली होती थी। उन दिनों हर कमरे में बत्ती जलाकर, भाई-बहनों को समेटे बैठी रहती थी और मन ही मन डर से बेजान हुई रहती थी।

उसके मन में जितना तीखा डर समाया था, भूतों के किस्से-कहानियाँ पढ़ने का चाव, उतना ही तीखा हो उठा था। रात को उठकर, खिड़की तक बंद करने की हिम्मत नहीं होती थी।

उन्हीं दिनों अनिमेष ने उसका डर मिटा दिया। उसकी ऊँगली पकड़कर, वह उसे ऊपर ले जाता, नीचे ले आता।

बेहद गंभीर-मधुर आवाज़ में वह समझता था, 'अंधेरे में घूमना तुम्हें अच्छा नहीं लगता, एषा? अपने रायपुर वाले घर में, मैं तो कितनी-कितनी रात तक, अंधेरे में ही घूमता-टहलता था। शुरू-शुरू में अंधेरे से शायद डर लगता है। लेकिन, जब आँखों को सहन हो जाता है, तो बेहद अच्छा लगता है।'

बस, उसी दिन से एषा को अंधेरे से कभी डर नहीं लगा।

उसने आगे बढ़कर, अनिमेष के कमरे की बत्ती जलायी। विभा ने अस्फुट आवाज़ में कुछ बुदबुदाकर अपनी आँखें ढँक लीं।

जब तक विभा ने अपने आँसू पोंछ नहीं लिये, एषा ने जानबूझकर उसे थोड़ा वक्त दिया और वह मेज का कवर बराबर करती रही।

'क्या? अचरज हो रहा है?'

'नहीं! तुम तो इधर कुछ दिनों से आयी ही नहीं!'

'क्यों? तुम यह सोच रहीं थी कि मैं आऊँगी?'

'नहीं! ऐसा भी नहीं सोचा था...'

'जानती हूँ, इन दिनों तुम्हें मेरी याद नहीं आती।' विभा की बातों में कोई ताना नहीं था।

'कब आयीं?'

'अभी, कुछ ही देर पहले! मैं यह सोच रही थी कि आजकल तुम्हारा ध्यान कहाँ रहता है। सड़क पर देखकर ही मैं समझ गयी थी।'

'सड़क पर?'

'हाँ! हमारे घर के सामने से ही जा रही थीं तुम!' विभा ने फिर एक संक्षिप्त-सी उसांस भरी!

थोड़ा ठहरकर उसने धीमी आवाज़ में कहा, 'कभी मैं भी तुम्हारी ही तरह छोटी थी। तुम्हारी ही तरह मैं टूकू के साथ रास्तों पर घूमा करती थी। टूकू कौन है, जानती हो?'

'ना—'

'टूकू सोमः मुझे बे-हद प्यार करता था।'

एषा ने गौर किया, विभा की आँखें नम हैं। वह बेहद थकी-थकी लग रही थी।

'अच्छा, बताओ तो, प्यार करने का कौन-सा समय होता है?'

'मुझे नहीं मालूम विभा'दी!'

'मुझे भी नहीं मालूम!' विभा की आवाज़ में दुःख था!

उसने आहिस्ते-आहिस्ते अपनी बात जारी रखी, 'उन दिनों, टूकू की उम्र अठारह थी और मेरी सोलह! उसके भाई, मेरे भाई के दोस्त थे। कोई फ़िल्म देखने के लिए, वह मेरे भाई को अपने भाई की तरफ से संदेश देने आया था। मैंने देखा, उसके हाथ में एक बैंडेज बंधा था। वैसे टूकू शक्ल-सूरत से कितना बदसूरत था, तुम सोच भी

नहीं सकतीं, एषा! लेकिन उसके हाथ में बैंडेज देखकर, मुझे बेहद तकलीफ हुई, मैं उसकी मुहब्बत में पड़ गयी।'

एषा को अचानक हँसी आ गयी।

अच्छा, वे सभी लड़कियाँ, जो हमेशा लिखाई-पढ़ाई, सख़्त रुटीन, खिटखिटिया टीचर, सदा-सतर्क माँ—अगर इन सब निगरानी में बड़ी नहीं होतीं, वे सब क्या इसी क़िस्म के कल्पना-विलास में डूब जाती हैं?

एषा अपने छुटपन में एक दल ममेरी-मौसेरी बहनों के संग रही है। वे लड़कियाँ भी हमेशा प्यार-मुहब्बत की बातें किया करती थीं, जिन सब उपन्यास या फिल्मों के अन्त में हीरो या हीरोइन पर जाती थी, वे लोग वही पढ़ती या देखती थीं। जीवन के हर ओने-कोने में, हर गली-कूचे में वे लोग 'ट्रेजेडी' खोजती फिरती थीं। सड़क-किनारे बिल्ली का बच्चा, दोपहर की धूप में पसीने-पसीने हुआ रिक्शेवाला, ज़्यादा आम खाने की वजह से, मास्टर साहब के माथे पर उभरा हुआ फोड़ा—वे लड़कियाँ जो भी देखती थीं, अपना दुःख जाहिर करती थीं; आँखें नम कर लेती थीं।

वैसे ममेरी-मौसेरी बहनों के बार-बार रोमाँस के अनुभवों के लिए ही, एषा के घर से, वे सब खदेड़ भी दी गयीं।

अब तो अर्सा हुआ, उन सबका विवाह भी हो गया। कभी-कभार किसी रिश्तेदार के यहाँ उन लोगों से भेंट हो जाती थी। उन लोगों का खुश-खुश चेहरा देखकर बिलकुल नहीं लगता कि किन्हीं दिनों वे लोग अपने को ट्रेजेडी की नायिका माना करती थीं। घर के माहौल में रोमाँस की गर्मागर्म भाप उड़ते रहने की वजह से ही, उन दिनों एषा किसी के प्यार-मुहब्बत के चक्कर में नहीं पड़ी। इसके बावजूद, विभा जैसी लड़कियों की बातें समझने में उसे कोई परेशानी नहीं होती थी।

'वैसे यह मेरा पहला प्यार नहीं था।' विभा ने कहा, 'इससे पहले मैं नेस्‌ल्‌स चॉकलेट की तस्वीरें जमा किया करती थीं। उन दिनों मैं हर फिल्म के हीरो के प्रेम में पड़ी थी। उससे भी पहले, मैं स्कूल के सभी दोस्तों को प्यार करती थी। उससे भी पहले, शायद आया, माली और डॉक्टर साहब को भी प्यार करती थी। उस वक्त, मेरी उम्र तीन साल थी। जिन लोगों को कोई प्यार नहीं करता, मैं उन्हीं लोगों को चुपचाप प्यार किये जाऊँगी, यही था मेरा आदर्श! टूकू के बड़े-बड़े, खड़े कान, अद्‌भुत पतला चेहरा, उसका हकलाना और हाथ में बंधी बैंडेज देखकर ही मैं समझ गयी कि टूकू को कोई भी प्यार नहीं कर सकता। यह संभव ही नहीं है।'

'इसीलिए उससे दोस्ती कर ली?'

'हाँ! मुझे खुद आगे बढ़कर दोस्ती करते देखकर, टूकू तो निहाल हो गया। अचानक उसने चेहरे पर स्नो लगाना शुरू कर दिया। सायकिल पर सवार होकर, वह हमारे घर के सामने से घंटी बजाता हुआ गुज़र जाता था। वह कितने ही लंगड़े भिखारियों और अंधे बूढ़ों को रास्ता पार कराता है; लेक में छलांग लगाकर कितने ही बच्चों की जान बचाता है; कुत्तों के कमजोर पिल्लों को गोद में उठाकर ले आता

है—अपने बारे में ऐसी कहानियाँ वह अक्सर सुनाया करता था। मैं भी समझती थी कि वह झूठ बोल रहा है लेकिन टूकू मुझे खुश करने के लिए; झूठी कहानियाँ रच-गढ़कर सुनाता है, यह ख़्याल भी मुझे भला लगता था।'

'उसके बाद?'

'कुल डेढ़ महीने तक हमारी जान-पहचान बनी रही। उसके बाद ही, वह मैट्रिक में फेल हो गया। उसके पिता ने उसे जाने किस बोर्डिंग में भेज दिया। हमने एक-दूसरे को वचन दिया कि हम हमेशा-हमेशा एक-दूसरे को याद रखेंगे।'

'याद रखा?'

'हरगिज नहीं!'

'फिर कभी मुलाकात हुई?'

'अक्सर ही होती रहती है।'

'अरे?'

'टूकू मौसी जी के देवर का बेटा है! एल एम एफ पास किया है या नहीं, पता नहीं, मगर अपनी प्रैक्टिस जमा ली है। माँ को इन्सुलिन देने के लिए रोज़ ही आता है।'

'हैरत है!'

'हैरान होने की क्या बात है? पहला प्यार अक्सर दूर के नाते-रिश्तेदारों में ही होता है। ऐसा प्यार कभी नहीं टिकता। इसलिए सही-गलत का सवाल मत उठाओ, एषा! आज मुझे ये बातें भली नहीं लगेंगी।'

'विभा'दी चाय पीयोगी?'

'ना! आज मैं तय करके आयी हूँ कि सिर्फ बातें करेंगी एषा को आखिरकार जमकर बैठना पड़ा।'

'सच तो यह है कि अनी को प्यार करने से पहले, मैं नहीं जानती थी कि प्यार कहते किसे हैं।'

'मैं ये बातें सुनना नहीं चाहती, विभा'दी!'

'लेकिन मैं तो बताना चाहती हूँ। इसके अलावा, मैंने अनी को प्यार किया, अभी भी करती हूँ। लेकिन उसने मुझसे प्यार नहीं किया, उसने इरा को प्यार किया, इस क़िस्म की घटना तो अक्सर घटती रहती है। सब लोग यह बात क़बूल नहीं करते। मुझमें नैतिक साहस है, इसीलिए मैं क़बूल करती हूँ। इतने दिनों बाद, यह बात सुनकर, तुम किसी बच्ची की तरह लजा मत जाना। झूठमूठ का नाटक मुझे नहीं सुहाता।'

'पहले तुममें इतना साहस नहीं था, विभा' दी।'

'सच है! पहले इतना साहस नहीं था। लेडी निलीना मित्र ने मुझे काफी कुछ सिखा दिया।'

'अनी'दा की माँ क्या लेडी थी?

'अच्छा, लेडी होने को तुम क्या समझती हो? ललमुँहा कोई अंग्रेज साहब, हर मैजेस्टी की सरकार की तरफ से, उन्हें यह ख़िताब नहीं दिया गया। लेकिन, उन जैसी, महिला...अभी भी, ऐसा कोई दिन नहीं जाता, जब मुझे उनकी याद नहीं आती।'

बाद में, काफी बाद में, मौत के भी काफी सालों बाद भी, एषा के जीवन में ऐसी अनगिनत परिस्थितियाँ आयी हैं, जब उसे निलीना मित्र की बार-बार याद न आयी हो। दिवंगत निलीना मित्र देह के बन्धन से मुक्ति पाने के बाद भी, मानो सभी को यह समझा दिया कि उनका व्यक्तित्व कितना प्राणवन्त था, इसीलिए मृत्यु के बाद भी, जाने कितने ही लोग उन्हें याद करते हैं। उन्हें याद करके ही चैन पा लेते हैं।—

विभा कहा करती थी, 'बेहतरीन किस्म के गुलाबों का इत्र, जितना पुराना होता है, उतनी ही खुशबू देता है। हैरत है, एकमात्र अनी ही उन्हें नहीं पहचान पाया।'

यह मंतव्य, विभा काफी वर्षों बाद, मज़ाक-मज़ाक में कहती थी। कई साल पार करने के बाद, काफी सारी राह तय करने के बाद, विभा और अनिमेष, जब थके-हारे दो पंछियों की तरफ, इरा की तस्वीर तले आमने-सामने बैठे रहते थे।

तब तक विभा का प्यार शायद बिलकुल ही चुक गया था, इसीलिए वह अनिमेष पर तरह-तरह से विद्रूप करती थी। उसे ताने-व्यंग्य से छलनी कर देती थी।

वैसे यह काफी बाद के वर्षों की बात है।

अपनी जवानी की उम्र में अगर चंद लोगों ने अगर आपस में एक-दूसरे के प्रति प्यार का प्रबल आकर्षण महसूस किया हो, अगर उन गहरी सर्वग्रासी अनुभूतियों पर भरोसा करके, अपने जीवन के बड़े-बड़े त्याग किये बैठे हों (जैसा विभा ने किया और अपने को सिर्फ वंचित करती रही; जैसा अनिमेष ने किया, जो उसे नहीं मिल सकता था, उसने वही चाहत की और एक असंभव आदर्श को थामें रखने की कोशिश में, अपने को ही क्षय कर डाला था) तब तो उन लोगों को फिर किसी भी दिन आपस में भेंट-मुलाकात नहीं करनी चाहिए, क्योंकि सारा कुछ चुक जाता है, सारा प्यार ख़त्म हो जाता है। इस जीवन में सब कुछ बेहद अस्थायी, नश्वर और चंचल होता है। यहाँ तक कि इस धरती तक का स्वभाव अतिशय चंचल है। हर पल ज़रा-ज़रा आवर्तित होती है, जगह बदलती रहती है।

इसीलिए प्यार भी क़ायम नहीं रहता, बस, उसकी यादें भर रह जाती हैं। बच रहती है शून्यता, खालीपन और ढलती उम्र की उदास-बेजान थकान! जिन्दगी के मंझधार में पहुँचकर कौन भला जवानी के उन बेचैन आवेगों में ऊब-डूब होना चाहता है? कौन सारा कुछ बहाकर, किसी एक के लिए जीना या मरना या कुछ और करना चाहता है?

तरुणाई का प्यार भला होता है, लेकिन अधेड़ उम्र में यादें ही बेहतर होती हैं

या फिर कोई और प्यार, कोई और इन्सान उसके प्यार में शामिल हो जाता है। राह में जिन लोगों से शुरू-शुरू में परिचय हुआ था, वे लोग आज भी बिलकुल पहले की तरह हैं, यह सोचकर, पुराने आवेगों पर भरोसा करके, अगर हम फिर उन सबसे दुबारा अपने को जोड़ते हैं, तो मोहभंग अनिवार्य और निश्चित है, क्योंकि सब कुछ बेहद अस्थायी होता है, बहुत जल्दी बदल जाता है। चूंकि सब कुछ जल्दी-जल्दी बदल जाता है, इसलिए इन्सान दुःखी होता है। चूंकि सारा कुछ बदल जाता है, तभी सब कुछ बच रहता है। क्षण-क्षण, पल-पल, ज़रा-ज़रा करके पुराने को फेंककर, नया भाव, नया जीवन जन्म लेता है।

विभा यह बात नहीं समझ सकी! अनिमेष भी यह समझने में नाकाम रहा। एक इन्सान उस सर्वग्रासी प्यार समेत दौड़कर भाग गया था दूसरा अपराध-बोध के साथ आगे बढ़ आया।

अनिमेष के करीब आकर विभा ने देखा, अब, उसके मन में वह प्यार नहीं रहा। अनिमेष ने देखा, उसके अपने में थकान और सिर्फ थकान भर चुकी है।

इसीलिए, हर वक्त टकराव होता रहता था। जिसके चलने की राह में विभा अपने को बिछा सकती थी; जिसके लिए उसने जीवन के श्रेष्ठ दिन उसी उपेक्षा में तबाह कर दिया, उस जवान अनिमेष को वह उस अधेड़, बेजान, गंभीर इन्सान में कहीं भी नहीं खोज पाती थी।

इसीलिए वह हर वक्त उस पर व्यंग्य बरसाती रहती थी। निष्ठुर, हृदयहीन उपहास! इसीलिए अनिमेष एक दिन एषा के पास दौड़ा आया।

उसने कहा, 'एषा, मुझे इस आखिरी सर्वनाश से बचाओ। विभा को इतनी बड़ी भूल मत करने दो।'

बरसात की एक और बदली भरा दिन! आसमान के कोने-कोने में जब बादल जमे, होते थे। लड़के जब छत पर जाकर 'भो-काट्टा, नाक-कट्टी, भो-काट्टा नील बुमबुम!' कहकर, पतंगों का नाम ले-लेकर चींख रहे होते हैं, और समूचे आसमान पर रंग-बिरंगी पतंगें उड़ती फिरती हैं, वैसी ही बदली भरी एक दोपहरी में अनिमेष, एषा से ये सब बातें कर रहा था।

हैरत है! उस दिन एषा के दिल में मरोड़ उठने के बावजूद, एषा किसी हाल भी यह नहीं कह सकी—'अनी'दा याद है? जिस दिन तुम पहली बार हमारे घर आये थे, उस दिन भी इसी तरह, मेघों से ढंकी-ढंकी, नीली दोपहरी थी, आसमान में पतंगें उड़ रही थीं?' उसका और भी बहुत कुछ कहने का मन हुआ था—'याद है तुमने मुझे एक किताब थमाकर कहा था चलो, इसे रख लो।' मैंने पन्ना पलटकर देखा, तुमने लिखा था—'डू यू रिमेम्बर ऐन इन, मिरांडा, डू यू रिमेम्बन एन इन'। उन दिनों मैं नहीं जानती थी कि तुम्हें जो भी कविता अच्छी लगती थी, उसकी चंद लाइनें, तुम किताब में लिख रखते थे। इसलिए मुझे ग़लतफहमी हो गयी कि ये लाइनें तुमने

मेरे लिए लिखी हैं। इसीलिए मैं वह किताब बक्से में छिपाकर रखती थी। जब मैं काफी सयानी हो गयी, तब जाकर मेरी समझ में आया कि तुमने वह सब, बिना कुछ सोचे, यूँ ही लिख दिया था। मैं किसी...किसी दिन भी तुम्हारी मिरांडा नहीं थी। उन सब नामों से, सभी लोग, सभी को नहीं पुकारते।

लेकिन यह सब भी काफी...का-फी बाद की बात है।

सरस्वती पूजा की साँझ के समय, अनिमेष के कमरे में बैठे-बैठे, विभा ने एषा से कहा, 'एषा, निलीना मित्र ने मुझसे पूछा था—विभा, तुम अनी को प्यार करती हो है न?'—उनकी आँखों में देखते हुए, मुझे अहसास हुआ कि प्यार के बारे में लजाने जैसी कोई बात नहीं।

'इसीलिए तो आज तुम्हें, सारी बातें इतने सहज भाव से बता रही हूँ, एषा'

—शरमाने जैसी कोई बात नहीं!

उसी पल एषा को और एक चेहरा याद आने लगा! इरा का चेहरा!

'किसी-किसी प्यार में, शरम भी जुड़ी होती है—' विभा ने जम्हाई ली, 'मसलन, भाई की ही बात लो। इरा के साथ हमारा रिश्ता इतनी दूर का था कि उस वजह से ब्याह नहीं रुकता। लेकिन, चाहे जितना भी दूर का रिश्ता हो, या चाहे जितना भी रिश्तेदारी में शामिल न हो, फिर भी उसे बहन के रूप में जाना था, इसीलिए भाई को शर्म आ गयी। वैसे, इसके लिए मैं इरा को ही दोष देती हूँ।'

'इरा'दी पर तुम्हारा गुस्सा ख़त्म क्यों नहीं होता, विभा दी?

'गुस्सा क्यों नहीं जाता?—' विभा ने सायास ही आँखें फैलाकर एषा की तरफ देखा, 'मुझे सिर्फ नींद आये जा रही है, एषा! लीला के घर, दो-दो रात से ब्रिज खेलती रही हूँ। उसके बाद, मिशन के काम से मुझे छाया के मैदान के कुष्ठ-रोगियों के यहाँ जाना पड़ा। अस्पताल में भी विजिट करना था। काम करते-करते, शायद बेहद थक गयी हूँ मैं।'

'थोड़ी देर सो रहो न!'

'सो जाऊँ?' विभा दुबारा हँस पड़ी। हथेली उलटकर उसने अपनी आंखें रगड़ी।

उसने दुबारा बातों की कड़ी जोड़ी, 'मुझे आराम दे सके, ऐसा बिस्तर कहीं नहीं है। पता है, मेरे साथ एक लड़की रहती थी! बेहद ख़ामख़्याली! इसी लीला की दीदी—एन्द्रिला! शक्ल-सूरत से अद्‌भुत रूपसी! उस ज़माने में प्रेसिडेंसी, यूनिवर्सिटी और सेंट जेवियर्ज के धाकड़-धाकड़ लड़कों का दिमाग़ ख़राब कर रखा था उसने।'

एषा समझ गयी, विभा यह सब पागलपन करने के इरादे से ही आयी है। इधर, एक बार वह ऊपर नहीं गयी, तो माँ समझेंगी कि तभी की गयी-गयी, वह अभी तक घर वापस नहीं लौटी। लेकिन...वह ऊपर जाये कैसे?

'सुन, हम लोग इन्दी से पूछते थे कि तुम क्या चाहती हो, बोलो तो?' वह धाराप्रवाह कहती रही, 'वह क्या कहती थी, पता है? कहती थी, सोना चाहती

हूँ...' विभा ने फिर एक बार आँखें पोंछकर, अपनी नींद भगायी।

'हम पूछती थीं—'सोना चाहती हूँ' का क्या मतलब? उन दिनों हम कहाँ जानती थीं कि उसका सारा परिवार ही अस्वाभाविक है। एन्द्रिला दिन भर हो-हुल्लड़ मचाये रहती और रात-रात भर सो नहीं पाती थी। चूंकि नींद नहीं आती थी, इसलिए सुबक-सुबककर रोती थी। हम कहती रहीं—'यह सब बकवास है।' वह जवाब देती थी—जाने कहाँ तो मुझे नींद आयेगी, मुझे आराम मिलेगा।'

विभा ने भौंहें सिकोड़कर, उन दिनों के कलकत्ता का दिल जीत लेनेवाली लड़की, एन्द्रिला का लगभग भूला हुआ चेहरा, याद करने की कोशिश की।

'हुआ यह कि एक दिन अचानक उसने कहा—'मेडिकल कॉलेज का सुहृद, मुझे प्यार करता है। मैंने उससे कहा कि सुना है कि अस्पताल का मुर्दाखाना काफी ठंडा रहता है। वह अगर मुझे वहाँ सोने दे, तो मुझे शायद नींद आ जाये।'—मेरी यह बात, उस दिन, उसे पसंद नहीं आयी। मैंने नाराज़ होकर कहा—'इस तरह हिस्टीरिया मत दिखाओ।' उसने कहा—'ओ, वाह, खूब ठंडी जगह न हो, तो मेरा सोने का मन ही नहीं करता।' उसके बाद, उसने क्या हरक़त की, पता है?

'क्या?'

'उसने अपने जान-पहचान के सभी बन्धु-बान्धवों को पत्र लिखा कि उसके पिता ने उसकी माँ को मार डाला, इसलिए वह मन ही मन बेहद दुःखी है। इसी वजह से उसे नींद नहीं आती। इसके अलावा, ऊपरवाला सूरज भी, धरती के करीब आता जा रहा है। धरती तपने लगी है। इसलिए, ऐसी गर्मी में उसे नींद नहीं आती। प्रेसिडेंसी कॉलेज की छत में स्थित टेलिस्कोप उसमें आसमान को देखा है और वह साफ़-साफ़ समझ गयी है कि धरती और आसमान की दूरी खत्म होती जा रही है। इसीलिए तारों के आकार इतने बड़े-बड़े नज़र आते हैं। यही सब सोच-सोचकर उसे नींद नहीं आती। इसीलिए उसने ठंडी जगह चुनकर, सोने चली। कोई उसे तलाश न करे। वक्त से वह लौट आयेगी। एषा, वह कहाँ सोने गयी थी, जानती हो?'

'कहाँ?'

'लेक के पानी के नीचे! शाम के वक्त! बोइंग क्लब की नाव में और भी जाने कौन-कौन सवार था। जाने किसने तो कहा—'सूरज डूब गया'। वह बुदबुदायी—'सूरज डूब गया? देन दिस इज़ द टाइम! यही सही वक्त है।' यह कहकर, उसने पानी में छलांग लगा दी। अगले दिन से पहले, उसे पानी से निकाला नहीं जा सका। उस ज़माने में इस बात को लेकर बहुत बड़ा स्कैंडल हुआ था। जिन लोगों ने उसके बारे में कभी नहीं सोचा, उसे कभी देखा तक नहीं, उन लोगों ने शुरू-शुरू में सोचा कि शायद कभी अमीर आदमी की बिगड़ैल बेटी की ख़ामख़्याली होगी। लेकिन, सुबह जब अखबारों में उसकी तस्वीर छपी, तो उसका चेहरा, चेहरे पर लौटते हुए बाल

देखकर, कलकत्ता के नौजवान गुस्से से पागल हो उठे। पैदल-पैदल चलते हुए, लेक-किनारे, मानो तीर्थ बन गया। लोगों ने उस जगह को तीर्थस्थल बना डाला। मशहूर आधुनिक कवियों में से कितने ही कवियों ने उस पर पहली कविता लिखी। मैं उन लोगों की संख्या, उंगलियों पर गिनकर बता सकती हूँ।' विभा थम गयी।

'रात हो रही है न?' उसने धीरे से पूछा।

'हाँ—'

'घर में आज मैं दवा लेकर सोयी थी। नींद जो नहीं आ रही थी। इसलिए तुम्हारे पास चली आयी, एषा! लेकिन, अब मुझे नींद आ रही है। मैं घर चली।'

'टैक्सी बुलवा दूँ?'

'नहीं, नहीं। इतना सुन्दर रिक्शा है। उसी पर सवार होकर चली जाऊँगी, वर्ना पैदल ही चली जाऊँगी।'

'घर ही जाओगी न?'

'घर? पागल हो?'

'फिर कहाँ?'

'क्यों? चौरंगी...'

'चौरंगी?'

'तुम्हें ख़बर नहीं, मैं कुत्तों को रोटियाँ खिलाती हूँ। वे सब मेरे लिए बैठे रहते हैं। लिंड्से स्ट्रीट की परली तरफ 'गड़ेर भाठ' है! खुला मैदान! मनोहर दास तड़ाग के पीछे, वे कुत्ते मेरी राह देखते हैं। रोटियाँ मैंने ख़रीद ली हैं।' विभा ने अपना बैग थपथपाकर, आवाज़ सुनायी।

'लेकिन, विभा'दी...अभी? इतनी देर से?...आज अगर न जाओ, तो क्या हो जायेगा? सीधे घर जाकर, सो जाना बेहतर नहीं होगा?'

अचानक विभा बेतरह भड़क गयी।

उसने बैग से कंघी निकालकर, बालों में कंघी फेरी।

उसके बाद, उठकर खड़े होते हुए, उसने दुबारा अपनी आँखें रगड़कर कहा, 'कोई इन्सान-विन्सान नहीं, बल्कि चंद कुत्ते...! हाँ, चंद कुत्ते मेरे इन्तज़ार में बैठे रहते हैं। और कोई तो, मेरी राह देख नहीं रहा है। ज़िन्दगी में किसी ने भी मेरा इन्तज़ार नहीं किया। फिर मैं उन कुत्तों को क्या चकमा दूँ?'

दरवाज़े तक पहुँचकर, उसने जोर सो चींखकर कहा, 'व्हाइ?' इन्सानों के मुकाबले क्या वे कुत्ते बुरे हैं? बिलकुल भी नहीं।'

विभा बाहर निकल गयी।

एषा ने उसांस भरकर, हौले-हौले बिस्तर की चादर ठीक की। कमरे की बत्ती बुझाकर, वह बाहर निकल आयी।

विभा के बारे में सोचते-सोचते वह ऊपर चली आयी।

'कौन आया था?' छवि की आवाज में थकान थी।

इतनी देर तक वह खिड़की के सामने बैठी-बैठी पूजा मंडप में गूँजते हुए गीत सुन रही थीं।

'विभा'दी!' एषा ने जवाब दिया।

'तू कब लौटी?'

'काफी देर हुई!'

'विभा चली गयी?'

'अभी-अभी गयी है! तुम क्या कर रही थी?'

'तपन की माँ आयी थीं। उनके जाने के बाद से बुला लेना चाहिये।'

'रात हो गयी, माँ, अब उन लोगों को बुला लेना चाहिये।'

'महाराज से कहो—'

'पापा के लिए रोटी बनाने को कह दिया था?'

'यह सब तो, अब तुम ही कहती हो, भई! तुम आटा निकालकर नहीं गयी, यह मुझे कैसे पता होता? महाराज ने जब आकर कहा, तो मुझे दुबारा नीचे उतरना पड़ा। पता नहीं, आजकल तुम्हारा ध्यान कहाँ रहता है?'

ध्यान कहाँ रहता है?

एषा ने हड़बड़ाकर कहा, 'देखूँ, वे लोग दिखायी देते हैं या नहीं।'

इतना कहकर, वह कमरे से बाहर निकल गयी।

मंडप की ओर नज़रें दौड़ाकर उसने भाई-बहनों को नहीं खोजा। उस तरफ जाकर, रेलिंग से टिककर, उसने बाहर की तरफ नज़र डाली। उसका मन आजकल कहाँ रहता है?

तपन के कमरे में बती जल रही थी। यानी तपन घर आ चुका है।

काफी देर तक, एषा की निगाहें उस कमरे पर टिकी रहीं।

14

तपन और एषा का मेलजोल, कोई बड़े ध्यान से गौर कर रही थी और मन ही मन जल-भुनकर कबाब हुई जा रही थी। वह थी तपन की बहन-माला। अर्से से वह अपने भाई के हर गौरव, हर सफलता में हिस्सा लेती आ रही थी परीक्षा पास करने की सफलता, नौकरी पाने की खुशी—सब कुछ पर उसका दावा अधिक होता था।

भाई के कपड़े-लत्ते वह व्यवस्थित करती थी, भाई के यार-दोस्तों के यहाँ, वह साथ जाती थीं; फिल्म थियेटर देखने भी वह भाई के साथ ही जाती थी। भाई के सिर में दर्द है, इतनी-सी ख़बर भी, उससे पहले, अगर किसी और को पता चल जाती,

तो वह अभिमान से भर उठती थी।

इसीलिए, उसकी माँ ने जब कहा, 'जब तपन की बीवी आ जायेगी, तो तेरी यह ज़ोर-ज़बर्दस्ती फुर्र हो जायेगी।'

उसकी काकी ने हँसकर जवाब दिया, 'तब नन्दरानी, बाघिन बन जायेगी, देख लेना।'

माला ने कहा, 'मुझे बताये बिना, मेरी राय लिये बिना, तुम लोग भाई की शादी करो न, मैं देख लूँगी।'

माला को ही, तपन में परिवर्तन का अहसास सबसे पहले हुआ, क्योंकि तपन ने कुछ भी छिपाने की, कोशिश ही नहीं की। वह बेहद सीधे-सादे क़िस्म का लड़का था। अपनी कहने को, सिर्फ उसकी बहन और माँ थी। लेकिन काका ने उसे कभी पराया नहीं माना। उसे कभी यह अहसास नहीं होने दिया कि वह पितृहीन है।

वह और पाँच लोगों के साथ ही बड़ा हुआ था। उसने अपने सुख-दुःख को कभी बड़ा करके नहीं देखा। उसके घरवालों ने उसे यह शिक्षा कभी दी भी नहीं थी। वह परीक्षा में भी अच्छा ही करता था। उसके यार-दोस्तों की संख्या भी कम नहीं थी। लेकिन, घर-बारी लड़का था। किसी दिन उसे सारी जिम्मेदारी सम्हालना होगी, यह सोचकर, इसी लक्ष्य के साथ वह बड़ा हुआ था। इसलिए उसे यार-दोस्तों के साथ, अपने को मौज-मज़े के हवाले करते हुए, किसी ने नहीं देखा।

इसके लिए तपन को ख़ास अफसोस भी नहीं था। अपने घर में वे लोग आम सुख-दुःख में एक-दूसरे के करीब रहा करते थे। काफी सुखी थे। उन लोगों में से किसी के भी मन में ऐसा कोई अभाव-बोध नहीं था, जिस वजह से, उसे घर के मुकाबले बाहर अच्छा लगे।

वे लोग जब इस मुहल्ले के मकान में आये, उससे पहले ही तपन अपने बापी के दफ़्तर, मैकलाउड ऐंड मैकलाउड में नौकरी ज्वायन कर चुका था। उसे नौकरी मिलते ही, काका पेंशन लेकर रिटायर कर जायेंगे और माला का विवाह करना है। यह बात वह बखूबी जानता था। उसे यह भी मालूम था कि उन लोगों की माली हालत काफी अच्छी है। अगर वह ज़्यादा बेहिसाबी नहीं हुई, तो कोई भी तकलीफ में नहीं रहेगा और बेहिसाबी होना उसके खून में ही नहीं था। फैशन की हवा बदल चुकी है, इस वजह से अपने बापी की गर्म कोट पहनकर बाहर निकलने में, उसने कभी शर्म महसूस नहीं की। सब कुछ जैसे नियम मुताबिक होता गया, किसी दिन ब्याह भी उसी मुताबिक हो जायेगा, इसमें तपन को कोई शक-शुब्हा नहीं था। यहाँ आने से पहले, वे लोग श्याम बाज़ार में रहते थे। जेठू की बेटियों की शादी, उसके बापी और काका ने ही करायी थी। उसके ममेरे-फुफुरे भाइयों की भी ठीक वक्त पर शादी हो गयी थी। जब समय होता है, तो विवाह हो ही जाता है, उसका भी हो जायेगा। उसके काका हैं, माँ हैं, इसलिए उसने इस बारे में कभी माथापच्ची नहीं की।

हाँ, यार-दोस्त ज़रूर उसे खोंचा मारते रहे। तपन ने ईषत् हँसकर, उन्हें शांत कर दिया। आज वह उनलोगों के ब्याह का भोज-भात खा रहा है, किसी दिन उसके विवाह में वे लोग भी दावत उड़ायेंगे, अस्तु, इस बारे में फिक्र करने से भला क्या फायदा?

बेहद साधारण, फिर भी शरीफ, मध्यवित्त लड़का था—तपन! बर्ताव में विनयी, स्वभाव से शांतिप्रिय। हर तरह की अतिशयता पर उसे घोर अविश्वास था। महीने में दो बार यह बाल कटवाता था; महीने के पहले इतवार को फिल्म देखता था; छुट्टियों के दिन, वह दोपहर को सोता था और शाम को अपने यार-दोस्तों के घर चला जाता था।

एषा को प्यार करते हुए भी उसे किसी तरह की, ज़रा सी बेचैनी या घबराहट नहीं हुई! उसने उसी वक्त यह मान लिया था कि एषा जैसे ही राजी हो जायेगी, वह उससे ब्याह कर लेगा। वे लोग उसकी ही बिरादरी के हैं। कहीं, कोई बाधा नहीं है। इसके अलावा, प्यार की स्वाभाविक परिणति विवाह, तपन तो यही जानता था।

काका ने ही एक दिन उससे कहा, 'अब, तेरे विवाह की कोई तोड़-जोड़ करनी होगी। भाभी जी ने कहा है।'

'तेरी काकी कह रही थी, जाने किसके तो एक बेटा और एक बेटी है। वे लोग हर तरह से भले हैं। तेरा और माला, दोनों का ही वहाँ काम बन सकता है, पहले के ज़माने में जिसे कहते थे—अदले-बदली की शादी।'

तपन ने काका के बजाय काकी से बात करना बेहतर समझा! काकी उस वक्त अपने बच्चों को पढ़ाने की कोशिश कर रही थीं। तपन को देखकर उन्होंने मुक्ति की सांस ली!

'क्या बात है, रे? ऐसे असमय?'

'जरूरी बात करनी थी!'

'रुक जा, पहले ज़रा नाप ले लूँ!'

काकी माँ का एकमात्र नशा था—बुनाई करना! पूरे साल उनके हाथों में ऊन-सिलाई होती थी। घर के सभी लोगों के अलावा नौकर-नौकरानी, अड़ोसी-पड़ोसी सभी के लिए, वह स्वेटर बुनती रहती थीं। उन्होंने तपन का नाप ले लिया।

'यह क्या मेरे लिए है?' तपन ने पूछा।

'हाँ—'

तपन कुछ देर काकी को बुनते हुए देखता रहा। शौकिया कामकाज के अलावा, अन्यान्य कामों में वह ख़ास कुशल नहीं थीं। उसकी माँ कहती थी कि इस घराने में आयी, इसीलिए काकी पार लग गयीं, कोई और घर होता, तो भयंकर तकलीफ पातीं। वैसे कामकाज में कुशलता ही सबकुछ नहीं होती, काकी का स्वभाव बेहद प्यारा था। गृहस्थी में सुख-शांति बनाये रखने के लिए, उसका बहुत मोल होता है।

'एक बात कहनी थी, काकी।'

'हाँ, बोल न!'

'एक ही घर में दो-दो विवाह हो, ऐसा रिश्ता न देखना ही बेहतर है। इसके अलावा, पहले माला का विवाह हो जाने दें।'

माला का विवाह! वह तो अभी कुल सतरह वर्ष की है, तपन!'

'हर साल वह फेल होती है, उसे पढ़ाकर भी क्या होगा?'

'हाँ, बेशक! बेशक! इसके अलावा, माला जैसी गृहस्थिन है, उसका विवाह हो जाना चाहिये।'

'हाँ, तो उसी के लिए रिश्ता देखो न!'

माला सारा मामला समझ रही थी। वह जल-भुनकर खाक हुई जा रही थी, मारे अभिमान के वह मरी जा रही थी।

उस दिन भाई के कमरे में बैठी-बैठी, भाई की शर्ट में बटन टांकते-टांकते उसने कहा, 'तू जो सोच रहा है, वह नहीं होने का, भाई।'

'मैं क्या सोच रहा हूँ?'

'एषा'दी हमारे घर आयी, तो वह घूँघट काढ़कर नहीं बैठेगी'।

'अचानक यह चर्चा क्यों?' तपन ने दफ्तर के कागज-पत्तर पर नज़रें गड़ाये-गड़ाये ही सवाल किया।

'अचानक नहीं, भाई, तू उसे जानता है।'

'मतलब?'

'इसका मतलब तू भी समझता है और मैं भी! एषा'दी उस क़िस्म की लड़की ही नहीं है।'

'किसने कहा? तू क्या उसे जानती है?'

'ज़्यादा जानने की ज़रूरत क्या है? वे लोग और ही क़िस्म के इन्सान हैं। हमारे संग उसका मैच नहीं होगा।'

'क्यों? मैं क्या कोई बाघ-भालू हूँ? या तू बाघ की बहन, कोई बाघिन है, जो मैच नहीं होगा?'

'भाई, एषा'दी बिलकुल ही अलग क़िस्म की लड़की है।' माला की आवाज़ और तीखी हो आयी।

'मामला क्या है? सुबह-सवेरे यूँ पगला क्यों गयी है?'

'जानती हूँ, मैं स-ब जानती हूँ। तुम क्या सोचते हो, मुझे कुछ ख़बर नहीं है?'

'ख़बर क्यों नहीं होगी? मैं क्या तुम लोगों से चोरी-चोरी कुछ कर रहा हूँ?'

'तू जो सोच रहा है, वह होनेवाला नहीं है, वह लड़की जितनी दम्भी है उतनी ही नक्कू भी है। इसके अलावा, जाने कैसी तो अजीब है, भई! मुझे पक्का विश्वास है, उससे हमारा बिलकुल मेल नहीं खायेगा।'

'सुन, तुझसे मेल खायेगा या नहीं, यह फिक्र करने की ज़रूरत नहीं है, क्योंकि तू बहुत जल्दी ही यहाँ से विदा हो रही है।'

'किसने कहा?'

'मैं कह रहा हूँ! मैं और काका ही तो तेरे गार्जियन हैं। है कि नहीं?'

'मैं अभी शादी-वादी नहीं करूँगी।'

'दो वर्ष तो गुज़र गये। अब क्या और एक वर्ष स्कूल जाने-आने का शौक चर्राया है?'

दो वर्ष लगातार फेल होने पर, बहुत जल्दी ही उसे ब्याह के पाटे पर बैठना होगा, माला बखूबी जानती थी। इसके अलावा और कोई गति नहीं थी। लेकिन तपन की जुबान से फेल होने का खोंचा खाकर, वह रोते-रोते कमरे से बाहर निकल गयी!

तपन को वह गहरी सोच में डाल गयी। एषा बिलकुल और तरह की लड़की है। उसकी देखी-सुनी लड़कियों के मुक़ाबले बिलकुल अलग-थलग! वही तो एषा के प्रति ख़ास आकर्षण की वजह है। एषा जिन लोगों से मिलती-जुलती है, तपन उनलोगों को नहीं पहचानता। एषा को जिन्दगी में अब तक जो सब अनुभव हुए हैं, तपन उन सबसे अनजान था। इसके बावजूद एषा ने उसे प्यार किया था।

अपनी निजी जिन्दगी के बारे में एषा का कोई और योजना है या नहीं; उसकी अपनी कोई महत्वाकांक्षा, कैरियर गढ़ने की तमन्ना है या नहीं, तपन नहीं जानता। उसका ख़्याल था कि एषा भी ब्याह के बाद, सब मान लेगी। विवाहित जीवन के बारे में, सुख-शांति के जितने जाने-पहचाने चेहरे मन में बस चुके हैं, एषा अकेली ही बहुरूपा होगी; अकेले ही अजीबोग़रीब होगी।

तपन की दुनिया में जो लोग शामिल हैं, उन लोगों को तो किसी भी समय एषा पहचान सकती है। उनलोगों जैसे इन्सान एषा के आस-पास बिखरे पड़े हैं। समाज में ऐसे लोग हर ओर नज़र आते हैं।

लेकिन एषा की दुनिया में कैसे लोग हैं? एषा पर किन लोगों का प्रभाव पड़ा है? जैसे ग्रह, रत्न, जल-वाताश इन्सान पर तरह-तरह से प्रभाव डालते हैं। उसी तरह इन्सान भी इन्सान के जीवन में प्रभाव विस्तार करते हैं। हर परिपक्व इन्सान की परिणति की मूल में यही बात होती है कि वह किस क़िस्म के इन्सानों से मिलता-जुलता है, कौन-कौन-सी घटनाएँ उसके दिल में हलचल मचाती हैं। एषा की दुनिया में भी कौन लोग हैं? कौन-कौन-सी घटनाओं ने उसके मन में हलचल मचायी है? तपन को इन सबकी कब जानकारी होगी? नहीं, सब कुछ जानने की ज़रूरत नहीं पड़ती। प्यार में इन्सान का नया जन्म होता है। उसके बाद, उसका अतीत, उसकी पुरानी बातें जानने की ज़रूरत नहीं पड़ती। उस नये इन्सान को जानना ही काफी होता है।

हाँ, एक बात तपन सरसरी तौर पर समझता था। एषा की एक निजी काल्पनिक दुनिया है और उसे डर है कि एषा की नज़र में, वह काल्पनिक दुनिया ही ज़्यादा सच है!

तपन का ख्याल था कि ऐसी कल्पनाओं का सहारा लोग तब लेते हैं, जब उनके परवरिश के तरीके में कहीं भूल होती है। बचपन से ही बच्चे को यूँ बेलगाम नहीं छोड़ना चाहिये; इतना ख़ामखाली नहीं होने देना चाहिये। इसके लिए तपन, एषा के पिता को ही दोषी मानता आया था। इन्सान के तौर पर वह निहायत भलेमानस हैं, लेकिन इस बारे में वह बिलकुल बेलगाम रहे। गृहस्थी की बागडोर औरतों के हाथों में नहीं, मर्दों के हाथों में होनी चाहिये। कविताई के तौर पर, लगाम सुभद्रा के हाथों में थमा देना चलता है, मगर गृहस्थी का सारथी कृष्ण को ही होना चाहिये।

एषा की दुनिया की बागडोर, इन दिनों किसी के भी हाथ में नहीं है। एषा और उसके भाई-बहन पढ़ाई-लिखाई ज़रूर कर रहे हैं, लेकिन इसके पीछे कोई सुनिर्दिष्ट सोच-फ़िक्र नहीं है। उस दुनिया में एकमात्र एषा ही उसे सोचने-समझने वाली प्राणी नज़र आयी है। एषा पर ही समूची गृहस्थी टिकी हुई है।

तपन को यह सब भला नहीं लगता। वह जो जानता-पहचानता है, दुनिया और गृहस्थी को उसी रूप में देखना चाहता है। एषा वैसी नहीं थी, इसीलिए वह उसे अच्छी लगती थी। उसे बार-बार लगता था कि एषा को अपने लोगों की तरह ही रच-गढ़ लेना होगा। तपन जानता था कि उसकी फुफेरी-चचेरी बहनें, जिन-जिन घरों में गयी थीं, वे सब उन्हीं घरों के ढाँचे में ढल गयीं और पति-गृह की शक्ति-वृद्धि में सहायक बन गयीं।

औरतें अपने को पूरी तरह बदलकर, नय सिरे से सजा सकती हैं। इसमें उन्हें भी शांति मिलती है और घर-गृहस्थी में भी शांति बनी रहती है। तपन को विश्वास था कि एषा भी अपने को बदलकर, नये सिरे से गढ़ लेगी। ऐषा को इसमें कोई एतराज होगा, तपन इस बात पर विश्वास नहीं करता था। मर्द के तौर पर वह कहीं से भी अयोग्य नहीं है। इसलिए क्या वह इतना-सा भी दावा नहीं कर सकता?

एषा को भी पहली बार, किसी बाहरी आदमी से अपनी बात कहना-सुनना भला लगने लगा था।

'विभा'दी ने हमें खाने पर बुलाया है।'

'कौन विभा'दी?

'जाओगे, तो खुद ही देख लेना! हमसे जान-पहचान है। हमें प्यार करती हैं।'

'वह बुरा तो नहीं मानेंगी?'

'क्या बुरा मानेंगी?'

'यही, हमारा मिलना-जुलना?'

'हमारा मेल-जोल देखकर, वह क्यों बुरा मानने लगीं?'

'अरे, भई, लोग तरह-तरह की बात सोचने लगते हैं।'

'नहीं, नहीं, विभा' दी वैसी नहीं हैं।'

विभा को देखते ही, तपन का मन-मिजाज़ बिगड़ गया। विभा बाहर जानेवाली थी, इसलिए उसने कटकी की सुर्ख लाल-हरी साड़ी पहनी थी और होठों पर शोख रंग की लिपस्टिक लगाये, बराम्दे में बैठी हुई थी। उसका मकान, बागान, बागान का माली और बेंत की कुर्सियाँ देखकर ही सकुचा गया। उसे लगा कि ये लोग भयंकर साहब क़िस्म के लोग हैं।

विभा को देखते ही उसने, उसे बाकायदा नापसंद कर दिया। जो औरतें मेकअप करती हैं, वह सब बुरी होती हैं, तपन इसी धारणा का अभ्यस्त था।

सबसे ज़्यादा बुरा, उसे तब लगा, जब विभा उन्हें देखकर उछल पड़ी और उसने उमगकर कहा, 'अरे, वाह एषा, तुम अपने स्वीट हार्ट को ले आयीं? तुम न, मेरी डार्लिंग हो—' इतना कहकर, उसने एषा के गाल चूम लिये।

एषा खुश हो गयी और उसने उल्टी हथेली से अपना गाल पोंछ लिया।

उसने अभी तक, एषा का हाथ तक नहीं पकड़ा और एषा ने उसके सामने ही उसका गाल चूम लिया। तपन को यही पता था कि मेमसाहब औरतें ही ऐसा करती हैं। विभा मेमसाहब हो सकती है, एषा तो नहीं है। कई-कई कारणों से उसका मूड ख़राब हो गया। उसने मन ही मन तय कर लिया कि एषा को मना कर देना होगा।

'क्या खायेगी, बता? पता है।'

एषा, हम सब पिकनिक मनाने जा रहे हैं।'

एषा की नज़रें उसके चेहरे पर गड़ गयीं।

'सब अपना-अपना खाना लेकर जायेंगे। ज़रा देर में वे लोग आते ही होंगे। लीला और बाकी लोग! उन लोगों ने कहा है—'विभा तुम सिर्फ कबाब ले आना।' लेकिन वे लोग नहीं जानते कि सिर्फ कबाब ही नहीं, कबाब के साथ परांठा भी जरूरी है। इसके अलावा, मिर्च का आचार भी!'

'सारा कुछ तुमने बनाया है?'

'बे-शक!'

'विभा'दी बहुत अच्छा खाना पकाती हैं, पता है? एषा ने तपन से कहा।

'अरे, वाह! जब तक उसे खिलायेगी नहीं, उसे कैसे विश्वास होगा?' विभा ने प्लेट में कबाब और परांठा डालकर तपन और एषा के सामने रख दिया।

'अरे, हमें क्यों दे रही हो? तुम्हारी पिकनिक में कम नहीं पड़ जायेगा?'

'अरे नहीं! मैं हमेशा ज़्यादा-ज़्यादा लेकर जाती हूँ। लीला जैसी कंजूस-मक्खीचूस है, वह हर चीज़ कम-कम ही ले जायेगी, जानी हुई बात है।' विभा झुंझलायी मुद्रा

में अपने नाखून चबाने लगी।

'पिकनिक पर कहाँ जा रही हैं?' तपन को यह संक्षिप्त-सा सवाल करना, शराफत का तकाजा लगा। कुछ भी हो, भद्रमहिला ने उसे लज़ीज कबाब खिलाया है।

'क्यों? बैंडेल चर्च! पिकनिक के लिए और कोई जगह है क्या?' विभा ने ज़ोर का ठहाका लगाया!

उसकी बेलौस, दिलखोल हँसी में, गले में पड़ी सोने की चेन झिममिला उठी।

'नहीं, कलकत्ते के आस-पास पिकनिक के लिए, सचमुच कोई जगह नहीं है। वैसे बम्बई में ऐसी ढेरों जगहें हैं।'

'तुम कभी बम्बई में थे?'

एषा ने भी तपन की ओर सवालिया निगाहों से देखा। वह भी नहीं जानती थी कि तपन कभी बम्बई में भी था या नहीं।'

'गया हूँ। कुछ महीने वहाँ खूब सैर की।'

एषा को लगा, विभा अभी ही कोई झगड़ा छेड़ देगी। आजकल वह भयंकर बहस करने लगी है। ख़ासकर उन लोगों से, जो सीधे-सरल, शर्मीले और मितभाषी होते हैं! इन्सान को बेवजह आहत करके, उसे मज़ा आता है!

लेकिन विभा ने उसे अचरज में डालते हुए, बेहद मीठी-नरम आवाज़ में कहा, 'सच्ची, यह कलकत्ता शहर दिनोंदिन कैसा तो होता जा रहा है! कोई ठीक-ठिकाना नहीं है। कभी यही कलकत्ता अद्‌भुत खूबसूरत हुआ करता था। अब तो किसी पर भरोसा तक नहीं होता।'

एषा की तरफ देखकर, विभा ईषत हँसी, 'क्या सचमुच खूबसूरत था? या हमारी उम्र कम थी, इसलिए यह शहर खूबसूरत लगता था? नहीं, दिस सिटी टू हैड चार्मस्—यह बहस का मुद्‌दा है। तपन, तुम क्या बहस कर सकते हो?'

'आप जैसी प्रतिद्वन्दी के साथ तो हरगिज नहीं।'

'देखा, एषा, तपन मुझे कम्पलिमेंट दे रहा है। मुझे कम्पलिमेंट मत दो, भइये, एषा को जलन होने लगेगी।'

'तुम भी...क्या बात करती हो, विभा'दी?'

'मेरे कई बंगाली-गैर बंगाली दोस्त हैं। वे लोग कलकत्ते की निन्दा में हमेशा पंचमुख रहते हैं।'

'अच्छा? लेकिन कलकत्ता की असली खूबसूरती देखनी है, तो यू मस्ट सी द सिटी, ऑफ हर गार्ड्स!'

'मसलन?'

'जैसे मैं देखती हूँ, कलकत्ता आधी रात की बाँहों में...' यह कहते-कहते विभा

अपने में सिमट आयी! डूब गयी! उसकी आँखों की तरफ देखते हुए, तपन को अब वह उतनी बुरी नहीं लगी।

लेकिन, 'आधी रात' से इनका आशय है? ये क्या कैबरे, बार, हो-हल्ला मानती हैं? निषिद्ध नाम, निषिद्ध आनन्द! तपन कभी-कभी, सिर्फ उजली-धुली रोशनी में उस मौज-मज़ा को बांहें बढ़ाये हुए देखा है। अपने दोस्त, मलय और सोन्धी की जुबानी, उसने आधा-अधूरा विवरण भर सुना है।

'एषा जानती है, आधी रात को मनोहर दास तड़ाग् के करीब झुंड भर कुत्ते बैठे रहते हैं। मैं उनमें रोटी बाँटते-बाँटते मैदान की तरफ निकल जाती हूँ। कभी-कभी लिंड्से स्ट्रीट के किनारे। उस वक्त पूरा रास्ता मुझे निर्जन आता है। कुछ-कुछ लोगों के लिए, उस वक्त शाम होती है। लेकिन मैं उन लोगों से बात नहीं करती।'

विभा को जाने क्या याद आ गया। वह मुस्करा उठी।

'मैं तो सिर्फ़ चंद लोगों से बातें करती हूँ। पता है, तपन एक ख़ास लैम्पपोस्ट से टिककर, खड़ा रहता है—टोनी! वह किसी शर्त पर भी अपना नाम नहीं बताता। पता है, किन्हीं दिनों उसके पास रेस का घोड़ा हुआ करता था और वह उसका ट्रेनर था। उसने मुझे बताया कि दुनिया के बड़े-बड़े अमीर-उमरा जैसे शांति के कबूतर उड़ाते हैं, वैसे ही, मैंने किसी ज़माने में नोट उड़ाये हैं। कबूतरों की तरह नोट भी उड़ गये, दुबारा वापस नहीं लौटे। सच्ची, वह भी एक ख़ासा चरित्र है।'

'आप अकेली ही जाती हैं?'

'ओह, श्योर! मेरे साथ और कौन जायेगा, बताओ? मेरे साथ वे लोग पिकनिक जाते हैं, ताश-पत्ती खेलते हैं, सब करते हैं, लेकिन वे लोग सैर के लिए नहीं जा सकते।' विभा की आँखों में दुःख उतर आया।

उसने धीमी आवाज़ में फिर कहा, 'एबाउंड विथ मी, फास्ट फॉल्स द इवन टाइड, ना, तपन, ये बातें तुम न सुनो! न जानो।'

विभा की आँखें बुझ आयीं। उसने एषा की तरफ कातर निगाहों से देखा।

अगले ही पल वह बेवजह हड़बड़ाकर उठ खड़ी हुई, 'अच्छा, तपन, तुम और एषा फिर कभी आना। ठीक है? लो, लीला भी आ गयी—'

'विभा, बी क्विक! फटाफट चलो।'

'बस, चलती हूँ—'

पिकनिक की डोलची उठाकर, विभा सामने की तरफ दौड़ पड़ी। उन दोनों से उसने विदा के कोई शब्द नहीं कहे। तपन आवाक् होकर, उसे जाते हुए देखता रहा। लेकिन एषा ज़रा सी विस्मित नहीं हुई। वह उसकी इन अस्वाभाविको आदतों से वह परिचित थी, यह सोचते हुए भी तपन चकित था।

'चलो, घर चलें।'

घर आते हुए, फुटपाथ पैदल चलते-चलते एषा ने ही पूछा, 'विभा'दी क्या तुम्हें

आस्वाभाविक लगीं?'

'जाने कैसी तो अजीब औरत हैं। तुम मेरी बात का बुरा न मानना।'

'बुरा क्यों मानने लगी मैं?'

एषा जाने किस सोच में डूब गयी।

थोड़ा ठहरकर उसने कहा, 'खुद किसी वजह से चोट खाकर, कोई अपनी सारी स्वाभाविकता खो बैठे, यह मुझे बिलकुल अच्छा नहीं लगता।'

'तुम भी क्या अपनी विभा'दी के बारे में बात कर रही हो?'

एषा ने उसके इस सवाल का कोई जवाब नहीं दिया।

कुछ सोचते-सोचते उसने फिर कहा, 'उसकी यह बात, अगर अनी'दा को पता चलती, तो वह उसकी ज़रा भी तारीफ नहीं करते।' एषा की आवाज़ में सख़्ती झलक उठी।

'ये अनी'दा कौन हैं, एषा?'

तपन ने गौर किया, एषा की युगल आँखें दर्द और असहायता से भर उठीं।

'चलो, तपन, चलकर कहीं बैठें!'

15

सुबह जब ढल जाती है, उसके बाद, लेक में कम ही आते हैं। बाद के वक्त में वे ही लोग आते हैं, जो वक्त के साथ बेवजह खिलवाड़ कर सकते हैं। तपन और एषा, कतार से लगी चाय की दुकानों के सामने, शिरीष के एक पेड़ तले, बेंच पर बैठ गये।

एषा अनिमेष के बारे में बताने लगी।

अनिमेष और इरा की बात! विभा और अनिमेष की बात! निलीना की बात! उसने कुछ भी बताना बाकी नहीं रखा। सिर्फ कनक और इरा का प्रसंग नहीं बताया। उसे संकोच हो आया। कनक की बात तपन को शायद समझ में न आये।

'तुम अपने अनिमेष'दा की बेहद भक्ति करती हो।?'

एषा ने सिर हिलाया।

सारी बातें ठीक तरह समझायी नहीं जा सकतीं। अनी'दा ने उसे अच्छी तरह जीना सिखाया; जो सच लगे, उसके लिए तकलीफ झेलना सिखाया था। इसके अलावा, जिसे प्यार करो, उसके लिए धन-दौलत-जायदाद भी त्याग देना, सिखाया था। कई-कई कारणों से एषा, अनिमेष की श्रद्धा करती थी।

'मेरा भी उन सज्जन से मिलने का मन हो रहा है। वैसे, मेरी बात का बुरा न मानना, तुम हँस क्यों रही हो?'

'तुम बुरा न मानना का नारा लगाकर, तुम एक-एक रूढ़ सच कह जाते हो।

तुम्हारी आदतों को पहचानना, अच्छा लग रहा है।'

'तुम बुरा न मानना। ये साहब मुझे ज़रा स्वार्थी भी लगे।'

'अनी'दा स्वार्थी नहीं है, तपन!'

'देखो न उन्होंने अपनी माँ के दिल को कितनी चोट पहुँचायी। उस पर से तुम्हारी विभा'दी के साथ भी उन्होंने न्याय नहीं किया।'

'अब, अनी'दा क्या करते, बोलो?'

'ख़ैर, छोड़ो, मैं उन लोगों को जानता भी नहीं। उन पर राय देनेवाला मैं भला कौन होता हूँ?'

'तुम अनी'दा को देखोगे, उनसे मिलोगे, तो तुम्हें अच्छा लगेगा, तपन!'

'चलो, ठीक है। अब, यह बताओ, आज जैसा मौका रोज़-रोज़ नहीं मिलता। अभी ही यह तय कर डालो कि हमारे घर कब आ रही हो?'

'तुम्हारे घर?'

'हाँ! काका-काकी, दोनों ही तुम्हें देखना चाहते हैं। उन्होंने माला से भी कहा था।'

'क्यों? माला से क्यों कहा?'

'माला शायद उन दोनों से शिकायत जड़ने गयी थी।'

'किस बात की शिकायत?'

'यही कि भाई इन दिनों एषा'दी से कुछ ज़्यादा ही मेल-जोल बढ़ा रहा है।' तपन हँस पड़ा।

उसने एषा के चेहरे पर नजरें टिका दीं। तपन की निगाह बेहद शांत और सरल थी।

'मुझसे मिलते-जुलते हो, इस बात से क्या वे लोग नाराज़ होंगे?'

'अगर सिर्फ आवारगी के नाम पर, मौज़-मज़े के लिए मेल-जोल रखूँगा, तो ज़रूर नाराज़ होंगे।'

'फिर?'

'ब्याह के इरादे से अगर मेल-जोल रखता हूँ, तो वे नाराज़ नहीं होंगे। मैं तो सोचता हूँ कि यूँ घूमना-फिरना ज़रा बढ़ा दूँ, तो हम दोनों जो चाहते हैं। शायद पूरा हो जाये।'

'हम क्या चाहते हैं?' एषा ने नज़रें झुकाकर, सवाल किया।

'वे लोग हमारी शादी कर देंगे! मैं भी यही चाहता हूँ। ऐसा ही चाहता हूँ। तभी तो इतना आगे बढ़ा हूँ, एषा! मेरा ख्याल था, तुम यह बात जानती हो।'

'त-प-न!' एषा ने कमजोर आवाज़ में कहा।

विभा'दी के घर से निकलकर, सुबह-सवेरे लेक-किनारे बैठकर, उससे शादी करने का इरादा जाहिर कर बैठेगा, यह उसने नहीं सोचा था। सच बात तो यह थी

कि शादी के बारे में उसने सोचा ही नहीं था। इस वक्त अगर वह यह बात तपन को बता दे, मुमकिन है, तपन उसे बुरी लड़की समझ ले। इसके अलावा विवाह की बात अब ख़ासा 'संभव-संभव' ही लग रही थी।

'हमारे घर की माली हालत तुम जान चुकी हो। हम कोई बहुत बड़े लोग नहीं हैं, लेकिन बिलकुल-कंगाल भी नहीं हैं। वैसे जब तक माला का विवाह नहीं हो जाता, मैं कुछ बोलना नहीं चाहता। उसका विवाह हो जाने दो। तब उन लोगों को बताऊँगा। क्यों, तुम क्या कहती हो? अरे, हाँ, तुम्हारी तो इसमें सहमति है न?'

'चलो, घर चलो।' एषा ने नज़रें झुका लीं।

अचानक उसे तपन से शर्म आने लगी। उसके द्वारा दिये गये विवाह के प्रस्ताव में, घनिष्ठता का एक भाव था। इतना ज़्यादा घनिष्ठ रिश्ते की बात सोचते हुए, एषा को अभी भी परेशानी होती थी।

कुछ देर चुपचाप चलते-चलते, एषा ने जुबान खोली, 'माँ-डैडी, अभी कुछ भी नहीं जानते कि हम यूँ मिलते-जुलते हैं।'

'नहीं जानते, तो जान जायेंगे।'

'नहीं, नहीं, सामने ही मेरा टेस्ट है। अभी कुछ बताने की ज़रूरत नहीं है।'

'वाह! टेस्ट नजदीक है और तुमने सरस्वती पूजा के मौके पर न व्रत रखा, न देवी मइया को अंजलि दी–'

'तुम शायद इन सब पर काफी विश्वास करते हो।'

'अलवत्! तुम नहीं करतीं?'

'पता नहीं, विश्वास करती हूँ या नहीं। जब मैं स्कूल में थी तो काफी भक्ति-भाव से व्रत रखती थी, पूजा करती थी–'

'तुम चाहे जो भी कहो, पूजा-पाठ मुझे बे-हद अच्छा लगता है।'

'अच्छा ही तो है।'

'और किसी वजह से नहीं, बस, वह प्रसाद-वसाद मुझे...' तपन बच्चों की तरह हँस पड़ा।

'मैंने तो पूजा-पाठ वगैरह इतना कम देखा है। अगर मेरी दादी ज़िन्दा होती, तो शायद ये सब देख पाती। सुना है, वह काफी भक्त इन्सान थीं।'

'तुम माला को नहीं जानती। उसकी अच्छी-सी शादी हो जाये, इसके लिए काकी अभी भी उससे जाने कौन-कौन से शिव-पूजा करवाती हैं, अरे, हाँ, माला तुमसे भयंकर जलती है, जानती हो?'

'वा–' एषा ने सिर हिलाया।

थोड़ा ठहरकर उसने अपनी बात पूरी की, 'तुमने वह किताब मुझे लाकर नहीं दी–'

'ला दूँगा! तुम इतनी-इतनी किताबें क्यों पढ़ती हो, मेरा मतलब है कि बाहर

की इतनी-इतनी किताबें क्यों पढ़ती हो?'

'अरे, यह कैसी बात?

'पढ़ना, भई, पढ़ना! मगर टेस्ट के बाद फाइनल परीक्षा के बाद!'

कुछ दिनों बाद, चौरंगी में सचमुच विभा पर नज़र पड़ गयी।

अचानक किसी सहकर्मी की मौत हो गयी थी, इसलिए तपन के दफ़्तर में जल्दी छुट्टी हो गयी। चौरंगी पार करके, तपन गड़ेर भाठ की तरफ बढ़ा जा रहा था। पहले भी वह इसी तरह पैदल-पैदल घूमा करता था। यूँ पैदल-पैदल चलना, उसे बेहद अच्छा लगता था।

'तपन!'

तपन ने चौंककर नज़रें उठायीं। काँख में रंगीन छाता, हाथ में मैगज़ीन, बगल में मूँगफली का ढोंगा! विभा बैठी हुई थी।

'अच्छा, तो दफ़्तर को चकमा देकर, तुम सैर-सपाटा कर रहे हो?'

'नहीं, नहीं, दफ़्तर में छुट्टी हो गयी। आप यहाँ क्या कर रही हैं?'

'बैठी हूँ।'

'ऐसे ही?'

'बेशक! आओ, तुम भी बैठो।'

तपन के लिए बैठने की जगह बनाकर, विभा ने चारों तरफ नज़रें दौड़ायीं। हालांकि कहीं, कोई नहीं था, फिर भी आवाज़ धीमी करते हुए, फुसफुसाकर कहा, 'बिलकुल अकेली भी नहीं हूँ, समझे? अनाथालय के एक स्कूल में पढ़ाती हूँ। वहाँ की लड़कियों को विक्टोरिया दिखाने लायी हूँ।'

'कहाँ हैं लड़कियाँ?'

'वे लोग दूसरी टीचरों के साथ गयी हैं। मैं चुपचाप यहाँ बैठी हुई हूँ।'

'आप क्यों नहीं गयीं?'

'न्ना! विक्टोरिया जाकर, भाई बे-हद याद आते हैं। वे और मैं अक्सर यहाँ आया करते थे।'

तपन ने आगे कुछ नहीं कहा कौन जाने, उसके भाई अब इस दुनिया में न हों। तपन ने अक्सर देखा है, इन सब बातों के जिक्र से काफी फज़ीहत में फँस जाते हैं।

अभी उसी दिन, उसके पंजाबी सहकर्मी सोंधी ने जैसे उसे शर्मिन्दगी में डाल दिया था। मलय के साथ सोंधी कलकत्ता शहर की रातों की ज़िन्दगी में तैरता रहता है। हर सबेरे वह भीषण सिर-दर्द का शिकार रहता है, मूड बिगड़ा रहता है, बैरों पर चींखता-चिल्लाता है। सबकी नाक में दम किये रहता है।

उस दिन भी बिलकुल वही हुआ। वह तपन के पीछे ही पड़ गया। चलो, चलकर कॉफी पीते हैं या चलों, पार्क स्ट्रीट तक पैदल-पैदल चक्कर लगाते हैं। हैंगओवर इज़

किलिंग मी! इसीलिए तुम्हें मेरे साथ चलना ही पड़ेगा।'

रास्ते पर चलते-चलते रणधीर सोंधी पूछता रहा कि तपन के घर पर कौन-कौन है? उसके पिता का इन्तकाल कब हुआ? उसने यह भी जानना चाहा कि दफ्तर की परीक्षा में वह बैठेगा या नहीं।

उसने यह भी कहा, 'ऑडिग की किताबें वगैरह मेरे भी पास हैं, अगर तुम्हें ज़रूरत हो, तो ले जाना।'

तपन की बहन की शादी का प्रसंग भी आया।

उसने सारा अहवाल सुनकर कहा, 'अरे, बिरादर, तुम तो क़िस्मत वाले हो। मैंने तो अपनी चार-चार बहनों की शादी कर डाली, जानते हो? जो कर्ज़ा चढ़ा, वह अभी तक चुका रहा हूँ'

'तुम्हारे माता-पिता नहीं हैं?' तपन ने पूछा।

'माँ हैं! दिल्ली में रहती हैं। पिता नहीं हैं। आसमान की ओर उँगली उठाकर, रणधीर हँस पड़ा।'

अगले ही पल उसने अपने बाल खींचते हुए कहा, 'टेरिबल! सब कुछ भयंकर है! महाभयंकर!'

'सोंधी तुम इतनी शराब क्यों पीते हो?'

'ट्रैजेडी, मैन, अनफुलफिल्ड लव! अधूरा प्यार!'

'दिल्ली ट्रांसफर का ऑर्डर आया था। तुमने कैंसिल क्यों कर दिया?'

उसके इस सवाल के जवाब में सोंधी ने पर्सनल मैनेजर, नारायण स्वामी के नाम धाराप्रवाह गालियों की झड़ी लगा दी।

उसने तैश में कहा, 'वही मुझे ट्रांसफर कराना चाहता है, मैं जानता हूँ।'

'तुम दिल्ली जाने से मना क्यों कर रहे हो? तुम्हारा प्रमोशन भी होगा।'

'ओह नो! तब मैं अपने दिल में बसी डार्लिंग को देखने को तरस जाऊँगा।'

'किसे?'

'अपनी 'कैप्टिव लेडी' को! ओह येस, मैं माइकेल की पूरी कहानी जानता हूँ। अलीगढ़ में, मैं लिटरेचर पढ़ रहा था। वी वेयर ए रोमाँटिक बैच ऑफ स्टूडेंट्स। वी हैड ए रोमाँटिक प्रोफेसर! टरबुलेंट डिरोजियन के ज़माने के गपशप करते थे।...लो, हम आ गये, आओ, तपन, मेरे डेन में एक कप कॉफी पीकर चले जाना।'

हज़ार हो, सोंधी उसके दफ्तर में, उसके मुकाबले ज़रा ऊंचे पद पर था। उसका अनुरोध टालना मुश्किल था। इसके अलावा दरवाज़े तक आकर, उल्टे पाँव वापस लौट जाना बेअदबी होती।

'आओ! नो फीचर! डरो मत!'

सोंधी, तपन को लेकर, बड़ी-सी इमारत की लिफ्ट में दाखिल हुआ। उसका फ्लैट पाँचवे माले पर था। सीढ़ियों पर कुछेक बच्चे खेल रहे थे। सोंधी को देखते

ही, 'अंकल! अंकल!' कहकर उसका हाथ पकड़कर झूल गये; 'बबलगम! बबलगम!'

'बाद में! बाद में! अभी बाहर जाऊँगा, तो ले आऊँगा! नाउ! नाउ! ए किस फॉर अंकल।'

बच्चों के साथ सोंधी की दोस्ती देखकर तपन आवाक् रह गया। सोंधी की छोटी-छोटी मूछें, चुस्त चेहरा! संकरी ट्राउज़र और चौड़े कंधे! उसकी मोटी तन्खाह देखकर, तपन का ख्याल था, सोंधी उन लोगों में से है, जो रास्ते-रास्ते औरतों-छोकरियों को लिफ्ट देने का मौका ढूँढ़ते रहते हैं। एक शब्द में वह बुरा आदमी था।

सोंधी के फ्लैट के अन्दर विराट खालीपन! बड़ा-सा हॉल-कमरा! एक कमरे का फ्लैट! खिड़की के सामने खड़े हो, तो सामने लम्बा-चौड़ा मैदान और चौरंगी का रास्ता नज़र आता हुआ, जिन्हें निहारते हुए कलकत्ता वासियों की निगाहें नहीं थकतीं।

विशाल हॉल-कमरा! झक्झक् साफ-सुथरा! एक तरफ मेज़-कुर्सियाँ! दूसरी तरफ पलंग पर उजला-धुला बिस्तर बिछा हुआ! पलंग तले ट्रंक, होलडॉल, सूटकेस! एक तरफ एक अदद आलमारी! कमरे में दूसरी तरफ बाथरूम! बाथरूम के अलावा किचेन, पैंट्री!

'तपन, मेरा फ्लेट देखा?'

'बेहद ख़ूबसूरत!'

कमरे में ही एक तरफ कसरत के कई सरंजाम! छोटे-से बुकशेल्फ में कुछेक किताबें! दीवार पर किसी महिला की तस्वीर! फैशन से भरपूर कोई गैर-बंगाली औरत! चेहरा काफी पहचाना-पहचाना लगा। सोंधी ने दफ़्तर के कपड़े बदले, गज़ब की निपुणता के साथ गैस पर कॉफी तैयार की, पापड़ तले। मर्तबान से नमकीन काजू निकाले।

'कॉफी तुम खुद बना रहे हो?'

'ओह, येस, मैं अपने सारे काम खुद करता हूँ। कपड़े धोना, इस्त्री करना—सारा कुछ!'

'लेकिन, क्यों?'

'पास में पैसे जो नहीं होते! हर महीने के अंत में मैं उधार चुकता करता हूँ।'

ऐसा क्यों? तपन को समझ में नहीं आया।

'लेकिन, सोंधी, विथ योर सैलरी...इतनी तन्खाह है तुम्हारी...?'

'भई, मेरी एक एक्सपेंसिव, आइ मीन, काफी महंगी स्वीट हार्ट है। उसे देना पड़ता है। अरे, हाँ, तपन, तुम शादी नहीं करोगे?'

तपन ने अन्दाज़ा लगाया कि सोंधी, कलकत्ता की शायद किसी जांबाज़ औरत के चंगुल में फँस गया है।

'क्यों, तपन, शादी नहीं करोगे?'

'देखूँ...'

'हाँ, शादी ज़रूर करो! नथिंग-लाइक मैरेड लाइफ! वैवाहिक जीवन के सुख जैसा और कोई सुख नहीं। बंगाली लड़कियाँ काफी स्वीट होती हैं, मैं जानता हूँ। मेरी बहन के देवर ने किसी बंगाली लड़की से शादी की है। शी इज़ रियली स्वीट!'

'सोंधी, तुम शादी क्यों नहीं कर लेते?'

'व्हाट?' सोंधी ने ठक्क की आवाज़ के साथ कॉफी की प्याली मेज़ पर रख दी। तपन ने समस्त भंगिमा में सिर उठाया। उसकी नज़र दुबारा उस तस्वीर पर पड़ी। जाना-पहचाना चेहरा!

'मैं यह कह रहा था कि तुम ब्याह क्यों नहीं कर लेते?'

'ओऽऽ!'

सोंधी अचानक उम्रदार नज़र आने लगा। बिलकुल बुढ़ाया हुआ! मारे उत्तेजना के, उसके हाथ काँप रहे थे। उसने खाली प्याली उठा ली। और कॉफी के सरंजाम को व्यवस्थित ढंग से रख दिया। उसके बाद, दूर, कमरे के दूसरे कोने में स्थित सिंक में कप-प्लेट रख दिया।

'तपन, आइ एम मैरेड! विवाहित हूँ मैं?' दूर से ही सोंधी ने यह जुमला उछाल दिया।

'देयर शी इज़!'

'तपन ने दीवार की तस्वीर की तरफ देखा। पहचाना-पहचाना चेहरा!'

'यह प्रीतम है। सूरत पहचानी-पहचानी लग रही है न?'

'हाँ, लेकिन, कहाँ देखा है, यह समझ में नहीं आ रहा है...'

'अखबारों में अक्सर देखते होंगे! ब्लड बैंक की तरफ से अपील होती है—डोनेट योर ब्लड्! ज़्यादा से ज़्यादा रक्त-दान करें।'

'ओह, सोंधी...'

'देखो, अख़बार पढ़कर देखो न! रुको, मैं तुम्हें दिखाता हूँ...'

सोंधी ने पुलिंदा भर अख़बार कटिंग, चिट्ठी-पत्र, बंडल भर अखबारों की फाइल, तपन के सामने रख दीं।

'प्रीतम ल्यूकोरिया रोग से मर रही है, तपन! उसकी देह में अब हिमोग्लोबिन तैयार नहीं होता। खून दे-देकर उसे ज़िन्दा रखना होता है। आखिरी कोशिश के तौर पर मैं उसे कलकत्ता के कैंसर इन्स्टिट्यूट में ले आया हूँ। आखिरी कोशिश का क्या मतलब है? मैं जानता हूँ कि वह हद से हद एक साल और ज़िन्दा रहेगी। वह भी सिर्फ ब्लड ट्रांसफ्यूशन के दम पर! कलकत्ता में ब्लड देने का तरीका बेहतर है। इसीलिए...'

तपन ने सिर्फ इतना ही कहा, 'सोंधी, मुझे माफ करो।'

'उसकी उम्र कुल पच्चीस है। सात वर्ष पहले हमारा ब्याह हुआ था। नहीं, नहीं, प्रेम-विवाह नहीं था, बाक़ायदा रिश्ता पक्का करके, विवाह हुआ है। लेकिन हम दोनों

एक-दूसरे को बे-हद प्यार करते हैं, तपन, बे-हद प्यार! सोच सकते हो, हमारे दो बच्चे भी हैं।'

'बच्चे कहाँ हैं?'

'बेटी की उम्र पाँच वर्ष है! वह मेरी माँ के पास, दिल्ली रहती है। बेटा तीन वर्ष का है। वह मेरी बहन के पास, बैंगलोर रहता है। प्रीतम अस्पताल में है। मैं वहाँ! बच्चों के लिए ख़र्च भेजता हूँ, मगर दे नीड अस! बच्चों को हमारी ज़रूरत है। प्रीतम बार-बार कहती है—उन्हें एक बार ले आओ। मैं कहता हूँ—तुम जब ठीक होकर लौट आओगी, तो बच्चों को ले आऊँगा। दिस इज़ आवर गेम ऑफ चेस! शतरंज का खेल है यह! दि रॉयल गेम!'

तपन ने धीरे से बती चला दी।

'वह जानती है कि वह किसी दिन भी ठीक नहीं होगी, मैं भी जानता हूँ। लेकिन मैं जब भी प्रीतम से मिलता हूँ, उससे यही कहता हूँ कि—प्रीतम, जब तुम घर आओगी, तब मैं बच्चों को ले आऊँगा। प्रीतम की वजह से बच्चे उदास हैं। हम लोग फिर एक होंगे! कितनी-कितनी जगहें घूमने जायेंगे। लेकिन, बाहर निकलकर, मेरा दम घुटने लगता है। इट स्ट्रैंगलस् मी! मैं शराब पीता हूँ। इट गिव्स मी हैं, ओवर! नशे में, मैं भूला रहता हूँ।'

'मलय जानता है?'

'ओ येस!'

'फिर भी तुम्हारे साथ घूमता-फिरता है।'

'मलय तुम्हारी तरह सॉफ्ट नहीं है! ही इज़ टफ! तुम्हारी तरह नाज़ुक नहीं है, काफी मज़बूत दिलवाला है! दैट्स गुड! मुझे हमदर्दी से नफरत है, तपन! सिर्फ आज की बात है। रोज़-रोज़ तुम्हारी कम्पनी मुझे पसंद नहीं आयेगी।'

तपन ने उसकी बात का बुरा नहीं माना।

'मलय को ड्रिंक करना पसंद है, लेकिन अपने ख़र्च पर नहीं। कोई बात नहीं! मुझे भी अकेले-अकेले पीना पसंद नहीं है। इसलिए मैं उसे साथ ले लेता हूँ।'

'तुम ज़्यादा ड्रिंक मत किया करो।'

'ज़्यादा ड्रिंक कहाँ करता हूँ? आर यू मैड, तपन? प्रीतम ड्रिंकस से सख़्त नफरत करती है। इसके अलावा, मेरी जो तन्खाह है, उसमें बेटे-बेटी को रुपये भेजकर, अस्पताल में खून ख़रीदने के लिए रकम देकर, हर बार ट्रांसफ्यूशन पर बेहिसाब ख़र्च आता है, उसे चुकाकर-ज़्यादा ड्रिंक करने के लिए पैसे कहाँ होते हैं? तुम देख रहे हो, एक नौकर तक रखने की मेरी औकात नहीं है।'

'वे अब ठीक नहीं होंगी, सोंधी?'

'नो माइ ब्वाय! इसका कोई इलाज नहीं है। तुम अगर कागजात् देखो, तो समझ जाओगे कि दिल्ली, मद्रास और बम्बई का चक्कर लगाने के बाद, वहाँ के सभी

अस्पतालों के दरवाज़े से लौटने के बाद, मैं यहाँ आया हूँ। पिछले दो सालों में ही मैं बुढ़ा गया, तपन! हालांकि मेरी उम्र कुल पैंतीस साल है।'

कुछ देर सोच में डूबे रहने के बाद, सोंधी ने दुबारा कहा, 'सुनो, प्रीतम की बात किसी से कहना नहीं।'

'नहीं! नहीं!'

तपन की निगाहें प्रीतम सोंधी की तस्वीर की ओर दुबारा घूम गयीं।—डोनेट मोर ब्लड, किसी की जान बचा सकता है।

'सोंधी, मैं खून दूँ?'

'तपन, अब तुम सेंटिमेंटल मत हो!' सोंधी ने उसके कंधे पर हाथ रख दिया।

उसने धीमी-मोहक आवाज़ में कहा, 'रक्त-दान करना अच्छी बात है। मगर प्रीतम के बारे में सोचकर मत देना। प्रीतम तो अब बचेगी नहीं, तपन! जो लोग बच जायें, उनके लिए रक्त-दान करना! प्रीतम के लिए अब, कुछ नहीं किया जा सकता।'

बेजान विमूढ़ तपन कमरे से बाहर निकल आया।

उसके बाद उसने दफ़्तर में सोंधी को हमेशा एक ही रंग-ढंग में देखा। बीच-बीच में ही शाम-ढले कलकत्ते का स्वाद लेना। उसके अगले दिन बाघ जैसा मन-मिज़ाज, आँखें सुर्ख लाल, पीले रंग की प्रिंटेड शर्ट डाले, झुंझलाया हुआ चेहरा! लेकिन, तपन अब जान गया था कि कैलेंडर का एक पन्ना उलटने, मेज़ पर तारीख-कार्ड बदलने का मतलब ही था, सोंधी को आहिस्ते-आहिस्ते हताशा के अतल में बहाते जाना! कैलेंडर का पन्ना फाड़ने का मतलब था, प्रीतम सोंधी की ज़िन्दगी से, थोड़ी-सी उम्र छीन लेना। कई-कई समस्याएँ ऐसी होती हैं, जिनका कोई समाधान नहीं होता।

ऑफिस की छुट्टी का दिन! मैदान में विभा के पास बैठकर, तपन को अचानक सोंधी की याद आ गयी।

'क्या सोच रहे हो, तपन?'

तपन ने संक्षेप में सोंधी की कहानी सुना दी।

विभा भी काफी दुःखी हुई।

'तुम्हारा दिल काफी नरम है, तपन!'

'क्यों?'

'नहीं, सच, मुझे बेहद अच्छा लगा। एषा बेहद खुशनसीब है।'

तपन सकुचा गया, थोड़ा सकपका भी गया। अभी हाल ही में उनसे परिचय हुआ था। और आज उसी महिला की बगल में बैठकर, एषा के बारे में चर्चा कर रहा था।

'मेरा भी उस सज्जन से मिलने का मन हो रहा है। हमारी एक संस्था है। उस संस्था की तरह से हम सब...'

'अरे, नहीं, नहीं! यह आप क्या कह रही हैं?'

'मैंने ऐसा क्या कह दिया?'

'नहीं, नहीं, यह उसका निजी मामला है। इसमें कुछ करने को तैयार हो जाना, उचित नहीं होगा। इसके अलावा, अगर ऐसा होता कि इस मामले में पड़कर, कोई, किसी की मदद कर पाता, तो भी कोई बात होती। चूंकि ऐसा नहीं हो सकता, इसलिए...'

'हाँ, तुमने सही कहा, तपन!' विभा ने एक लम्बी उसांस भरी।

तपन ने गौर किया, आज वह उतनी उग्र नहीं लग रही थी। या फिर यह भी हो सकता है, आज ज़रा ज़्यादा परिचय हुआ, इसलिए तपन को उसके चेहरे की कोमल रेखाएँ नज़र आ गयीं। विभा की गर्दन की बनावट बेहद सुन्दर थी। शंख की तरह काफी नाज़ुक और चिकनी।

'तुम व शादी कर रहे हो, तपन? शादी कर तो रहे हो न?'

'देखूँ...हाँ, तो अब, मैं चलता हूँ।' तपन हड़बड़ाकर, उठ खड़ा हुआ।

'एषा तुम्हारा इन्तज़ार कर रही है!'

'नहीं, नहीं, मैं ज़रा अपने किसी दोस्त के घर जानेवाला हूँ।...' तपन मानो सिर पर पाँव रखकर भागा और अपनी जान बचायी।

विभा ने तपन से मज़ाक ज़रूर किया, मगर कई दिन बाद ही उसने ख़त लिखकर एषा को अपने घर आने की दावत भेजी।

उसने एषा की माँ से कहा, 'मेरे यहाँ माँ के गुरुदेव आ रहे हैं। एषा को ले जाऊँगा, तो मेरी कुछ मदद हो जायेगी। खाना वगैरह पकाना, घर-द्वार ठीक करना, काम क्या कम है?'

'तुम्हारी माँ के कोई गुरुदेव हैं?'

विभा ने कभी कल्पना भी नहीं की थी कि विभा, अनिमेष—इन लोगों के यहाँ अलग-अलग कोई-कोई गुरुदेव भी हो सकते हैं।

'हाँ, मौसी जी!' विभा ने मीठी-सी मुस्कान बिखेरी।

'क्या नाम है उनका?'

विभा ने नाम बताया।

'बहुत अच्छे हैं?'

'क्या पता, मौसी जी! माँ की ख़ब्त है! आजकल कोई गुरु-टुरु कोई मानता है भला?'

'भई, माननेवाले कुछ कम तो नहीं हैं। वैसे भी तुम्हारी माँ का भला क्या दोष है, विभा? तुमने ब्याह किया नहीं, तुम्हारा भाई विलायत जा बसा। वह बेचारी अब भला क्या लेकर रहे?'

'हाँ, यह तो सही है।'

विभा ने बात आगे नहीं बढ़ायी।

उसने छवि से भी कहा, 'आप भी आइयेगा, मौसी जी! कल शाम को ज़रूर आयें। कुछ देर बैठियेगा, प्रवचन वगैरह सुनियेगा, प्रसाद ग्रहण कीजियेगा।'

विभा के घर जाकर, एषा ने देखा, उनके यहाँ सच ही गुरुदेव आ रहे हैं। इसके साथ ही विभा के यहाँ और एक घटना भी करीब आ गयी। विभा की सबसे बड़ी बहन, अर्सा पहले, विवाह के कुछेक वर्ष बाद, एक बेटा छोड़कर, भगवान को प्यारी हो गयी थी। आज, इतने वर्षों बाद, विभा के माँ-बाप, उसे ही याद कर रहे थे।

ठीक उसे नहीं, अपने नानी को! वैसे नाती होने के नाते, वह नाती कई बार आता-जाता रहा था। इस बार उसे भावी उत्तराधिकारी के रूप में बुलाया गया था। इससे पहले, उसके पिता ने उसे कभी ज़्यादा दिन तक यहाँ नहीं रहने दिया था। उन्हें यह विश्वास नहीं था कि कनक या विभा का संस्पर्श, उसके लिए शुभ होगा।

16

इस बार जो उन्होंने उनके नाती को आने की अनुमति दी थी, इसकी वजह थे, विभा के पिता यानी उनके ससुर ने विनती करते हुए पत्र लिखा था। विभा के माँ-बाप चाहते थे कि गुरुदेव उसे देखकर यह बता दें कि उसे सम्पत्ति देना शुभ होगा। उधर उनके दामाद का मन था कि इसी बहाने, मोहनदास स्वामी से बेटे की जन्मपत्री बनवा ली जाये। गुरुदेव महाराज जन्मपत्री वगैरह बनाने में प्रवेरण थे। पहले वह जन्मपत्री वगैरह ही तैयार किया करते थे।

विभा काफी खुश-खुश नज़र आ रही थी।

उसने उमगकर कहा, 'एषा, तुम मेरे साथ आओ।'

विभा ने कमर में तौलिया खोंस रखा था। माथे पर पसीने की बूंदें!

एषा को वह हॉल-कमरे में ले गयी, जहाँ मेज़ पर काँच के बर्तनों के ढेर लगे हुए थे। एषा लिस्ट मिलाने लगी।

'एषा, तुम तपन से शादी कर रही हो?' विभा ने पूछा।

'अभी सोचा नहीं, विभा' दी।'

'तुम भले न सोचो, वह सोच रहा है। इसमें उसका कोई क़सूर नहीं है। इसके अलावा वह कुछ जानता भी नहीं।'

'अभी ये बातें रहने दो, विभा' दी।'

विभा ने फौरन प्रसंग बदल दिया।

विभा के यहाँ ही एषा और तपन के बारे में शायद कुछ बातें, छवि के कानों में पड़ गयी।

एषा भले कुछ और सोच रही हो, मगर छवि उसके और तपन के मेलजोल को

काफी आग्रह से गौर करती आ रही थीं।

'जिस दिन से अनी ने इस घर में क़दम रखा, उस दिन से ही एषा मेरे काबू से बाहर चली गयी थी—' छवि ने मीठी शिकायत के लहजे में कहाँ

'तुम यह बात क्यों कह रही हो, छवि?'

'बड़े दुःख से कह रही हूँ। पहले तुम जो कहते थे, वह मंत्र की तरह उस पर भरोसा करती थी। उसके बाद से वह अनी की बात जानने लगी। जिस बार मैं अस्पताल गयी, उसी बार घर आकर मैंने गौर किया, वह बे-हद बदल गयी है।' बात करते-करते, छवि ने खिड़की के बाहर पान की पीक थूक दी।

सतीश ने देखा छवि के चेहरे की त्वचा आज भी बेहद मुलायम, स्वच्छ है। छोटी बच्ची की तरह उसके चेहरे पर सुकुमार भाव, अभी भी बच रहा है। उन्हें छवि पर बेहद ममता उमड़ आयी। उन्हें अहसास होने लगा था और देखा भी कि छवि का चेहरा काफी जल्दी-जल्दी साधारण से भी ज़्यादा साधारण होता जा रहा था। उसे किसी अधेड़ औरत के रूप में देखना, सतीश के लिए बेहद दुःखद था।

पहले उनके चेहरे और स्वभाव में चंचलता, स्फूर्ति, जीवन्तता थी। यही उनकी प्रमुख सम्पदा थी। वह हर तरह से किसी दूसरे ग्रह की इन्सान थी। सतीश भी बचपन से ही शांत, सुन्दर बुद्धिमान, संयत स्वभाव के इन्सान थे। छवि बिलकुल और तरह की थी। सतीश के नाते-रिश्तेदारों का आना-जाना, अनगिनत लोगों की शादियाँ, जनेऊ, सुख-दुःख, विश्रृंखल गृहस्थायी, बच्चों को भी मनमानी करने देना—इन सबके बारे में, छवि प्रतिद्वंद्वी के तौर पर प्रबल रहा करती थीं।

इसीलिए सतीश ने भी, बिना किसी विरोध के, अपना जीवन बिखरने दिया। उनका दिल टूट गया। वह अकाल में ही बूढ़े हो गये। फिर भी...छवि में जीवन्तता थी, प्राणों का उत्सव नज़र आता था, यह देखकर भी सतीश राहत महसूस करते थे।

इस घर में अनिमेष के आने के बाद, सब कुछ बदल गया। बाहर का हो-हल्ला, आना-जाना, अपने आप ही काफी कम हो गया। सतीश की बेटी, एषा ने गृहस्थी का सारा काम अपने हाथों में ले लिया। कुछ तो अपनी बीमारी की वजह से, कुछ मन का उत्साह, उद्यम कम हो जाने की वजह से, छवि ने भी अपने को समेट लिया।

अब वह देखते थे, छवि के मन में असन्तोष घर कर गया है। अब उसके हाथ में ताश, गालों में पान की गिलौरी रहती है। अचानक वह अफसोस से भर उठे। पति के साथ छवि के मन या मत का कहीं, कोई मेल नहीं था, इसीलिए शायद वे दोनों, एक-दूसरे के प्रति बेहद, आकर्षित थे। सतीश ने इसमें अपने को भी दोषी महसूस किया। हज़ार हो, छवि जब इस घर में आयी थी, तब उसकी उम्र कुल सोलह-सतरह थी। सतीश अगर ध्यान देते, तो उसे अपने मन-मुताबिक गढ़ लेते।

हालांकि अनी अक्सर कहा करता था, 'इन्सान की इन्सान को गढ़ने की कोशिश सर्वथा निरर्थक है। इन्सान की हमेशा यह कोशिश होनी चाहिये कि अपने को और

दूसरे को बिलकुल 'परफेक्ट' बनाये।'

'यानी गढ़ता रहे?'

'हाँ–'

'तुम ही तो कहते हो...'

'जो करना चाहिये, वही कह रहा हूँ। इसका कोई नतीजा निकलेगा, यह मैंने नहीं कहा' इतना कहकर अनिमेष हँस देता था।

सतीश को लगता था, चारों तरफ इतना परफ़ेक्शन खोजना, शायद उचित नहीं है। परफेक्शन खोजते-खोजते, यह लड़का और दुःख पायेगा।

इतने दिनों बाद उन्हें अक्सर ही अनिमेष और इरा दुबारा याद आने लगे थे। इस वक्त छवि की जुबानी तपन और एषा का ज़िक्र सुनकर, उन्हें फिर उन दोनों की याद आ गयी।

'तपन-एषा में मेलजोल काफी बढ़ गया है। उन दोनों का ब्याह कर दिया जाये, तो बुरा नहीं होगा।'

'तपन के साथ एषा का ब्याह?' सतीश ने मन ही मन सोचा, उन दोनों की जोड़ी बिलकुल नहीं बनेगी। लेकिन अपनी ज़िन्दगी में वह कोई भी बात ज़ोर देकर नहीं कर पाये, असहाय की तरह खामोश रह गये। आज भी वह अभी जुबान से कुछ नहीं कह पाये।'

'हाँ, उन दोनों का ब्याह! तुम तो जैसे आसमान से गिर पड़े। तपन तो ख़ासा भला और योग्य लड़का है। यह तो एषा का सौभाग्य है कि ऐसे लड़के ने उसे पसंद किया।'

'पसंद किया है?'

पत्नी की बात सुनकर, सतीश बेतरह चकरा गये। एषा के बारे में उन्होंने काफी सारे सपने देखे थे। एषा भी क्या मन ही मन यही चाहती है कि किसी तरह बस, ब्याह हो जाये, तो वह धन्य हो जाये?

'हाँ, जी, हाँ! और मैंने तपन की माँ और काकी से बात करके, यह भी आंच कर लिया है कि तुम्हें बहुत ज़्याद ख़र्च भी नहीं करना पड़ेगा।' अगले ही पल उन्होंने गैर-ज़रूरी हद तक आवाज़ धीमा करते हुए कहा, 'तपन की माँ का कहना है कि ब्याह अगर करना है, तो जल्दी ही कर देना बेहतर है, वर्ना कहाँ, क्या गड़बड़झाला हो जाये, कौन जाने।'

सतीश बेतरह परेशान हो उठे।

तपन की माँ या काकी माँ का छवि का मतलब है, घर में धमधूसर-सी बैठी हुई, मोटी-पुटल्ली औरतें! हँसी-विहीन गंभीर चेहरा! सब कुछ ठोंक-बजाकर देखनेवाली आँखों की दृष्टि! उन्हें इसी किस्म की कुछेक टूटी-फूटी भंगिमाओं का ख़्याल आता रहा। उफ! कैसे असहनीय हैं ये ख्याल! अबूझ एषा यह क्या करने जा रही है? अरे,

अभी लिखाई पढ़ाई कर, कैरियर बना, सामने समूची जिन्दगी पड़ी है। अभी से तांत की नयी साड़ी झमकाकर, तपन की माँ से 'चाय में कितनी चम्मच चीनी डालूँ?' यह पूछे बिना, उसका काम नहीं चल रहा है?

'अभी से, उनकी शादी की बात क्यों उठायी जा रही है?'

'इसलिए कि तपन को प्रमोशन मिला है। इसकी एक वजह यह भी है कि तपन की माँ जल्द से जल्द उसकी शादी करना चाहती हैं।'

'एषा से कुछ पूछा?'

'पूछना क्या है?'

'वह क्या कहती है? वह क्या अभी ही शादी करना चाहती है?'

'ऐसा न होता, तो भला...?'

'तुम समझ नहीं रही हो। एषा उस लड़के से ज़रा ज़्यादा मेलजोल रख रही है। हमने उसे किसी से मिलने-जुलने को कभी मना नहीं किया, इसीलिए वह उससे शायद मिलने-जुलने लगी है।'

'सिर्फ मिलती-जुलती ही नहीं है, साथ-साथ घूमती-फिरती है, यहाँ-वहाँ जाती है।'

'जाती है, तो क्या हुआ? सिर्फ इस वजह से उसे शादी करनी होगी?'

'भई, उसका भी मन है, वर्ना मैं तुम्हारे सामने शादी की बात छेड़ती?'

'ठीक है, मैं उससे बात करूँगा।'

'किससे?'

'एषा से!'

'क्या बात करोगे?'

'जो भी बता करनी है, कर लूँगा।'

'मुझे पता है, तुम्हें मेरी बात पर विश्वास नहीं हुआ। मुझे पता है, मेरे नाम तुम उससे गंडा भर लगाई-बुझाई करोगे।' छवि फून्कार उठी।

'तुम्हारे नाम लगाई-बुझाई करूँगा?' सतीश को लगा, उन्होंने ग़लत सुना।

'ज़रूर! ज़रूर तुम मेरे नाम एक की सौ बातें लगाओगे, तभी तो एषा मुझ पर बिलकुल विश्वास नहीं करती।'

'ओफ ओ!' सतीश ने उन्हें ज़ोर की डांट पिलायी और एषा को आवाज़ देते-देते नीचे उतर गये।

'मुझे तुमने बुलाया, पापा?' एषा ने विस्मय से पूछा।

वह अनिमेष के कमरे में, मेज़ की सफाई कर रही थी। अक्सर ही, वह उस कमरे की बत्ती जलाकर कामकाज किया करती थी। उस वक्त वह बेहद लम्बी और सुकुमार नज़र आ रही थी। आँखों की दृष्टि भी अपरिचित!

आमतौर पर सतीश काफी संकोच महसूस करते थे। बेटी से वह सहज भाव

से बात नहीं कर पाते थे। लेकिन उस वक्त वह काफी परेशान थे। उन्हें लगा, एषा बेहद अकेली है। उसे मदद करनेवाला कोई नहीं है। इसीलिए वह उससे बात करने आये थे। लेकिन...एषा क्या उनकी बात समझेगी? या उनसे नाराज़ हो जायेगी?

'तेरी माँ कह रही है कि तू तपन...किसी लड़के से शादी करना चाहती है?'

एषा शर्म से लाल हो उठी।

उसने सायास सहज होकर जवाब दिया, 'अचानक यह बात कहाँ से उठी, पापा?'

'उसके घरवाले शायद जल्द से जल्द शादी कर देना चाहते हैं।'

'मुझसे क्या अभी ही कोई जवाब चाहिये, पापा?'

'तू उनसे विवाह करना चाहती है या नहीं, यह बात तेरे सिवा और कौन बतायेगा, मुनिया'

एषा ने मुँह फेरकर जवाब दिया, 'तपन बहुत अच्छा लड़का है, पापा। मैं उसे पसंद ज़रूर करती हूँ, मगर विवाह की बात मैंने अभी नहीं सोची, कम से कम अभी इस पल तो नहीं।'

सतीश असहाय की तरह उसका चेहरा निहारते रहे। लो, अब उनकी हिम्मत जवाब देने लगी...बिलकुल जवाब दे गयी। लेकिन एषा उन्हीं की बेटी थी। लेकिन, वह नहीं जानती थी कि दुनिया में इन्सान कभी-कभी किस क़दर असहाय हो जाता है। इसलिए कभी-कभार वह कैसी मुसीबत में पड़ जाता है। उनका यह बताने का मन हुआ कि—मुनिया, तेरी आखिरी बहन जन्म ले, यह मैंने नहीं चाहा था। तेरी माँ की सेहत टूट जाये, मेरी इच्छा को वह चुटकी मारकर उड़ा दें और अपने उस भाई-भाभी के साथ टमटम में सवार होकर सैर को चल दें और घोड़ा भड़ककर उन्हें उछाल फेंके, यह भी मैंने नहीं चाहा था। अस्पताल में जब तेरी माँ को होश आया, उन्होंने चींखकर मुझसे कहा—'हट जाओ! दूर हो जाओ।' यह बात मैं आज तक नहीं भूल पाया।

आज उनका मन हुआ कि वह सारी बातें एषा को बतायें, मगर बतायें कैसे? ये तमाम बातें भला कोई अपनी बेटी को बता सकता है? सच तो यह है कि उनका कोई नहीं है। दुनिया में कभी-कभी मन में चाह जागती है कि ऐसा कोई मिल जाये, जिससे सारी बातें कही जा सकें। अपनी सारी लज्जा, अपमान ग्लानि की बातें!

'सुन, मुनिया,' सतीश ने कहा, 'जान-पहचान, परिचय कई तरह के होते हैं। मुमकिन है...' मुमकिन है, तुझे वह अच्छा लगा हो या फिर शादी करने जितना अच्छा न लगा हो। अगर ऐसा कुछ लगा हो, तो मुझे, बता दे या ऐसा कुछ भी न तो मुझे लगा हो, तो भी मुझे बता दे। मुझे तेरी मदद करने दे।'

सतीश को अपने पर ही गुस्सा आने लगा। कहीं वह करुणा तो नहीं माँग रहे हैं? एषा को देखकर उनके दिल में हाहाकार मच गया। उनकी बेटी की उम्र कितनी

कम है! उसके सामने बहुत बड़ी ज़िन्दगी पड़ी है। जब इन्सान नयी-नयी उम्र में होता है, तब उसे यह समझ में नहीं आता कि ऐश्वर्य उनके हाथ की मुट्ठी में है। इसके अलावा उनकी उम्र इतनी कम होती है कि भयानक दुःख से वे लोग शायद अपने को बचा भी नहीं पाते। अनिमेष अपने को नहीं बचा पाया; इरा भी अपने को नहीं बचा पायी; कनक को निर्वासन में चले जाना पड़ा; विभा के चेहरे की हँसी भी मिट गयी है—सतीश जानते थे। लेकिन इस वक्त उन्हें, उन लोगों से जलन होने लगी। अपनी बेटी से भी! मुमकिन है, दुःख उन लोगों को मार ही डाले, लेकिन मरकर भी वे लोग जीत जायेंगे। वे जीते रहेंगे, वे लोग भी जीते रहेंगे। वे लोग, हमेशा-हमेशा के लिए अधेड़ हो चुके हैं; मर चुके हैं।

एषा की निगाहें उन्हें निहारती रहीं! उनकी गंभरी-गंभीर आँखें! सतीश डर गये थे, क्योंकि ज़िन्दगी में उन्होंने कभी, किसी समस्या का सामना नहीं किया। उन्हें डर था कि एषा अचानक कहीं यह सवाल न कर बैठे—'सुखी होने का उपादान तो तुम लोगों को भी मिला था, तुमने उसका उपयोग क्यों नहीं किया, पापा?'

अगर वह सवाल करे कि बचपन में हम अन्धेरे कमरे में लेटे-लेटे डर जाते थे, तुम उस अन्धेरे में एक दीया जलाकर क्यों नहीं रख देते थे, पापा? माँ बेहद-बेहद अक्षम हैं, यह जान-समझकर भी तुमने हम बच्चों को उन्हीं के हाथों में सौंप दिया, पापा? अगर वह कहीं यह पूछ बैठे कि तुमने मुझे यह क्यों नहीं बताया कि बड़े होने का नाम ही दुःख है?

सतीश की युगल आँखों में प्रत्याशा झलक उठी। वह जानते थे कि वह कितना कर सकते थे, एषा और अन्य बच्चों के लिए उन्होंने नहीं किया। इसलिए उनका मन होता था कि एषा उनसे शिकायत करे, उन्हें दोषी ठहराये।

लेकिन, नहीं, सतीश के मन, आँखों, दृष्टि में जो बात बार-बार झलक उठती थी, उसका बूंद भर भी वह कहाँ जान पाये? हर कोई एक-दूसरे को इतना कम समझ पाता है। एषा को सिर्फ इतनी-सी बात समझ में आयी कि पापा उससे कुछ कहना चाहते हैं; कुछ जानना चाहते हैं।

उसने एकदम से सवाल किया, 'अनिमेष के बारे में जानना चाहती थी। उन्होंने उसकी शादी के बारे में जानना चाहा। आज वह उससे इतने घनिष्ठ हो उठे थे, क्या इसीलिए एषा ने अनी के बारे में सवाल किया? या दूसरे-दूसरे समय भी उसे अनी का काफी ख़्याल आता था, मगर वह पूछ नहीं पाती थी?'

'नहीं, मुनिया! अनी की कोई ख़बर नहीं—' सतीश की आवाज़ में अब भी उत्कंठा, उद्वेग झाँक रही थी।

सारी बातें जानना बेहद ज़रूरी था। अगर एषा अनिमेष के लिए दुःखी है, तो यही क़बूल करे। कभी-कभी ऐसा भी वक्त आता है, जब बीच का पर्दा खिसक जाता है। सारी बातें बताने का मन करता है, सुनने का मन करता है। अभी भी वह वक्त

है।

'मुझे अनी'दा और इरा'दी के लिए दुःख होता है, पापा! अनी'दा की याद आती है—' एषा ने नज़रें उठाकर देखा।'

सतीश का मन हुआ कि वह उससे कह दें कि 'सब ठीकठाक है।' लेकिन सच ही क्या सब ठीकठाक है? इरा अब अनिमेष की बीवी है। अनिमेष, उनके दोस्त का बेटा भर है। लेकिन एषा आज उसे ही याद करके दुःखी है, तकलीफ पा रही है।

'तू ऊपर जा, मुनिया—' खाली-खाली आँखों और खाली-खाली आवाज़ में सतीश ने कहा, 'यह दरवाज़ा बंद करती जा।'

बाहर जाते-जाते उन्होंने हिदायत दी, 'अच्छी तरह पढ़ाई-लिखाई कर। मेरी सेहत इन दिनों ठीक नहीं है। पढ़ाई-लिखाई कर रखना बेहतर है।'

आखिरी जुमला उन्होंने बेहद धीरे-धीरे कहा।

ज़रूरी बातें, जिम्मेदारी की बातें, वह इसी तरह धीरे-धीरे, धीमी-आवाज़ में किसी तरह बोलकर, खिसक लेना, उनका स्वभाव बन चुका था।

अगले दिन एषा कुछ-कुछ विभ्रान्त होकर ही विभा के पास पहुँची। इससे पहले छवि उसे ढेर-ढेर जली-कटी सुना चुकी थी। उनकी शिकायत थी कि एषा उन्हें प्यार नहीं करती।

'तू मेरा भरोसा नहीं करती—' मारे गुस्से और उत्तेजना के, उन्हें कहने को शब्द नहीं मिल रहा था, 'तेरे पापा की वजह तेरे पापा की वजह से, मेरी यह हालत है।'

विभा मिशन के बच्चों के लिए कपड़े पैक कर रही थी। एषा की बातें सुनकर, वह हड़बड़ाकर, उसके पास चली आयी।

'चल, हम बाहर चलकर बैठें—' विभा वराम्दे में निकल आयी।

'माँ गुस्सा हो गयी हैं, तो तुम इतनी परेशान क्यों हो?'

'परेशान न होऊँ?'

'नहीं! माँ और बेटी, बाप और बेटा, दोनों ही दोनों को निगल जाना चाहते हैं। अनी भी अपने बाप की प्रतिछवि से डर गया था, एषा।'

'ऐसे में अनी'दा अगर यहाँ होते, तो बहुत अच्छा होता।'

'क्यों? वह क्या तुम्हारी मदद करता?'

'शायद करता!'

'ओह नो! अनी की असली समस्या, मेरी पकड़ में आ गयी है, एषा! उसकी यह लड़ाई, अपने पिता के खिलाफ थी। उसका ख़्याल था कि उसकी माँ भी, उसके पिता के दल में शामिल है। हालाँकि अब मैं समझ सकती हूँ कि निलीना मासी भी मन ही मन उसके पिता को ही दोष देती थीं, लेकिन उनका स्वभाव बिलकुल और तरह का था, झगड़ा-झंझट करके, उन्होंने अशांति नहीं की।

'उन्होंने अनी'दा को दुःख दिया था।'

'एषा, अनी को या जिन लड़कों को हम प्यार करना चाहती हैं, उन लोगों को कभी शहीद बनाने की कोशिश मत करना। अनी को निलीना मासी प्यार नहीं करती थीं। उसके डैडी भी प्यार नहीं करते थे। व्हाइ? अनी ने भी उन दोनों को कम दुःख नहीं दिया।'

विभा ज़रा चिन्तित हो आयीं।

उसने अपनी बातों की कड़ी दुबारा जोड़ी, 'वह इरा को भी कम दुःख नहीं देगा। अनी कहता था कि वह सबको सुखी देखना चाहता है। लेकिन, सच तो यह है कि वह सुख के विरुद्ध था। सुख से वह लड़ता रहता था। सुख से वह भयंकर बाधक बना रहता था, यह जान लो।'

'लेकिन, अब, मैं क्या करूँ, विभा'दी?'

'तुम तपन से प्यार करती हो?'

'हाँ, करती हूँ।'

'उससे शादी करना चाहती हो?'

एषा निरुत्तर!

'शायद वह भी तुमसे शादी करना चाहता है।'

'हाँ—'

'तुम उससे बात क्यों नहीं कर लेती?'

'अगर कहीं...वह मुझे ग़लत समझ ले?'

'समझेगा, तो समझने दो। जो भी स्थिति सामने आये, फेस इट! मुक़ाबला करो!'

'अगर कहीं, वह नाराज़ हो ज़ाये?'

'बुद्धुओं जैसी बातें मत करो, एषा! तपन बहुत अच्छा लड़का है। अभी पिछले ही दिन उसने मुझसे क़बूल किया था कि वह तुम्हें बहोत-बहोत प्यार करता है।'

'अच्छा, वह तुमसे मिला था?'

'अक्सर ही मिलता है।'

'ठीक है, मैं तपन से ही बात करूँगी।'

लेकिन तपन ने एषा की हर बात बड़े ध्यान से सुनी।

उसके बाद, उसने बेहद धीमी आवाज़ में कहा, 'एषा, जब से मैं तुमसे मिलने-जुलने लगा, तभी से मेरा मन तैयार था। लेकिन, मुझे लगता है, अभी भी तुम अपने को तैयार नहीं कर पायी हो। चलो, ठीक है, तुम और वक्त लो न!'

'लेकिन तुम्हारे घरवाले भला क्यों इन्तज़ार करने लगे?'

'समस्या उन लोगों की नहीं, मेरी है! मेरे कहने भर की देर है, वे लोग इन्तज़ार कर लेंगे।'

'मैं क्या तुम्हें बहोत बुरी लगती हूँ, तपन?'

'नहीं, एषा!' तपन ने मुड़कर उसकी तरफ देखा।

उसकी आवाज़ बिलकुल शांत! निगाहें बेजान!

'लेकिन, मुझे लगता है, ढेरों वक्त लेने के बाद भी तुम किसी भी दिन अपना मन स्थिर नहीं कर पाओगी।'

'तुम ऐसी बात क्यों कर रहे हो?'

'जाने कहाँ तो तुम्हारा मन बंदी हुआ बैठा है। वहाँ से मुक्ति पाये बिना, तुम कभी अपना मन स्थिर नहीं कर पाओगी, न मेरे बारे में, न किसी और के बारे में।'

'यह तुम क्या कह रहे हो, तपन?'

'देखो, एषा, मैं बेहद साधारण लड़का हूँ। सीधी-सीधी बात मेरी समझ में आ जाती है। सारी समस्याएँ मैं सहजता से लेता हूँ। मुझे लगता है, तुम क्या करो-न करो, यह फैसला तुम्हारे हाथ में नहीं है।'

'किसके हाथ में है?'

'यह तुम अपने दिल से पूछो।'

'अपने दिल से?'

'हाँ, तुम जिन्हें अनी'दा कहती हो, उन्होंने तुम्हारे ऊपर, किसी भी कारणवश, अपना एक इम्प्रेशन डाल दिया है। इसीलिए तुममें इतनी अचकचाहट है।'

एषा को लगा, सुनने में उससे कहीं ग़लती हो गयी है।

'तुम भूल कर रहे हो, तपन! या...या शायद विभा'दी ने तुम्हें मेरी कोई ऐसी बात बताई है कि तुम्हें लगा है कि...?'

'विभा'दी? ना, तुम्हारी विभा'दी ने मुझसे ऐसी कोई बात नहीं की—'

'फिर?'

'मैं तुमसे प्यार करता हूँ, एषा!'

'तपन ने लेक के पानी में एक कंकड़ उछाल दिया।'

थोड़ा ठहरकर, उसने ठहरी हुई आवाज़ में कहना शुरू किया, 'देखो, तुम नाराज़ मत होना। चूंकि मैं तुमसे प्यार करता हूँ, इसलिए यह बात आसानी से मेरी पकड़ में आ गयी है। तुम्हारे अनी'दा अब, तुमसे काफी दूर हैं और मैं बेहद करीब! लेकिन तुम्हारे लिए दूर के अनी'दा, करीब के 'मैं' मुकाबले कहीं ज़्यादा...बहुत ज़्यादा सच हैं।

'तुम भूल कर रहे हो, तपन!'

'नहीं! तुम दोनों का रिश्ता वास्तव में काफी घनिष्ठ नहीं है। वैसे घनिष्ठ होता भी, तो मुझे क्या फर्क़ पड़ना था। तुम्हारे अन्दर कोई गन्दगी या अश्लीलता नहीं हो सकती।'

उसकी हर बात बिलकुल नयी-निराली और सभी असम्भव कल्पना के दरवाज़े खोल रही थी।

हर बात जादूगरी, क्योंकि वे बातें डायन के जादू-भण्डार के दर्शन कराती थी। घनिष्ठता...गन्दगी...अश्लीलता...तपन किस अंतरंगता की बातें कर रहा है? अनी'दा उर्फ अनिमेष के बारे में वह क्या कह रहा है?

'तपन, तुम्हें भीषण ग़लतफहमी हो गयी है...'

'अरे! तुम इस क़दर उत्तेजित क्यों हो रही हो?'

'तुम इरा'दी और अनिमेष'दा के बारे में नहीं जानते थे?'

'जानता हूँ। उन दोनों के आपसी प्यार के बारे में, मुझे कोई संशय नहीं है।'

इषा की आँखें भर आयीं।

आँखें पोंछने की हिदायत देते हुए, तपन ने उसकी तरफ अपना, रूमाल बढ़ा दिया।

'सुनो, एषा, मेरी सीधी-सादी बात सुनोगी?'

'हाँ, कहो–'

दूसरी तरफ देखते हुए, तपन ने धीमी आवाज़ में कहना शुरु किया, 'यह बात मैं पहले से ही जानता था कि तुम्हारे और मेरें परिवार में कहीं, कोई मेल नहीं है। हम अति मामूली लोग हैं, बेहद स्वाभाविक लोग! मितव्ययी और सम्हल-सम्हलकर चलते हैं। हमारे अन्दर किसी क़िस्म की कल्पना-विलासिता नहीं है। तुम लोगों को देखा, तो समझ में आया कि किसी और तरह का होने के लिए, हमेशा खूब ज़्यादा धन-दौलत की ज़रूरत नहीं पड़ती।'

एषा विस्मित!

'मैं तो यही जानता था कि पास में धन-दौलत हो। तभी इन्सान थोड़ा-बहुत और तरह का हो सकता है। मैंने तुम्हारे पिता को देखा, तुम लोगों को देखा और अचानक मुझे लगा कि तुम लोग जैसा परिवार मैंने कहीं नहीं देखा। दुनिया-जहान किस तरफ जा रहा है, इसकी कोई खोज-ख़बर न रखकर, तुम लोग अपने में सिमटे, बड़े आराम से रहते हो। तुम्हारे चेहरे-मोहरे पर गज़ब की मासूमियत है, साथ ही एक असहाय भाव भी है! लेकिन, मुझे यह भी नज़र आ रहा था कि तुम लोगों का कोई भविष्य नहीं है।

'क्यों?'

17

तपन ने जवाब दिया, 'क्योंकि तुम्हारे पापा बेहद भलेमानस हैं, लेकिन वह जिम्मेदारी लेना या निभाना नहीं जानते। तुम्हारे भाई-बहन पढ़-लिख रहे हैं, यही एक बहुत अच्छी बात है, क्योंकि अगर वे बच्चे पढ़ाई-लिखाई नहीं भी करते, तो भी उन्हें कोई,

कुछ नहीं कहता। तुम्हारा देख-सुनकर विवाह कर देंगे या कैरियर बना देंगे, यह उम्मीद करना उचित नहीं है, क्योंकि तुम्हारे पापा देवतुल्य इन्सान हैं, लेकिन कैसे अलग-थलग, अपने को बस, बहा देनेवाले इन्सान। यह सच है या नहीं?'

मुमकिन है, यही सच हो। जो लोग उन्हें बाहर से देखते हैं, वे लोग ज़्यादा समझ सकते हैं। करीब से देखकर हर बार यह समझना मुश्किल है कि क्या ठीक है, क्या ग़लत! या सबसे ज़्यादा सच होता है, नाड़ी का बन्धन! इन्सान अपने अति अपने का ठीक-ठीक विचार नहीं कर पाता। या तो वह अपने को मोहान्ध मानकर, मोह की गुत्थियाँ छुड़ाते-छुड़ाते, बहुत ज़्यादा रूढ़ हो जाता है या फिर उसकी आँखों से मोह का आवेश कभी नहीं मिटता।

एषा का यह कहने का मन हुआ—तुम सोचते हो कि तुम्हारी धारणाएँ ही ठीक हैं। लेकिन, तुम नहीं जानते कि यह भी एक क़िस्म की कमजोरी है। इन्सान होकर, इन्सान का हिसाब-किबात करने बैठो और अपने लगाये हुए अंकों को त्रुटिहीन समझ लेना, मन की कमजोरी के अलावा और कुछ नहीं है। वैसे त्रुटिहीन अंक लगाना, कितने लोग जानते हैं? कितने लोग लगा सकते हैं? इसके अलावा यूँ निर्मूल अंक-पंडित होने की लालसा, इन्सान पालता ही क्यों है?

'एषा, तुम तो कोई बात ही नहीं कर रहीं?'

'सुन रही हूँ।'

'बीच-बीच में हो-ना या एकाध शब्द भी बोल सकती हो। इसके बाद मैं तुम्हें परेशान करने नहीं आऊँगा।'

'इसका क्या मतलब?'

'बिलकुल सीधी-सी बात है। तुम अगर मुझे ग्रहण करना चाहती हो, तो भी मैं अब, आना-जाना नहीं करना चाहूँगा। तुम्हारा मन खुद इसके लिए तैयार हो। हर वक्त अगर हम मिलते रहे, तो प्रभाव तो पड़ता ही है। मेरा ख़्याल है कि हमें मौके का ग़लत फ़ायदा नहीं उठाना चाहिये और प्यार के मामले में ही जो सच है, उसे ही कसकर थामे रहना चाहिये।'

'तुम क्या मुझसे नाराज़ हो?'

'नहीं, नहीं, नाराज़ क्यों होने लगा?'

तपन हँस पड़ा, अगले ही पल गंभीर हो आया। वह फिर हँसा, फिर गंभीर हो आया। एषा ने गौर किया तपन आज अपनी हँसी ज़्यादा देर तक क़ायम नहीं रख पा रहा है। उसकी हँसी शरत की धूप की तरह बहती हुई गुज़रती जा रही है! आँखें दर्द से बुझी हुईं।

'तुमने क्या विभा'दी को कुछ बताया है, तपन?'

'तुम्हारे बारे में? नहीं तो! विभा'दी को तो मैंने उस दिन रणधीर सोंधी और उसकी बीवी की कहानी सुनायी थीं। वही कहानी विभा'दी को काफी इंटरेस्टिंग

लगी।'

'उस महिला की कहानी? जो कैंसर रोग से मौत के करीब हैं?'

'हाँ! लेकिन मैं तुम्हारी विभा'दी को किसी हाल में भी यह समझा नहीं पा रहा हूँ कि रणधीर उनकी या किसी भी संवेदना, हमदर्दी नहीं चाहता।'

'ओ, अच्छा!'

'तुम्हारी विभा'दी को हमेशा कोई कुचला हुआ कुत्ता या तीर विद्ध हँस या अनाथ शिशु चाहिये। टु चैनेलाइज हर वोल्कैनिक स्टोर ऑफ सिटी! अपनी करुणा के ज्वालामुखी को फटने की राह देने के लिए! सच्ची, इतनी ख़ूबसूरती, शिक्षा-दीक्षा, जवान उम्र लेकर, वह कुत्ते, भिखारी, अभागों के पीछे क्यों दौड़ती फिरती हैं, बता सकती हो?'

कोई और समय होता, तो तपन की बातों पर हँसी आने लगती, लेकिन, आज उसे हँसी नहीं आयी। तपन ने मज़ाक के लहजे में अपनी बात नहीं कही। उसे सचमुच लगा है कि विभा बेवजह ही अपने को तबाह कर रही है।

'विभा'दी खुद ही...' कहते-कहते अचानक वह चुप हो गयी।

नहीं, यह सही नहीं है। उसे नहीं कहना चाहिये। उसके बारे में हो या किसी और के बारे में, उसे मंतव्य नहीं करना चाहिये, क्योंकि कोई, किसी के बारे में कितना-सा जानता है? या जान सकता है?

'एषा, हमारे पास वक्त बेहद कम है। इतने ज़रा-से वक्त में हम 'विभा'दी के बारे में बात न भी करें, तो चलेगा। एषा, मैं तुम्हें प्यार करता हूँ, लेकिन मैं शायद इतना ज़्यादा करीब हूँ कि तुम मुझे देख नहीं पायीं। दरवाज़े के बाहर ही हूँ न, इसीलिए 'धान की बाली पर चमकती शिशिर-बूंद देख नहीं पायीं'—जाने किस कविता की कड़ी, तुम अक्सर ही दुहराती हो। ए-इ, तुम रो क्यों रही हो?'

एषा की आँखों में शिशिर जैसी बूंदे उमड़ आयी थीं। अभी भी उसके मन में किस क़दर संकोच, हिचकिचाहट थी! इसके बावजूद, उसका कहने का मन हुआ—तपन, मैं भी तुम्हें प्यार करती हूँ।

'चलो, अब उठा जाये। आज, मुझे ज़रा जल्दी है।'

'कहाँ जाना है?'

एषा को यह सोचने में तकलीफ हुई, उसे विश्वास नहीं आया कि इसके बाद भी तपन किसी दूसरे काम से, इतने स्वच्छन्द और सहज भाव से जा सकता है।

'काम है—' तपन ने धीरे से कहा।

इसके बाद भी काम है? जिसे उसने प्यार किया, प्यार करता है, वह अभी भी उसे क़बूल करने को तैयार नहीं है, इस बात से तपन दुःखी है। लेकिन, इसके बावजूद जीवन का हर दावा मानना ही पड़ेगा। ज़िन्दगी की ख़ासकर रोजमर्रा की ज़िन्दगी की माँग पूरी करनी ही पड़ती है। ऐसे में कोई असहयोग नहीं चलता! कोई

हड़ताल या धमकी या आँखें दिखाना काम नहीं आता। इन्सान को हजामत बनानी पड़ती है, दफ़्तर जाना पड़ता है, गिन-गिनकर पैसा देना-लेना पड़ता है, पानी से बचते-बचाते, जूते हाथ में लेकर, राह चलना होता है। चाहे जितना भी बड़ा दुःख मिला हो, जितना भी बड़ा शोक टीश रहा हो—रोज़मर्रा का फर्ज़ तो अदा करना ही पड़ता है। हमारे हाथ में कुछ नहीं होता। हद से हद हम असहयोग की घोषणा करके, घर के खिड़की-दरवाज़े बंद किये, अपने शोक के साथ बैठे रह सकते हैं। लेकिन इसके नतीजे में हम देखते हैं कि हमें पीछे छोड़कर, दुनिया में हर कोई अपनी-अपनी राह पर आगे बढ़ जाता है। तब या तो हमें दौड़कर उन लोगों के बीच अपनी जगह दख़ल करनी होगी या पागल अभागा बनकर नीचे जाना पड़ता है। आत्महत्या बहुत कम लोग करते हैं।

'रणधीर सोंधी के यहाँ जाऊँगा। उसने फोन किया था।'

तपन की ओर देखते हुए, एषा मन ही मन बेतरह रो पड़ी। वह क्या कोई भूल कर रही है? वह क्या सही कर रही है? उसे कौन बतायेगा?

तपन जब रणधीर के घर पहुँचा, उस के मन में बार-बार यह ख़्याल आता रहा कि उसे देखकर कोई भी समझ जायेगा कि एषा उसके करीब से खिसक गयी है। बहरहाल, तपन को कोई गहरा दुःख हुआ हो, ऐसा भी नहीं था। बस, एक भयंकर खालीपन के साथ उसने रणधीर के दरवाज़े पर दस्तक दी।

रणधीर के हॉल-कमरे में दाखिल होते ही उसे समझ जाना चाहिये था कि वहाँ कुछ अस्वाभाविक घट गया है, क्योंकि वहाँ, फर्श पर टोकरी भर फूल, नयी साड़ी और मालाएँ पड़ी हुई थीं। उसे धुंधली-धुंधली याद हो आयी कि रणधीर ने बताया था कि प्रीतम की तबीयत थोड़ी ठीक है। इस बार अपनी विवाह-वार्षिकी के दिन वह फल, फूल लेकर प्रीतम से मिलने जायेगा। उस दिन वह तपन को अपने साथ ले जायेगा। प्रीतम उसे देखना चाहती है।

'तुम कहाँ थे, तपन?'

तपन ने गौर किया रणधीर की आँखें सुर्ख लाल थीं; रोएँदार सीने पर क़मीज के बटन खुले हुए थे, सिर के बालों से टप्-टप् पानी टपक रहा था।

'अच्छा ही हुआ! चलो, हमें अस्पताल चलना है! तुम लोगों का यह कैसा नियम-कानून है, बिरादर? बेहद बुरा और जघन्य!'

'क्यों?' तपन ने बुद्धुओं की तरह सवाल किया।

'प्रीतम को छोड़ नहीं रहे हैं।' रणधीर ने सिर पोंछते-पोंछते और पाँवों में चप्पल पहनते-पहनते कहा।

'वे क्या घर आ रही हैं?'

रणधीर सोंधी पलटकर खड़ा हो गया! उसकी आँखों और चेहरे पर गहरा दर्द!

वह विरक्त; क्रुद्ध, बूढ़े, झूलती त्वचा वाले बाघ की तरह नज़र आ रहा था! माथे पर झुर्रियाँ! झूली हुई भौंहें!

'तुम्हें नहीं मालूम? नहीं मालूम तुम्हें?'

'क्या?'

'प्रीतम मर गयी! मैंने दफ़्तर फोन किया था। श्यामल, स्वामीनाथन, दत्त, विनय बाबू—सभी आ रहे हैं! मैंने तुम्हें भी ख़बर दी थी।'

'मैं घर पर नहीं था।'

रणधीर के कानों तक उसका जवाब नहीं पहुँचा। वह बेहद उत्तेजित नज़र आ रहा था! भयंकर अस्थिर और चंचल! भीषण उद्यम और बौखलाहट से, मानो वह फट पड़ना चाहता हो। अब एक के बाद एक काम न किया, तो रणधीर मानो जी नहीं पायेगा।

तपन जान गया, बहुत बार, बीच-बीच में वह चाहे जो भी करता रहा हो, लेकिन आज वह नशे में नहीं था। वैसे रणधीर का चेहरा निहारते हुए तपन को लगा कि आज वह नशे में भी होता, तो उसे बुरा नहीं लगता, न उसके प्रति नफरत जागती।

'तुमने सबको ख़बर कर दी?'

'हां—' रणधीर ने अपनी जेब टटोली! टेलीग्राम की रसीदें तो सलामत हैं न? बेटा दिल्ली में, माँ के पास है, बेटी, बैंगलोर में बहन के पास। सबको ख़बर कर दी है।

'बच्चों को क्या आने को कहा है?'

रणधीर दुःख से टूटा नहीं, व्याकुल भी नहीं दिखा। इसलिए तपन भी काफी काट-छाँट तरीके से बात नहीं कर पाया।

'नहीं, नहीं, वे लोग आकर क्या करते?...सब सामान ले लिया है न?' रणधीर ने दुबारा अपनी जेब टटोली।

अगले ही पल उसने फिर कहा, 'मुश्किल क्या आन पड़ी है, मालूम! यहाँ, प्रीतम की एक मौसेरी दीदी रहती हैं। जीजा हिन्दुस्तान मोट्रस में नौकरी करते हैं। लेकिन कलकत्ता आने के बाद, मैं इतना व्यस्त हो गया कि उनका पता ही नहीं किया। उन्हें खबर भेज पाता, तो शायद बेहतर होता। लो, स्वामीनाथन् गाड़ी लेकर आ गया। चलो, वर्ना देर हो जायेगी।'

छरहरी बच्ची जैसी निष्पाय, हल्की-फुल्की, लघु-देह प्रीतम सोंधी का दाह करके, जब वे लोग लौटे, तब काफी रात हो चुकी थी।

रणधीर हाथ जोड़कर सबको धन्यवाद करने लगा। उसे धन्यवाद देने से रोकते हुए, तपन सकुचा गया। मुमकिन है, उन लोगों में यही रिवाज़ हो। अब इसे रिवाज कहें या रीति-नीति, तपन को इन सबकी बेहद कम जानकारी थी।

उन लोगों ने सीढ़ियों से ही विदा ली। तपन ऊपर तक आया।

ऊपर आकर रणधीर ने कहा, 'अब, तुम चले जाओ! अभी मुझे घर-द्वार धोना है।'

'आज की रात मैं यहीं रह जाता हूँ।'

दोनों ने मिलकर घर धोया-पोंछा। नहाकर रणधीर ने कमरे में धूप जलायी! तपन ने कॉफी तैयार की। कुछ देर के लिए दोनों एक-दूसरे के प्रति सहानुभूति और संवेदना में एकाकार हो गये। रणधीर की आँखों में अभी भी गुस्सा, विस्मय! उसकी दृष्टि ऐसी थी, मानो उसे बेवकूफ बना दिया गया हो।

'हैरत है! अभी परसों तक वह ठीक थी—' रणधीर ने कहा।

तपन ने पूछा, 'अब, क्या तुम यहीं रहोगे, सोंधी?'

रणधीर ने जवाब दिया, 'रहना ही पड़ेगा। इतने दिन, वे लोग मुझे ट्रांसफर करना चाहते थे और मैं ही हाथ-पाँव जोड़कर, कलकत्ता रहने के लिए, दो साल यहीं रहने देने के लिए, ऑर्डर मंगवाया। प्रीतम को यहाँ के कैंसर अस्पताल में रखने के लिए ही तो, मैं कलकत्ता आया था।'

'फिलहाल तो कुछ दिनों के लिए छुट्टी ले लो। उसके बाद, पूरी स्थिति समझाकर, दिल्ली ट्रांसफर लेने की कोशिश की जायेगी। सोंधी, मैं घर में कहकर नहीं आया, इसलिए रुक नहीं पाऊँगा, वर्ना मैं रात को यहीं रुक जाता।'

'अरे, नहीं, मैं तो अकेला ही रहता हूँ, तपन।' रणधीर ने धीमी आवाज़ में कहा

उसकी बात सच भी थी। इस कमरे में प्रीतम कभी नहीं आयी। रणधीर अकेले ही रहता था। प्रीतम अब नहीं बचेगी, उसे यह जानकारी भी थी। लेकिन उस अकेलेपन से आज का इस अकेलेपन में फर्क़ तो था ही।

तपन जैसे ही कमरे से बाहर निकला, आस-पास के फ्लैट से एंग्लोइंडियन महिला मद्रासी मालकिन, अन्य पड़ोसिनें रणधीर के कमरे में दाखिल हुईं। उन औरतों को देखकर तपन ने ईषत चैन महसूस किया। सोंधी जितना कम अकेला रहे, उतना ही बेहतर! हालांकि सोंधी को आज शायद, लोग-बाग़ भले न लगें, अकेले रहकर ही उसे चैन मिलेगा।

'काश, हम सबको पहले ख़बर होती।' मद्रासी महिला ने मृदु लहजे में कहा

उनकी आवाज़ नारियल के पानी की तरह नम और ठंडी थी। अब जाकर तपन की समझ में आया कि इन्हीं लोगों के बाल-बच्चों के साथ सोंधी अपना बहुत सारा वक्त गुज़ार देता था।

आज घर लौटते-लौटते, रणधीर के लिए मन कैसा तो उदास हो आया। वह बंगाली था। उसके सभी अपने इसी शहर में रहते थे। उसे कैसे समझ में आता कि कोई गैर-बंगाली पुरुष, जिसका यहाँ कोई भी नहीं है, अपनी बीवी को खो बैठा है। उसकी बीवी मर गयी है। ऐसे में वह अपने को किस क़दर असहाय महसूस कर रहा होगा! कितना निःसंग हो आया होगा।

उसने मन ही मन प्रार्थना की कि सोंधी का दिल्ली ट्रांसफर हो जाये। तपन की प्रीतम से जान-पहचान नहीं थी। लेकिन उसकी खड़ी नाक, मोम की तरह श्वेत-शुभ्र रंग और मोमबत्ती की तरह दुबली-पतली, ऋतु देह, छाती पर खुली हुई पॉकेट-गीता, आँखों की कोरों में आँसू की बूँद—यह छवि उसके मन से मिट नहीं रही थी।

इस वक्त तपन का मन बेहद सूना-सूना महसूस कर रहा था, फिर भी बेहद वजनी और थका-थका! ट्राम में जाते-जाते; तपन ने जैसे ही पलकें उठायीं, उसे विभा भी नज़र आ गयी। मानो वह जानता था कि आज विभा से उसकी भेंट होगी। थियेटर रोड के सामने, जिस कोने पर अक्सर ही दुर्घटना होती रहती है, जिसे लोग 'भुतही जगह' कहते थे, वहीं विभा खड़ी थी। हाथ में एक टोकरी! तपन भी वहीं उतर गया।

'आप यहाँ क्या कर रही हैं?'

'बस, लिंड्से स्ट्रीट की तरफ जानेवाली हूँ।'

'इतनी रात को?'

'मैं तो इतनी रात को ही उस तरफ जाती हूँ।'

'जानती हूँ!'

तपन मुट्ठियाँ कसे खड़ा रहा। जबड़े सख़्तः उसके अन्दर ही अन्दर मानो आग जल रही हो।

'जाइये, घर जाइये।'

'क्यों? क्या हो गया, तपन?'

'नहीं, कुछ हुआ नहीं। आपका बिलिल्लापन देखकर, जी-हाँ, आपको दुःख दर्द मिला है, इसलिए इस किस्म की ख़ब्त और खामख्याली भी, बिलिल्लापन ही है। यह देखकर मैं जला-भुना जा रहा हूँ।'

'तपन!'

'अपने बारे में विज्ञापन-प्रचार बेअदबी होती है। असल में आपके बदन को आँच तक नहीं लगी है। आपको पता नहीं है कि सचमुच का दुःख कष्ट किसे कहते हैं। आप जैसी लोगों को देखकर ही एषा का दिमाग़ खराब हो गया है।'

विभा ने कुछ कहने की कोशिश की। लेकिन तपन अचानक भयंकर रूप से भड़क गया था। उसे रोका नहीं जा सका।

'आप रास्ते-रास्ते कुत्तों को रोटियाँ खिलाती फिरती हैं। क्यों? कोई अच्छा-सा लड़का देखकर अपनी गृहस्थी नहीं बसा सकतीं? जो कर रही हैं, इससे बेहतर कोई काम नहीं कर सकतीं आप? मैं पूछता हूँ यह क्या 'ट्रेजेडी क्वीन' सजने का युग है?'

'तपन, तुम बताओगे, तुम्हें क्या हुआ है?'

तपन अब तक, जो घटनाएँ उसके काबू में नहीं थी, फिर भी जिसका पीड़ादायक नतीजा उसे ही झेलना पड़ रहा था, उन सब ख़ामख़्याली पर वह गुस्से से फूत्कार उठा था।

'मुझे कुछ नहीं हुआ। रणधीर की बीवी मर गयी और...और एषा ने अचानक फरमाया है कि वह विवाह करने जितना, मुझसे प्यार नहीं करती। उफ, असहनीय है! यह ग़लत है! नाइन्साफी है।' तपन ने दुबारा कहा!

इस क़िस्म के नियम के बाहर की घटना हो जाये और उसके मामूली, अति मामूली जीवन में तूफान क्यों उठे? वह यह सब क्यों बर्दाश्त करे? ख़ासकर अब, उसे समझ में आ रहा है कि विभा, एषा जैसी लड़कियाँ, जो सिर्फ अपने आवेग को, इतना ज़्यादा बड़ा करके देखती हैं, वे लोग दरअसल स्वार्थी होती हैं। उन जैसी लड़कियों के लिए वह या रणधीर तकलीफ क्यों पाये? जैसे एषा का बर्ताव नितान्त अर्थहीन है, प्रीतम की मौत भी एक किस्म का अन्याय है। ऐसे रोग का कोई इलाज नहीं होता। इस तरह प्रीतम सोंधी को मार डालना भी और एक क़िस्म की खामख्याली और नाइन्साफी है। अब बाकी ज़िन्दगी रणधीर के मन से शायद यह टीस कभी न जाये।

'एषा ने तुमसे विवाह नहीं करना चाहा?'

'ना—!' तपन गुस्से में गरज उठा, 'आपको देख-देखकर उसने भी तय किया है कि वह अपनी ज़िन्दगी अनिमेष के 'ऑब्सेशन' में ही गुजार देगी। लेकिन मेरा कहना है कि आप लोग भयंकर नाइन्साफी कर रही हैं और इस वजह से आप लोग दुःख झेलेंगी।'

तपन ट्राम की ओर चल पड़ा।

विभा ने उसके साथ-साथ चलते हुए पूछा, 'तपन, अब तुम क्या करोगे?'

'नौकरी करूँगा। प्रमोशन वसूल करूँगा! शादी करूँगा। एषा के लिए अपनी ज़िन्दगी तबाह नहीं करूँगा।' तपन के होठों पर ईषत फीकी-सी मुस्कान झलक उठी, 'आप लोगों से मैं हारूँगा नहीं।'

आप, एषा और आप लोग जैसी नाकारा-अकिंचन प्राणियों के मुक़ाबले, दुनिया में हम जैसों की ज़रूरत बहुत अधिक है। मैं चाहे जो भी करूँ या न करूँ, फ्रेजिनी की डबलरोटी अगर मुझे मिली, तो मैं खुद खा लूँगा।'

ट्राम में सवार होते हुए, उसने हाथ हिलाते हुए कहा, 'कुत्तों को हरगिज नहीं दूँगा।'

इतना कहकर उसे खुशी तो हुई, लेकिन सिर से पाँव तक कुछ सरसरा उठा। तपन को लगा, उसे बुखार चढ़ गया है।

तपन ने जो-जो कहा था, विभा ने उसकी अक्षर-अक्षर जानकारी एषा को दे डाली। एषा के माँ-बाप भी वहीं, कहीं करीब थे। उन दोनों को भी सुना-सुनाकर, विभा ज़ोर-जोर से बोलती रही।

'पता है, एषा, तपन जब मुझे जो-जो सुनाकर, मेरी बेइज्जती करके जा रहा था। तो मेरा उससे पूछने का मन हुआ कि वह किस वजह से मुझ पर इल्ज़ाम लगा

रहा है। मैं अपने घर में नहीं टिकती, इसलिए? मेरा उससे जवाबतलब करने का मन हुआ कि बित्ता भर का छोकरा, वह प्यार, दुःख, ठोकर में क्या जानता-समझता है? लेकिन, एषा, उसका चेहरे से साफ़ जाहिर था कि उसे भयंकर चोट लगी है।'

एषा भौंहें सिकोड़कर, सिर्फ श्रोता बनी रही।

'कहा न, बेतरह ठोकर लगी है उसे। यह देखकर, मुझे अनी और ईरा पर भयंकर गुस्सा आया। वे दोनों चाहे करीब हों या दूर, बार-बार हर किसी को तकलीफ दे रहे हैं, हर किसी के दुःख का कारण हैं। तुम अति मूर्ख हो, एषा!'

विभा गुस्से में चींख उठी।

उसके बाद एक साल और कुछ महीने गुज़र गये। विभा धीरे-धीरे अपने घरवालों के लिए असहनीय हो उठी। अब, उसके घरवाले भी उसे बर्दाश्त करने को राज़ी नहीं थे।

विभा के माँ-बाप अपनी बड़ी बेटी के बेटे को अपने घर लाकर, अपने गुरुदेव की सहमति लेकर, जमीन-जायदाद के बंटवारे का इन्तज़ाम लगभग तय कर चुके थे।

विभा की माँ के गुरुदेव, प्रचलित अर्थ में, सन्यासी नहीं थे। किसी ज़माने में वह सर विजय मित्र के सहपाठी रह चुके थे। प्रेसिडेंसी कॉलेज के मशहूर छात्र! हुगली के मशहूर जमींदार घराने की सुयोग्य सन्तान! जैसा लाल-सुर्ख रंग था उनका, उतने ही साहब इन्सान थे। सभी जानते थे कि उज्जवल भविष्य, उनके दरवाज़े के बाहर, कीमती कालीन-सा बिछा हुआ है; पढ़ाई ख़त्म होते ही, वह पढ़ाई-कमरे की ड्योढ़ी लांघकर, उसी गलीचे पर क़दम रखेंगे और सूरज जैसे उज्जवल भविष्य की ओर बढ़ जायेंगे।

लेकिन, अरिन्दम् सेन क्रान्तिकारी बन गये।

अपने छात्र जीवन में और आज भी उन्होंने अपना समूचा मन, चित्त, मेधा, विप्लवी संगठन के कामकाज में अर्पित कर दिया और इसीलिए वे चीन, जर्मनी, बर्मा वगैरह सैंकड़ों जगहों में घूमते फिरे।

उसके बाद, वही शख़्स एक दिन अचानक गायब हो गया। सुनने में आया कि उन्होंने दल त्याग दिया है। उन्होंने अपनी राय बदल डाली है। अब, वह किसी और राह पर चलेंगे।

ज़ो लोग विप्लव की रुमानियत में डूबे हुए थे, उन सभी आशावादियों ने कहा कि अब वह शायद यूरोप के किसी देश में अस्त्र-शस्त्र और अगाध दौलत लेकर, देश में हाज़िर होंगे।

जो लोग आधे-अधूरे रोमाँटिक थे, उन लोगों ने कहा कि देखते हैं कि अब वह किस दल में भिड़ते हैं। उन लोगों का विश्वास था कि उन्हीं की राह, सच्ची राह है। अस्तु, वह अगर किसी और राह पर चल पड़े, तो चाहे जैसे भी हो, उन्हें लौटा लौटा

लाना होगा।

लेकिन बहुत सारी पढ़ाई-लिखाई करने के बाद, अरिन्दम सेन सन्यासी हो गये। उन्होंने तत्काल ही अपना मन, मेधा, बुद्धि, युक्ति एक और दिशा में लोगों की मदद करने के लिए, उन्हें कुछ लोगों को अपना शिष्य बनाना होगा और जन-आबादी में ही निवास करना होगा।

वैसे अभी भी वह बाहर-बाहर घूमते-फिरते थे। कभी-कभार कलकत्ता भी आते थे। हो-हल्ला, नाम प्रचार, अर्थलोभ, यशलाभ—उनका आकर्षण किसी में भी नहीं था। शायद इसीलिए उनके दर्शनों के लिए, लोगों की इतनी भीड़ लगी रहती थी।

उन्होंने विभा की माँ से सवाल किया, 'सारी सम्पत्ति अपनी बड़ी बेटी के बेटे को क्यों दिये दे रही हो?'

जवाब में विभा की माँ ने उनसे कई एक शिकायतें जड़ीं।

अरिन्दम सेन ने विभा को बुलाया। उसे अपने सामने की कुर्सी पर बिठाकर, प्रश्नों की झड़ी लगा दी। विभा उनके एक भी सवाल का जवाब नहीं दे सकी। गुरुजी के सवाल सेहत और शारीरिक स्वास्थ्य के बारे में थे। ऐसे सवाल किसी अच्छे डॉक्टर की तरफ से भी किये जा सकते थे।

जाते-जाते विभा के पिता ने पूछा, 'विभा का मन क्या पलट नहीं सकता?'

'मन? क्या है विभा के मन में?'

'वह तो शादी ही नहीं करना चाहती।'

'मन? नॉनसेंस! रुमानी बातचीत में हमेशा सच को ढंके रखा! अब बनावटी बातें ही अच्छी लगने लगी हैं।' अरिन्दम सेन ने अपनी मोटी-मोटी भौंहें नचाकर डपट दिया।

'लेकिन...'

'विभा ड्रग-एडिक्ट है! नशे की शिकार हो गयी है। पता नहीं क्यों, कहाँ और कब उसे यह घृणित आदत पड़ी। लेकिन अब वह एडिक्ट हो चुकी है! ड्रग की आदत पड़ चुकी है!'

विभा के माँ-बाप के मन की दीवार पर उनकी बेटी की जो सब जानी-पहचानी तस्वीरें टंगी हुई थीं, जिन तस्वीरों के नीचे सुन्दर और रुमानी परिचय मौजूद था—गुरुदेव ने सारी तस्वीरें, तोड़-फोड़कर चकनाचूर कर दीं।

ख़ामख़्याली विभा, अनिमेष को प्यार करनेवाली विभा, मदरटेरेसा की होम की सेविका विभा, रात को चौरंगी रोड पर कुत्तों में रोटियाँ बाँटनेवाली विभा—ये सारी तस्वीरें, अरिन्दम सेन ने ख़ारिज कर दीं। बहरहाल, तस्वीरें तोड़-फोड़कर, जीभरकर लेक्चर देकर, गुरुदेव आठ-पच्चीस की ट्रेन से पंचमढ़ी के लिए रवाना हो गये! सिर्फ एक तस्वीर छोड़ गये—विभा ड्रग-एडिक्ट है।

विभा के माँ-बाप किंकर्तव्यविमूढ़! मानो उनके बेडरूम की आरामकुर्सी पर, टांग

पर टांग चढ़ाये, दक्षिणी अमेरिका के शस्त्र-विक्रेता जैसा कोई विचित्र और अचीन्हा जन्तु बैठा हुआ है। अनजाना! भयंकर! फिर भी उसके बारे में कुछ करना ज़रूरी है। विभा ड्रग लेती है। विभा अचीन्ही, अस्वाभाविक हो गयी है, उसके बारे में कुछ न कुछ करना ज़रूरी है। लेकिन वे लोग क्या करें?

'तूने ऐसी करतूत क्यों की?' माँ ने पूछा।

'अनी की वजह से! प्यार का प्रतिदान न मिले, तो लाड़-प्यार में बिगड़ी हुई, ख़ामख़्याली, अक्खड़ मुझ जैसी लड़की और क्या कर सकती थी, बताओ?'

'अनी की वजह से?'

'हाँ, मेरे लिए उसकी चाहत क्यों नहीं हुई? उसने मुझे क्यों नहीं चाहा?'

विभा अपनी माँ के हतबुद्ध चेहरे की तरफ देखते हुए हँस पड़ी।

उसने कहा, 'मैं बेहद स्वार्थी हूँ, माँ! तुम मेरे लिए प्रेशान न हो।'

इस बीच एषा और तपन के बीच की दरार और ज़्यादा चौड़ी हो गयी थी।

इसके बावजूद, तपन को जब विभा के बारे में पता चला, वह दुःखी हो गया। वैसे विभा के लिए दुःखी होना उचित नहीं था, क्योंकि विभा जैसी लड़कियाँ विधाता की तरफ से अपव्यय थी! फिजूल का खर्च! इसके बावजूद उसे अफ़सोस हुआ!

हालाँकि इस दुःख और अफसोस की बात, वह एषा के सामने जाहिर करने नहीं गया। उन दिनों वह एषा को भूलने की कोशिश कर रहा था।

'तुम क्या तपन को भूल गयी हो, एषा?' विभा ने दरयाफ़्त किया।

नहीं जानती! एषा नहीं जानती। वह तपन को क़बूल नहीं कर पायी, लेकिन उसने तो अनिमेष को प्यार किया नहीं था। कोई-कोई पुरुष होते हैं, जो प्रेम के बिना भी लड़कियों पर अपना प्रभाव डाल सकते हैं। अनिमेष ने भी एषा को प्रभावित किया था। लेकिन एषा का ईश्वर जानता था, इसका नाम प्यार नहीं था। एषा किसी दिन अनिमेष क़े लिए इरा नहीं बनना चाहती थी।

लेकिन, अनिमेष जिस दिन उसके सामने आकर खड़ा हुआ, उसी दिन, उसकी एक ही पुकार पर, एषा एकदम से बह गयी थी। उन दिनों वह अंधी की तरह, किसी न किसी नियति के आगे आत्मसमर्पण करने के लिए आकुल-व्याकुल थी।

उन्हीं दिनों अचानक अनिमेष दुबारा आ पहुँचा। एषा और नयन के विच्छेद के तीन वर्षों बाद!

18

इतने-इतने वर्षों बाद, अनिमेष, एषा की ज़िन्दगी में दुबारा लौट आया। उसका वापस लौटना मानो किसी न किसी ढंग से नियम के वृत्त को सम्पूर्ण करना था। किसी

भयंकर नियम का पालन करना था। अनिमेष किसी दिन इसी घर से चला गया था। इरा के साथ गया था। अब, वह लौट आया था।

जब वह आ गया, तो एषा डर गयी।

क्यों? इतने वर्षों बाद, फिर-फिर वही सब लौट-लौटकर, क्यों घट रहा है? काफी-काफी वर्षों पहले, किसी बदली भरी दोपहरी में, उनके सेवक वैद्य स्ट्रीट का आसमान पर घने-काले मेघ घिर आये थे और उस घने नीले मेघों पर एक-एक हक्कानी-सी उजली-पीली पतंग मानो उन मेघों के पेट में झट् से घुस जाने की कोशिश कर रही थी।

उसी दिन अनिमेष आया था! अनिमेष और विभा!

उन दिनों एषा कितनी कमउम्र थीं! उसकी ज़िन्दगी कितनी उजली-धुली, स्वच्छ-सुन्दर थी! ऐसी ज़िन्दगी उसे अपने आस-पास कहीं भी नज़र नहीं आयी। उन दिनों उसका जीवन, परिवार के दायरे में कसकर बंधा हुआ था। उन दिनों उसकी ममेरी-मौसेरी बहनें भी आया करती थीं। वे लोग विवाह, प्रेम, प्यार के बारे में बातें किया करती थीं। एषा को उन दिनों उन लड़कियों का संग-साथ बेहद भला लगता था। कभी उसने कहा था—'रेवा' दी की माँ को मैं अपनी माँ से बढ़कर प्यार करती हूँ।'—उसकी इस बात पर उसकी माँ, छवि, गुस्से से आगभभूखा हो उठी थीं।

ज़िन्दा कछुए की पीठ का खोल तोड़ दिया जाये, तो अन्दर का लाल-लाल माँस, यंत्रणा से कँपकँपाने लगता है। एषा भी उसी तरह स्पर्शकातर थी। इसके अलावा, एक तरफ वह भयंकर स्वार्थी थी, क्योंकि वह बेहद आत्मकेन्द्रित थी, क्योंकि वह अपने को बे-हद प्यार करती थी। हालाँकि इन तमाम बातों का उसे अहसास नहीं था। वह तो प्यार पाने के लिए आकुल-व्याकुल थी।

उन्हीं दिनों, अनिमेष आ पहुँचा था। कलकत्ता शहर में जब युद्ध बादल मंडरा रहे थे। इस वजह से शहर के चिरागों पर काले-काले आवरण पड़े हुए थे। ये वे दिन थे, जब कलकत्ता के शहरी लोगों की भीड़ इस विश्वास में डूबी हुई थी कि त्रिपुरा के राजमहल में इन्सान-दैत्य जा घुसा है। इसके अलावा उस ज़माने में भी टमटम पर सवार होकर चौरंगी की सैर करना, शौक का मामला माना जाता था। ख़ासकर बड़े दिन पर! जब कागज की टोपी से लेकर कागज की रिबन तक, टमटम के ताल-ताल पर नाचते रहते थे।

उसी क़िस्म की एक टमटम से एषा की माँ का एक्सिडेंट भी हुआ था। उसी एक्सिडेंट के बाद ही, छवि की माँ होने की संभावना खत्म हो गयी। जितने दिनों उनका एक्सिडेंट नहीं हुआ था, छवि बिलकुल स्वस्थ, सुन्दर, नासमझ, जिद्दी और निरी बच्ची थीं, उतने दिनों पति-पत्नी में पटरी नहीं बैठी।

एषा के घर में प्रेम-प्यार हमेशा से ही गंभीर मसला बना रहा। सतीश, छवि को प्यार करना चाहते थे, मगर कर नहीं पाये। वह तो निरे डरपोक बन गये थे। अपने

बच्चों के मामले में भी हक़ जाहिर करने में डरते थे। छवि के एक्सिडेंट के बाद, दोनों प्राणियों में फिर भी एक क़िस्म का ताल-मेल बना, मानो दोनों ही एक-दूसरे से विश्वासघात करने के बाद, तरह-तरह की विपदाओं से गुज़रने के बाद, दोनों लौट आये हैं। इसीलिए कोई एक-दूसरे को छोड़ने को राज़ी नहीं था, इसीलिए दोनों ही एक-दूसरे के मामले में बहुत ज़्यादा सहनशील थे। हालाँकि यह और कुछ नहीं था, न बर्ताव की दुर्नीति, न चरित्र की विपथगायिता थी। यह सिर्फ परस्पर को प्यार न कर पाने का पाप-स्खलन था! प्रायश्चित था!

ऐन उन्हीं दिनों अनिमेष आया!

उन दिनों, उन लोगों के घर में ममेरी-मौसेरी बहनें नहीं रहती थीं, सिर्फ वे लोग ही रहते थे। उन दिनों भी सतीश और छवि उदासीन थे। सुनने में आया कि छवि गृहस्थी में ही रमी रहती थीं, फिर भी हर ओर अव्यवस्था! बच्चे पढ़ने-लिखने में अच्छे क्यों नहीं हैं, इस बात को लेकर, सतीश व्यंग्यभरी मुस्कान के साथ मंतव्य जाहिर करते थे। ये तमाम समस्याएँ और अशांति, समूचे घर में बेजान-उदास छाया की तरह डोलती रहती थीं। सर्दी की अप्रसन्न सुबह की तरह! और इन्हीं सबसे फ़रार होने के लिए, एषा बीच-बीच में भाग खड़ी होती थी।

किताबों की दुनियाँ में! वह दुखद कहानी-कविता के अलावा और कुछ नहीं पढ़ना चाहती थी। 'टॉम काका की कुटिया' पढ़कर उसने इवाजेलिन की मौत की एक तस्वीर आँक डाली। इसके अलावा, उसने और भी, जहाँ, जो कुछ भी पढ़ा, खासकर शिशुओं की मौत की कथा पढ़कर, बेतरह अभिभूत हो जाती थी। वे सब उसे अपने बेहद करीब के इन्सान लगते थे। डी नदी के जल में गुम हो जानेवाली मेषपालिका, मेरी, दुर्गा, लूसी ग्रे और सबसे बढ़कर 'टोट पींड़ीखानी' की लापता बेटी, उसे लगता था कि जीते-जागते इन्सानों से कहीं ज़्यादा, बहुत ज़्यादा सच्चे हैं। के घर में जो लड़का हरतन की चुनौती क़बूल करके खेला करता था और जिसने सुरों की बांसुरी सुनी थी, उन सबको वह ज़्यादा पहचानती थी। इसीलिए स्कूल में मुँहासे वाली लड़की या शादी के सपने देखनेवाली मुहल्ले की लड़की—उसकी किसी से भी दोस्ती नहीं हुई।

'यह एक क़िस्म का रोग है—' किसी अनुभवी डॉक्टर की तरह अनिमेष ने ही असली समस्या पर उंगली रखी, 'इस घर की समस्या है, स्नेहहीनता! प्यार का अभाव!'

इस तरह उसने आने के साथ-साथ एषा की समूची दुनिया को ही अपने हाथ में ले लिया। अनिमेष को देखते-देखते ही एषा बड़ी होने लगी। हालाँकि इसका नाम प्यार नहीं था, बल्कि निर्भरता था और कुछ था। प्यार तो यह हरगिज नहीं था। उसे तो अहसास था कि वह एषा से स्नेह करता है। वह उससे हमेशा से स्नेह करता आया है, हमेशा करता रहेगा और इसी जानकारी ने एषा में भी काफी बल-भरोसा

करता आया है, हमेशा करता रहेगा और इसी जानकारी ने एषा में भी काफी बल-भरोसा भर दिया था।

इसीलिए अनिमेष और इरा की इतनी कम-कम ख़बर जो मिली, वे लोग जो आये नहीं, उन दोनों ने अपनी ख़बर तक नहीं दी, इसका एषा को कोई दुःख या अफसोस नहीं था।

इसके विपरीत, जब उसने देखा कि अनिमेष को प्यार करना एक रोग है, उसे प्यार करके विभा नशे की अभ्यस्त हो गयी, तो वह डर गयी।

जब तपन ने कहा कि अनिमेष ने किसी न किसी तरह एषा की दुनिया को अपने में क्लिीन और बेसुध कर रखा है और इसीलिए उसे तपन को क़बूल करने में इतनी हिचकिचाहट हो रही है, तो एषा बेतरह डर गयी थी। उसने मन ही मन प्रार्थना की अनिमेष अब यहाँ न आये। वे दोनों जहाँ भी रहें खुश रहें, सुखी रहें। एषा ने जानबूझकर उसे भूल जाने की कोशिश की। इरा भी स्वेच्छा से नहीं गयी, अनिमेष उसे खींच ले गया था। लेकिन मानो किसी भयंकर नियम के वृत्त को पूरा करने के लिए ही इतने वर्षों बाद, अनिमेष दुबारा आ पहुँचा। मानो वृत्त के दोनों सिरे अब तक जुड़े हुए नहीं थे, इस बार जुड़कर सम्पूर्ण हो गये। लेकिन अनिमेष क्या किसी भी तरह उस वृत्त को पूरी तरह जोड़ने के लिए ही आया था? अनिमेष को हमेशा से ही एक पैटर्न पसन्द था। वह चाहता था इन्सान बेदाग़ और विशुद्ध हो; इन्सान की भावानुभूति शुद्ध हो। चारों ओर के लोगों के चेहरों ने हद से ज़्यादा मुखौटा ओढ़ रखा है! सभी चेहरे वर्म-चर्म से ढंके हैं। कहीं कोई सहज या स्वाभाविक नहीं है।

अनिमेष ने निलीना मित्र, विजय मित्र, रणजय, अजय, लता, इला—सभी को ख़ारिज कर दिया था। उसने इरा को चाहा था।

उसने विभा के प्यार की तरफ पलटकर नहीं देखा। उसने किसी के भी बारे में नहीं सोचा और उसने मान ही लिया था कि इरा भी उसे चाहती है।

अनिमेष इरा को प्यार करता था, फिर भी यही कहता था कि इरा बिलकुल बेदाग़ और अशुद्ध है। बिलकुल परफेक्ट! इसीलिए उसे एषा की ज़रूरत है। एषा काफी छोटी, सरल-सुकुमार और नमनीय है। एषा के निष्पाय साहचर्य की उसे ज़रूरत है।

इन्सान को तोड़-फोड़कर दुबारा गढ़ने, इन्सान से खेलने—उसे ये सारे अधिकार हैं। उसने यह वादा क्यों किया था, कौन बतायेगा?

अब, वह जो लौटकर आया है, मुमकिन है, यह अपना कोई मानसिक पैटर्न पूरा करने की इच्छा को, चरितार्थ करना भर हो। इसके अलावा और कुछ नहीं। यह सोचते हुए भी इषा भयंकर दहशत से भर गयी।

उसे इस लिए डर लगा कि जो सब दिन, मन में गुंथ जाते हैं, किसी न किसी

कारणवश अगर वे दिन लौट आयें, तो आदमी डर जाता है, क्यों यह स्वाभाविक नहीं है। अनिमेष जब यहाँ पढ़ने आया था, तब उसकी उम्र छब्बीस थी और एषा की उम्र कुल बारह वर्ष! अनिमेष उन दिनों भी किसी और को प्यार करता था। इसके बावजूद, उसका दुबारा आगमन अगर अहम् घटना न लगे, तो अभी भी बदलीभरा आकाश देखकर, एषा को डर क्यों लगता है? बदलीभरे दिनों में, मेघ और तूफानी हवा को धकेलकर, कलकत्ता का आसमान लाल-लाल पतंगों से भरते ही, उसके सीने के अन्दर विस्मृति की धूल में लिपटे सारे तार, एकबारगी झनझनाकर क्यों बज उठते हैं? क्यों उसे पिछली बातें याद आने लगती हैं?

अनिमेष फिर किसी बरसाती दिन में दुबारा लौट भी आया। वह विभा के साथ ही आया था। आज भी आसमान पर बादलों का ओर-छोर नहीं था और विश्वकर्मा पूजा के दिन भी अगर पतंगे न उड़ें, तो फिर कलकत्ता कैसा?

'अनी, ज़रा धीरे उतर!' विभा ने महीन आवाज़ में ताकीद की।

विभा की एकनिष्ठता देखकर एषा को अचानक हँसी आने लगी। भयानक विचित्रता के साथ, अद्भुत, जादूगर के खेल में जैसे मुखौटे, रंगीन पोशाक, झाबड़झोला—ये सब अगर खुद ही नाचने लगें, इस वक्त ऐसी ही वैसे विभा भी यह बात नहीं जानती थी।

एषा का उससे यह पूछने का मन हुआ—विभा'दी, तुम अनी'दा को क्या हमेशा ही पहुँचाया करोगी? एक बार पहले भी वह अनिमेष को हमारे यहाँ लेकर आयी थी। एक बार इरा'दी को अनिमेष के पास पहुँचा गयी थी। आज वह अनी'दा को फिर लेकर आयी है। क्यों? और कितने दिनों तक तुम दोनों फंटासी में उड़ते फिरोगे? और लोगों की क्या बात करूं, अब, हमारी भी काफी उम्र हुई!

ख़ैर, एषा ने विभा से यह सब न कहा, न कोई सवाल पूछा।

कुछ पूछने का उसे मौका ही नहीं मिला। इतने दिनों बाद, अनी इस घर में आ रहा था, सतीश, छवि, एषा के भाई-बहन, मनीषा, कमल वगैरह सभी लोग उसका इन्तज़ार कर रहे थे।

उसके लिए यहाँ, उसके लिए राज्यासन बिछा दिया गया होगा मानो यह बात अनिमेष भी जानता था। यह ख़्याल आते ही एषा मानो सर से पाँव तक जल उठी। मानो दस साल पहले, इस घर का प्यार, स्नेहहीनता अस्वीकार करके वह चला नहीं गया, मानो निलीना मित्र पर उसने चरम अन्याय नहीं किया। दुनिया में कहीं कोई प्यार-मुहब्बत नहीं है, यह कहकर, मानो उसने पति-पत्नी, माँ-बाप, बाप-बेटी, माँ-बेटे, भाई-बहन—हर रिश्ते पर, स्नेहहीनता के अपराध का नियम ज़ारी नहीं किया।

'तुम्हें न्यायकर्ता किसने बनाया?' एषा का पूछने का मन हुआ, हालाँकि इस क़िस्म का सवाल वह अपनी ज़ुबान पर नहीं ला सकी।

'हीरालाल, दादाबाबू की सूटकेस बराम्दे में रख दें।' एषा को अपनी आवाज़ सुनायी दी।

अब तक उसके सीने में कहीं बिजली दौड़ती रही। अन्दर ही अन्दर सारा कुछ ठंडा हुआ जा रहा था। यह वक्त तो समझने-समझाने और फैसले का वक्त था।

उसका यह कहने का मन हुआ—'अनी'दा, तुम एक सर्वनाशी प्रभाव हो। तुम्हारे माँ-बाप, मेरे माँ-बाप, इरा'दी, कनक'दा, विभा'दी, मैं—हम सभी लोग तरह-तरह से जोड़-चिप्पी लगाकर, मज़े-मज़े से चलाये जा रहे थे। तुम आये और सबको ईमानदार बनने, शुद्ध बनने वगैरह-वगैरह सैकड़ों तरह की बातें करके तुमने ही हंगामा खड़ा कर दिया। तुम्हारी इच्छाएँ, यहाँ तक कि खुद तुम, अब, आज के दिनों में अचल हो। इसलिए तुम्हारी इच्छाओं का सम्मान करते हुए या न दे पाने की वजह से तुम्हारी माँ मर गयी, मैं भी जाने कैसी तो हो गयी। मैं भी भरपूर इन्सान नहीं बन पायी, अनी'दा—'

'विभा'दी, तुम ठीक हो न?'

'एषा!'

अनिमेष की अब उपेक्षा नहीं की जा सकी।

वह भी आगे बढ़ आया, 'एषा, तुम ठीक हो न?' यह सवाल करते-करते ही वह ठिठक गया।

उसके सामने जो लड़की खड़ी थी, वह पिछली एषा नहीं थी, जिसे वह छोड़कर चला गया था। इसके अलावा अगर सौजन्य-शराफत की बात की जाये, तो अब जाकर अनिमेष की समझ में आया कि अब बीच में कई-कई वर्ष, कई-कई लोग दीवार बनकर खड़े हो गये थे।

निलीना मृत! कनक निर्वासित! द्वारा अनुपस्थित!

ऐन उसी वक्त एषा के कानों में किसी और की आवाज़ बज उठी, 'अच्छी तो हो, एषा?'

'तपन...तुम?'

तपन सकुचाया-सा खड़ा-खड़ा पसीने-पसीने हो आया।

'तुम क्या इसे पहचानती हो, एषा?' अनिमेष विस्मित!

'वह हमारे यहाँ का ही तो बच्चा है—' सतीश ने सबको राहत की साँस लेने का मौका दिया।

इस वक्त, इसी क़िस्म के जुमले की ज़रूरत थी। अगर वे वह कहते कि—'वह तो हमारे हरि बाबू का बेटा है।'—तो और बेहतर होता। परिस्थिति जब अति मात्रा में अवास्तविक हो, तब वास्तविकता का होमियोपैथिक डोज़ से भी काम बन जाता है।

'वाह! हम दोनों, साथ-साथ ही तो आये हैं।' अनिमेष चकित था।

'जी-हाँ, मैं बम्बई से और ये रायपुर से। काफी दूर तक और देर तक, हम दोनों,

एक-दूसरे के सहयात्री थे।' तपन के होठों पर भीषण उदासी खेल गयी। जाहिर था, विभा ने उसे स्टेशन पर देखकर भी, न पहचानने का नाटक किया था।

'जब मैंने सुना कि वह इधर ही आ रहे हैं, अब मैंने ही कहा कि चलिये साथ चलते हैं।' अनिमेष हँस पड़ा।

उसे यह मामूली, फिर भी व्यक्तिपूर्ण लड़का अच्छा लगा था। ट्रेन में आते-आते, उसे जाने कितनी बार ख्याल आया कि वह भी अगर अजीबोग़रीब महत्वाकांक्षाओं से अस्थिर न होता, तो वह भी इस लड़के की तरह ही आत्मस्थ होता। आत्मस्थ होना ही सबसे बड़ी बात है; अपने अन्दर स्थिर रहना! मालबाबू होकर, तीसी और अन्य अनाज और बीजों का हिसाब रखने में भी कोई आपत्ति नहीं थी, बशर्ते वह उसका अपना, नितान्त निजी काम होता। लेकिन, अनिमेष यह भी जानता था कि वह मौका उसे अब कभी नहीं मिलेगा। जैसे उसकी आँखों का पावर अब कभी माइनस सिक्स नहीं होगा। जैसे उसे अपने पेट से निकाली हुई एपेंडिक्स अब कभी वापस नहीं मिलेगी, उसी तरह तुच्छ और हास्यास्पद ही सही, फिर भी यह ध्रुव सत्य है कि उसे अब तपन की उम्र कभी वापस नहीं मिलेगी।

'तुम बम्बई से लौट रहे थे, तपन?' सतीश विस्मित हुए!

'जी-हाँ!' अनिमेष को देखकर, तपन को जो धक्का लगा था, उसका असर अभी तक गया नहीं था।

'तुम बम्बई क्यों गये थे, तपन?' छवि की आवाज़ में हताशा झलक उठी।

ज़िन्दगी में किसी चीज़ के लिए उन्होंने आन्तरिक कोशिश नहीं की थी। उन्होंने अच्छी माँ, अच्छी पत्नी बनने की कोशिश कभी नहीं की, लेकिन उनकी आवाज़ में क्षोभ था। इस शिष्ट-सभ्य लड़के से अगर उनकी असभ्य-नाकहल बेटी, अगर विवाह कर लेती, तो उन्हें सुयोग्य दामाद मिल जाता।

'ऑफिस के बाद से!' तपन ने जवाब दिया।

'तुम्हारा ऑफिस तो कलकत्ते में ही है न?'

'जी-हां। लेकिन मुझे इन तीन सालों में दो-दो प्रमोशन मिले—' तपन ने विभा की तरफ देखा, 'मुझे ऑफिस इन्सपेक्शन के लिए बम्बई और मद्रास जाना होता है।'

'आप लोगों का किस चीज़ का ऑफिस है?' अनिमेष ने आग्रह भरे लहजे में सवाल किया।

'पहले हम चुनिन्दा लोहा आयात करते थे, अब हल्की-फुल्की मशीनें बना रहे हैं।'

'माला? माला मजे में है न, तपन?' छवि ने पूछा।

'हाँ, बेशक, मजे में ही है।'

अब, तपन हँसकर विभा की ओर मुखातिब हुआ, 'आप ठीक हैं न?'

'अरे, आप उसे भी पहचानते हैं?'

'ओह, तपन...!' विभा ने धीरे से कहा।

'लेकिन, स्टेशन पर तो तुम...?' अनी ने कहा।

'उन्हें शर्म आ रही थी–' तपन अचानक हँसा, 'मैंने उनसे चंद सच बातें कही थीं। उन दिनों विभा'दी सड़क के कुत्तों के लिए अपनी जान तक दे सकती थीं, लेकिन जो लोग अप्रिय सच कहते हैं, उन्हें वह आज भी माफ नहीं कर पातीं। इसीलिए उन्होंने मुझे पहचानना नहीं चाहा–'

एषा का चेहरा आरक्त हो आया और अगले ही पल फक्क! इसके आगे तपन क्या कहेगा?

'तपन किन्हीं दिनों...'

विभा की बात बीच में ही काटते हुए, तपन बोल उठा, 'मैं अभी भी तुम्हारी खोज-खबर रखता हूँ, विभा'दी! अनन्त चाटुर्ज्यी मेरा दोस्त है। उसी ने तो आपको ठीक किया। शायद इसीलिए आप उसे भी देख नहीं पातीं। आपको वह असहनीय लगता है।'

'तपन, इतने अर्से बाद, क्या तुम झगड़ा करने आये हो?'

'नहीं, एषा, लेकिन तुम तो जानती हो, मैं ज़रा कीचड़-माटी का इन्सान हूँ। मेरा बर्ताव तुम लोगों जैसा विशुद्ध-त्रुटिहीन नहीं हो पाया। अच्छा, अब मैं चलता हूँ अनिमेष बाबू!'

'आप जा रहे हैं? आपके साथ तो...'

'अरे, साहब, मुझे तो आपको बहुत पहले ही पहचान जाना चाहिए था। किसी और को दोष क्यों दूँ? ट्रेन में सफर करते हुए, मैं ही आपके आकर्षण में बँधा जा रहा था।'

'लेकिन, अब क्या दुबारा भेंट नहीं होगी?'

'अनिमेष बाबू, यहाँ मेरी बार-बार उपस्थिति की ज़रूरत नहीं पड़ेगी। इसके अलावा, आप भी काफी व्यस्त रहेंगे। आपने तो मुझे बता ही दिया था कि आपको यहाँ ढेरों काम हैं? चलता हूँ, मौसा जी!'

तपन कमरे से बाहर निकल गया।

सभी लोग अवाक्!

अगले ही पल सभी लोगों ने एक साथ बोलना शुरू कर दिया–

अनी, तुम्हारा कमरा ठीक पहले की तरह ही...'

–इरा को अपने साथ क्यों नहीं लाये?

–ट्रेन अगर लेट हो जाती, तो शायद अब फिर...

अनिमेष पर्दा हटाकर अपने कमरे में दाखिल हुआ और एकदम से ठिठककर खड़ा हो गया। सब...सबकुछ बिलकुल पहले की तरह ही था।

एषा ने चींखकर कहना चाहा—अनी'दा, दा ग़लतफहमी में मत पड़ना। यह देखकर तुम यह मत समझ लेना कि तुम आकर खड़े हो जाओगे और सबकुछ बदल जायेगा।

लेकिन, अनिमेष के सामने कौन, कब बात कर पाया है? एषा भला कैसे, कुछ कहती?

'विभा, देखो, आज भी आसमान में पतंगें उड़ रही हैं।'

'आज विश्वकर्मा पूजा जो है, अनी!'

'यह अनन्त चाटुज्या कौन है, विभा?'

'एक बे-हद हैंडसम डॉक्टर है, अनी!'

'उसके बारे में वह लड़का क्या तो कह रहा था?'

एषा ने विभा की ओर देखा।

विभा को कोई शर्म नहीं...बिलकुल कोई शर्म नहीं! एषा अचरज से मुँह बाये अनी'दा की बातें निगल रही थी। अभी भी विभा'दी...अनी को नहीं भूल पायी। इतनी निर्लज्ज वह कैसे हो गयी? अब, क्या वह अनी'दा को सच्ची बात बतायेगी?

'मैं ड्रग होने लगी थी, अनी!'

'क्या कहा...?'

'मैं ड्रग लेती थी। तपन मुझ पर व्यंग्य कर गया, एषा, लेकिन कोई भी खुशी-खुशी ड्रग नहीं लेता। मन में अगर सुख हो, तो कोई ड्रग नहीं लेता। पता है, अनी, मुझे बिस्तर से बाँधकर, अनन्त चाटुज्या ने मेरी ड्रग की आदत छुड़ायी। कह सकते हो, मैं पागल हो गयी थी। सभी को मारती-पीटती थी, इधर-उधर दौड़ लगाती फिरती थी, कपड़े-लत्ते फाड़ देती थी।'

विभा के चेहरे पर इस वक्त अलग तरह की अस्थिरता और आक्षेप था।

'जिनका कोई भविष्य होता है, वे लोग ड्रग छोड़ देते हैं, तो इसका कोई मतलब होता है। लेकिन मेरे लिए तो वही राहत और आराम की चीज़ थी। मेरे लिए अब सामने तो देखने को कुछ भी नहीं है। मैं क्यों उन लोगों की बातें सुनकर, स्वस्थ-स्वाभाविक बनने गयी, बताओ तो? उन लोगों ने मेरा कोई भला नहीं किया, अनी।'

'विभा, तुमने मुझे बताया क्यों नहीं? तुम्हें किस बात का दुःख है?'

'मुझे किस बात का दुःख है?' विभा खाली-खाली निगाहों में अनिमेष को देखती रही।

अगले ही पल, उसने मुँह फेरकर कहा, 'अब, ये सब बातें रहने दो। मैं किसी दिन भी तुम्हारे कैनवास में नहीं थी। तुम इरा की ख़ैर-ख़बर बताओ।'

इरा की ख़ैर-ख़बर!

अनिमेष ने सिर उठाया, 'मैं रायपुर क्यों गया था, यह नहीं पूछोगी?'

'क्यों गये थे, अनी'दा?'

'डैडी को देखने। सर विजय मित्र अब बिलकुल अंधे हो चुके हैं। ही हैज़ लॉस्ट हिज़ प्रेशस आइज़! अपनी बेशक़ीमती आँखें खो दी हैं उन्होंने। बेहद कातर लहजे में, लगभग भीख माँगते हुए, उन्होंने मुझे आने को लिखा था।'

'तुम्हारे डैडी अंधे हो गये?'

'हाँ, आँखों की नसें सूखकर नष्ट हो गयी हैं। यहाँ के किसी डॉक्टर पर उन्हें भरोसा नहीं हुआ। विएना और लंदन तक दौड़ लगायी और वहाँ डॉक्टर लिंडा से ऑपरेशन कराया। लेकिन कुच्छ नहीं हुआ।'

'तुम्हें तो खुश होना चाहिये, अनी।'

'इरा ने भी यही कहा था। लेकिन, मैं जानवर नहीं हूँ, विभा, मैं खुश नहीं हुआ। रायपुर पहुँचकर जब मैंने देखा, डैडी की आँखों पर काला चश्मा चढ़ा है, कंधे झूल गये हैं, मैं रो पड़ा था।'

'तुम?'

'हाँ, डैडी ने मुझे बेवकूफ बना दिया। हम और वह–दोनों ही हमेशा से एक-दूसरे के दुश्मन थे। चूँकि मैं उनसे नफरत करता था, इसलिए मैं अपनी माँ को कभी यह तक नहीं बता पाया कि मैं उन्हें कितना प्यार करता हूँ।'

अनिमेष की बातें सुनकर, एषा के मन में खालीपन का नया अहसास जाग उठा। निलीना मित्र, जो सौन्दर्य की देवी थीं, असाधारण व्यक्तित्व की सम्राज्ञी थीं, अनिमेष ने अगर उनका दिल न तोड़ा होता, तो मुमकिन है, वह मरती नहीं, विराट. ..विराट अपव्यय! विराट नुकसान! क्योंकि निलीना मित्र ये बातें सुनने के लिए, अब लौटकर नहीं आयेंगी।

'असल में, मेरे डैडी मुझे निगल जाना चाहते थे। मेरी कोशिश थी कि मैं डैडी जैसा न बनूं। नहीं, प्यार नहीं, कह सकती हो, घृणा ने ही हम दोनों को एक-दूसरे की तरफ खींच रखा था। लेकिन, इस बार जब डैडी ने आवाज़ दी–अनी! मैं तभी समझ गया कि मेरी लड़ाई खत्म! अब, न मैं उनसे प्यार कर पाऊँगा, न घृणा!'

'उसके बाद?'

'डैडी चाहते हैं, मैं उनके पास रहूँ, विभा! कभी वह इरा को किसी डिस्पैच क्लर्क से ब्याहकर, उसे रास्ते से हटा देना चाहते थे, अब, इरा को कसकर थाम लिया है। अचानक ऐसा लगा, उनकी आँखें नष्ट होना, कुछ नहीं हैः ऐसा कोई सक्रिय जीवन नष्ट हो जाना भी कुछ नहीं है। उन्हें सब कुछ सह जायेगा, बशर्ते इरा उनके पास हो।'

अनिमेष ने विभा की ओर नज़रें उठाकर देखा। अब, एषा ने गौर किया, अनी की कनपटियों की नसों के पास के बाल सफेद हो चुके हैं, आँखों के करीब छोटी-छोटी अनगिनत सिलवटें। पतले दूध पर जैसे पतली-सी मलाई पड़ी होती है,

बिलकुल वैसी ही!

'इसीलिए तुम इरा को वहाँ छोड़ आये?'

'मुझे अहसास हुआ कि डैडी अब बुढ़ापे के शिकार हो गये हैं, वर्ना उन्होंने कभी यह जाहिर नहीं होने दिया कि उन्हें माँ की या किसी अन्य की ज़रूरत है अचानक डैडी छिहत्तर वर्ष के बूढ़ों जैसे नज़र आये। इससे पहले तक यही लगता था कि वह बूढ़े नहीं हुए। मैं समझ गया कि इरा को प्यार करके। वह पाश्चाताप कर रहे हैं। माँ के प्रति और शायद मेरे भी प्रति यह उनका पछतावा भर है।

अनिमेष कुछेक पलों के लिए थम गया।

'बहरहाल, मुझे यह ज़्यादा सच नहीं लगा। पहले डैडी कहा करते थे कि वह काम करते-करते ही मरना चाहते हैं। वह बूढ़े नहीं होना चाहते। लेकिन, मैंने देखा, उनका आत्मसम्मान अभी भी अक्षय है। लता भाभी जाने कौन-कौन सी किताबें पढ़-पढ़कर सुनाती हैं, वही सुन-सुनकर वह अपने कान अभ्यस्त कर रहे हैं, ताकि सूक्ष्म से सूक्ष्म शब्द सुन सकें, अपना काम खुद कर सकें। अभी भी ड्राफ्ट के डिक्टेशन देते हैं, चिट्ठी-पत्री सुनते हैं, ऑफिस में कामकाज के बारे में निर्देश देते हैं। यही अच्छा भी है। असल में वह बिलकुल अलग धातु से बने हुए हैं।'

एषा ने नज़रें उठाकर अनिमेष की तरफ देखा। अनिमेष ने अपने पिता के बारे में इतनी बातें कभी नहीं कीं।

'गर्वीले, कभी न झुकनेवाले, भले-भले—हम बस उन्हें इसी रूप में देखने के अभ्यस्त हैं। इसके बीच बार-बार इरा-इरा के नाम की रट लगाना, इरा के लिए बेसब्र होना, सच पूछें तो मुझे नाटक लगा। मुझे ऐसा लगा कि वे यह सोच रहे हैं कि इरा को अगर रोके रखा जाये, तो मैं उनके पास रुक जाऊँगा।'

'यह तुम क्या कह रहे हो, अनी?'

'नाटक! मारवंड! मत समझो कि डैडी के लिए यह सब असंभव है। उनमें अनगिनत दोष है, अनगिनत गुण हैं और वह कपड़े-लत्तों की तरह, एक साथ, एक ही देह में धारण किये हुए हैं। मेरे मन का शक ज्यों का त्यों बना हुआ है।'

'फिर तुम इरा को वहाँ क्यों छोड़ आये?'

'इरा को?' अनिमेष अचानक हँस पड़ा। निर्मल, सुन्दर हँसी! सिर्फ उसकी आँखें नहीं हँसी! आँखें बुझीं-बुझीं, सिर्फ होंठ-हँसते रहे।

'इरा वहीं रहना चाहती है, विभा! इरा का जो मकान था यानी सुधांशु नन्दी का मकान...वह तो यूँ ही पड़ा हुआ था। डैडी ने उसे खूबसूरत तरीके से उसे सजा-टजा रखा था। इरा चाहती है कि उसी मकान का एक कमरा अपने लिए रखकर, बाकी कमरे किराये पर चढ़ा दे।'

'क्यों, अनी?'

'इरा और मुझमें ठीक पटरी नहीं बैठी। वह शायद मुझे प्यार नहीं कर पायी!

नहीं, नहीं, उसने कोशिश की थी, विभा, पूरी कोशिश। लेकिन महज़ कोशिश करने भर से...'

'अनी, तुम सच नहीं बता रहे हो—'

'सच?'

विभा ने अनिमेष को पलटकर जवाब देने का मौका नहीं दिया।

उसने चींखकर कहा, 'इरा इज़ इनकेपेबल ऑफ लव! वह प्यार कर ही नहीं सकती। अगर प्यार कर पाती, तो वह मेरे भाई, कनक को इस तरह...तुम भी बेवकूफ की तरह...इरा ने ज़रा-मात्र अगर किसी को प्यार किया, तो वह तुम्हारे बड़े भाई, रणजय को। हाँ, उसी ब्रूट...उसी जानवर को! इरा दरअसल क्या है, वह यहीं, इसी बात से पता चल जाता है। उसके लक्षण अब, सभी जान चुके हैं। रणजय ठहरा ब्रूट! बर्बर! अब तो उसके बाल-बच्चे भी बड़े हो गये होंगे। लेकिन, हाँ...इरा असाधारण है; अनन्य है, सुपरसेंसिटिव है...रबिश! सफ़ेद झूठ है। इरा को सभी लोग इतना ज़्यादा...हाँ, अनी, सच क्या है, वह तुम भी जानते हो, क़बूल नहीं करते। इरा ने तुम्हें कभी...किसी दिन भी प्यार नहीं किया। प्यार किया था मैंने! अनी...अनी... मैंने।'

विभा तैश में उठकर बाहर निकल गयी।

अनिमेष का चेहरा रक्तशून्य! एषा का चेहरा फक्क!

कुछ देर बाद, अनिमेष ने सिर उठाया! अब, उसने एषा की तरफ देखा!

'इसीलिए मैं तेरे पास आया हूँ, एषा! थोड़ी-सी राहत...बूंद भर शांति पाने के लिए!'

एषा और अनिमेष! अनिमेष और एषा!

इस बार अनिमेष को इस घर में विभा और तपन, दोनों प्राणी ही लाये थे।

कई दिनों बाद, उन दोनों से दुबारा भेंट हुई! फिर उसी 'गड़ेर माठ' में, विक्टोरिया मेमोरियल की परली तरफ! तपन अनमनी मुद्रा में चलता जा रहा है। विभा ने गाड़ी रोकी! तपन उसकी बगल में आ खड़ा हुआ!

दोनों ही अपने में ज़रा-ज़रा सकुचाते हुए फिर भी चेहरे पर हँसी। तपन को आज विभा को देखकर अफसोस हुआ।

'तपन, तुम्हारी आँखों को क्या हुआ है? ऐसे क्यों देख रहे हो? तुम क्या मुझ पर तरस खा रहे हो?'

'नहीं, अफसोस हो रहा है, विभा'दी।'

'हैरत है! तुम्हीं न कभी...मुझे...' विभा ने अपनी बात अधूरी छोड़ दी। जुमला पूरा करने का मन ही नहीं हुआ। कई साल पहले इसी तपन ने उस पर निर्मम भाव से व्यंग्य किया था। जिस दिन ऐषा ने उसे लौटा दिया था, उसी दिन मन को दुःख

से आहत तपन ने उसे ताना मारा था।

'हाँ, लेकिन मैं क्या देख रहा हूँ, जानती है? कभी आप लोगों से काफी धनिष्ठता थी। अभी भी लगता है कि आप दोनों को मैं अपने मन से हटा पाया हूँ।'

'मैं जानती हूँ, तपन।'

'लेकिन, मैं अपनी वह बात वापस नहीं लूँगा, विभा'दी! आपने एक अलीक, अवास्तविक धारणा के पीछे भाग-भागकर अपने को खर्च कर डाला। अनिमेष को क्या आपने इस हद तक प्यार किया था कि इसके लिए आपको ड्रग-एडिक्ट होना पड़ा?'

'हाँ, तपन!' विभा ने धीरे से कहाँ थकी-थकी-सी निगाहें उसने मैदान की ओर फेर ली।

'मैंने उसे बे-हद प्यार किया था। आज भी करती हूँ। अनिमेष जैसे लोग इस दुनिया में सर्वनाश करने आते हैं। दूसरों के लिए सर्वनाश बनकर आते हैं। उसे मैंने उस सीमा तक प्यार किया था कि जब उसने इरा को चाहा, तब मैं इस कोशिश में जुट गयी कि चाहे जैसे भी हो, उन दोनों का मिलन हो जाये। हालांकि मेरा भाई, कनक भी इरा को बेहद प्यार करता था, यह बात मेरी अंजानी नहीं थी। लेकिन, तपन, अब लगता है, अनिमेष ने इरा को सिर्फ दुःख दिया है। उसके मुकाबले तो शायद मेरा भाई, इरा को सुखी कर पाता। सुबह चाहे जैसा भी हो, मेरा भाई, अनी की तरह, एग्जेंक्टिंग नहीं था। वह अपने को इरा पर लादने की कोशिश, हरगिज नहीं करता।'

'ये सब बातें आप मुझे क्यों बता रही हैं, विभा'दी? मैं कौन होता हूँ? आप मुझे पहचानती ही कितना-सा हैं?'

'तुम तपन हो! कुछ वर्षों पहले तुमने एषा को प्यार किया था। हमारे सर्कल में शामिल हो गये थे। इसके अलावा, यह जो तुमने चंद क्रूर बातें कही थीं—ट्रैजेडी क्वीन वगैरह-वगैरह! उस किस्म का सच मुझसे और किसी ने नहीं कहा था, तपन! और तुम तो एषा को अभी भी प्यार करते हो।'

'नहीं, विभा'दी!'

'वह तो तुम्हारी आँखें देखकर ही मैं समझ गयी थी। लेकिन, तपन, तुम ज़रा समझने की कोशिश करो। अनी को प्यार करना, किस क़दर मेरी आदत बन चुकी है। इतने-इतने दिन गुज़र गये। बहुत बार मैं सोचती हूँ कि नींद से जागते ही, मैं उसे भूल जाऊँगी। अगर मैं कामकाज में डूबी रही, तो मेरे सीने में बसा, उसका ख़्याल निश्चिन्ह हो जायेगा। लेकिन मेरे दिल से उसकी याद किसी हाल में भी नहीं जाती, तपन, मुझे अन्दर ही अन्दर बेहद तकलीफ होती है।'

विभा का चेहरा थका-थका, करुण और असहाय! दृष्टि विक्षिप्त, उद्भ्रान्त! विभा की ज़िन्दगी का गुनगुना मौसम महज़् इन्तज़ार में ही रीत गया। असल में

किसी दिन भी, किसी ने उसे उत्सव-आयोजन में हिस्सा लेने को आमंत्रित नहीं किया। वह सारे दिन पार करके, विभा यहाँ पहुँची है। विभा नहीं थकेगी, तो और कौन थकेगा?

'विभा'दी मुझसे ऐसी बातें मत करो, मैं...'

तपन का यह कहने का मन हुआ कि मैं साधारण इन्सान हूँ! अति साधारण! एषा द्वारा ठुकराए जाने पर, मैं अपमान से जर्जर हूँ। अपने को और किसी तरफ ख़र्च न करके, मैं नौकरी में अपने प्रमोशन में जुट गया। मैंने तरक्की की है। अब मैं उसी कम्पनी का कर्मचारी हूँ, जो लोग छाँट लोहा, जापान को बेचते हैं और झकमक यन्त्र-पाती बनाते हैं। मुझे ये बातें मत बताओ।'

'तुमसे ये बातें कर रही हूँ, तपन, क्योंकि तुम एषा को अभी भी प्यार करते हो।'

'नहीं! नहीं! अच्छा, मैं चलता हूँ, विभा'दी।'

'अनी को मैंने एक दिन इरा के पास पहुँचा दिया था तपन! बहुत-बहुत वर्षों पहले। हमारी पीढ़ी रोमाँटिक थी! बेहद छटपट और ओवरसेंसिटिव! एन्द्रिला कहा करती थी। हम सब बेहद भावुक होती हैं, हमारे द्वारा कुछ नहीं होगा। देखना, दूसरे-दूसरे लोग कविता-टविता लिख मारेंगे। वही एन्द्रिला, जो ग़ज़ब की खूबसूरत थी, सूरज सर्द पड़ता जा रहा है, यह दुहाई देते हुए, उसने बाइस वर्ष की उम्र में लेक में डूब मरी थी। उसने कहा था—'

विभा ने रुककर, गला साफ़ किया।

उसके बाद, वह दुबारा शुरू हो गयी, 'गुमशुदा पीढ़ी! आत्महंता पीढ़ी! हम सबने कविताएँ नहीं लिखीं, तपन, वी वुड रेसाइट! हम पुनरावृत्ति करती थीं। तुम्हें याद है, 'ऐन इन मिरांडा'? डू यू रिमेम्बर' एन इन'? या सायोनारा या और कोई कविता? हमारे छात्र जीवन में ही एक दिन हिरन दास नामक लड़के मोटर हंकाकर ले गया और चौरंगी की ट्राफिक रोककर, एन्द्रिला को उसने 'बनलता सेम' कविता सुनायी थी। बाद में, पुलिस को जुर्माना भी चुकाया था, तपन! तुम कहोगे हम गैर-ज़रूरी हैं, अवान्तर हैं, फिजूल के खर्च हैं। मुमकिन है, यही सच हो। लेकिन अनी को प्यार करने के बावजूद, मैंने खुद उसे इरा के पास पहुँचा दिया था। इस बार, उसे एषा के पास पहुँचा दिया। शायद मैं मेरूदंडहीन, बेवकूफ और नाकारा हूँ। बीच-बीच में, अनी को उसके नसीब तक पहुँचा देती हूँ। लेकिन तुम...तुमने एषा से विवाह क्यों नहीं किया, तपन?' विभा के गालों से धार-धार आँसू बह निकले।

तपन अवाक्! उसके सीने में तीखी, नुकीली पीड़ा उमड़-उमड़कर चुभती रही...लगातार चुभती रही। एषा को तो वह भूल ही चुका है, लेकिन आज दर्द क्यों हो रहा है? तो क्या एषा, अनिमेष को...?

'उन दिनों...उन दिनों एषा उसे शायद प्यार न करती हो, लेकिन अब? अब क्या एषा उसे...?'

'आप अगर एषा से बात करें, उसकी आँखों में देखते हुए?'

विभा ने सिर हिलाकर कहा, 'एषा से मैं क्या कहूँ, तपन? तुम्हें मैंने नहीं बताया, अनी दूसरों के लिए सर्वनाश है। अनी के जाने के लिए, बस, एक ही जगह है, अपने डैडी के पास! वह हमेशा से अपने डैडी की पकड़ से भागता रहा है।'

'क्यों?'

'क्योंकि उसके डैडी का स्लिट इमेज है! वे दोनों ही एक-दूसरे के लिए बे-हद, बे-हद ज़रूरी हैं। लेकिन किसी शर्तों पर भी समर्पण नहीं करेगा, जब तक...'

'क्या?'

'जब तक प्यार के बारे में उसका एक्सपेरिमेंट पूरा नहीं हो जाता। मुझे क्या पता नहीं है कि एषा भी बे-हद, बे-हद दुःख पायेगी। लेकिन, मैं यह क्या कह रही हूँ? अनी इज़ नॉट बैड, तपन! तुम मेरी बातों का बुरा न मानना।'

उस दिन घर लौटकर, तपन ने अचानक फैसला किया, अब वह शादी कर लेगा। अभी तक उसके मन में कहीं, कोई प्रत्याशा थी। लेकिन अनिमेष को देखने और विभा की बातें सुनने के बाद उसे लगा, उसके मन में कहीं, कुछ टूटने लगा है, कुछ टूटता जा रहा है। उसने भी एषा से प्यार किया था, इतना प्यार किया था कि अभी भी वह किसी दूसरी लड़की की तरफ निगाह उठाकर देख भी नहीं सकता। वह मन ही मन अपनी यादों से विश्वासघात नहीं कर सकता।

वे लोग अलग वर्ग के हैं। मुझे उन लोगों के बारे में नहीं सोचना चाहिये था, तपन को अहसास हुआ। इतने दिनों बाद, दुबारा कैसा भीषण दर्द...। यह दर्द किसी को बताया भी नहीं जा सकता। लेकिन मन के तले जो मन बसा है, उसे कहीं उम्मीद ज़रूर थी कि एषा एक बार फिर उसके करीब आ खड़ी होगी। लेकिन, आज विभा ने यह क्या कह दिया?

'माँऽ!' घर में दाखिल होते ही, तपन ने ईषत् अस्वाभाविक, ईषत् ऊँची आवाज़ में अपनी माँ को पुकारा!

आज माँ को भी आवाज़ देते हुए, उसे बेहद तकलीफ हुई, क्योंकि माँ कुछ नहीं समझेगी। उसे किसी सूक्ष्म अनुभूति, तीखे दर्द का अन्दाज़ा भी नहीं होगा। एषा के प्रति तपन के विश्वास से वह ईर्ष्या ही करती आयी है। उन्हें लगा है कि यह उनका अपमान है। आज उन्हें लगेगा कि वे जीत गयी है और खुश होंगी। लेकिन तपन उन्हें कैसे समझाये कि इतने दिनों वह अपने से ही डरता रहा है। वह जैसे-तैसे किसी नियति के हाथों अपने को सौंपकर, वह निश्चिन्त होना चाहता है। इसीलिए वह ब्याह के लिए राजी हुआ है। लेकिन उसे समझाकर क्या होगा? फ़ायदा भी क्या है?

'माँ!–' तपन ने अपनी माँ की कोरी साड़ी को हिलते-डुलते देखा। चूँकि वह विधवा हो चुकी हैं, इसलिए गृहस्थी से, अपनी सन्तान से उनका बहुत ज़्यादा प्राप्य है, यह धारणा वह अपने मन में हमेशा से ही पालती आयी थीं। विद्रोही प्रजा से

राज-कर लेने की तरह, वह उल्लसित भंगिमा में, उसके सामने आ खड़ी हुईं।

'माँ, मुझे शादी करनी है।' तपन ने कहा।

इसके साथ ही जाने किसने तो ज़ोरदार घूंसे की तरह, उसके सीने पर आघात किया।

'तुम लोग जिससे रिश्ता तय कर दोगी, मैं उसी से शादी कर लूँगा।' उसने कहा और अगले ही पल, वह भयंकर आतंकबोध से घिर गया।

वह विभा जैसा नहीं होना चाहता। अब उसे भी लगा कि वह भी एषा को शायद बहुत ज़्यादा प्यार करने लगा था, वर्ना इतने अर्से बाद, उसे इतना दर्द क्यों हो रहा है?

'माँ, अब तुम जाओ—' उसने अवसद्ध आवाज़ में कहा।

माँ कमरे से बाहर निकल गयी। लेकिन वह मुड़-मुड़कर उसे देखती रही। तपन के चेहरे-मोहरे पर छायी हुई अस्वाभाविकता भी उन्होंने गौर किया।

हे भगवान, मुझे मेरे हाथ से बचाओ। एषा के दिन-रात प्रार्थनाओं से भर गये। लेकिन वह, यह भी जानती थी कि वह शायद बचना चाहती ही नहीं।

अनिमेष ने देखा, एषा भयंकर अस्थिर और बेचैन है। यह देख-देखकर उसे तकलीफ होती रही। उसने ऐसा नहीं चाहा था! एषा को यूँ अस्थिर और बेचैन देखना, वह बिलकुल नहीं चाहा था।

'मैंने उसे यूँ अस्थिर-बेचैन नहीं देखना चाहा था, विभा!'

'तुम यहाँ आये ही क्यों, अनी?'

'यहाँ आकर, उन दिनों बेहद शांति मिली थी—'

इसीलिए कोई अधेड़ पुरुष अगर यह सोच ले कि दुबारा लौटने पर उसे फिर वही शांति मिलेगी, तो और क्या कहा जाये?

इसके अलावा, विभा ने यह पूछना चाहा कि तुम शांति, माँग रहे हो, सिर्फ माँगते ही हो। लेकिन तुमने क्या कभी किसी को शांति दी भी है? किसी दिन तुमने यह भी सोचकर देखा है कि तुमसे किसी ने, कभी शांति नहीं पायी?

'ये सब चीज़े एकतरफा नहीं होती, अनी!'

'मतलब?'

विभा का यह पूछने का मन हुआ कि तुम्हें क्या निलीना मित्र याद हैं? तुम क्या विजय मित्र के बारे में कभी फिक्र करते हो? इरा तुम्हें नहीं, किसी और को प्यार करती है, कभी यह सोचकर देखा था? लेकिन वह कुछ बोल नहीं पायी, उसे संकोच हो आया।

'तुम यहाँ क्यों हो, अनी?'

'यहाँ रहना, अच्छा नहीं लग रहा है, विभा!'

'एक बात कहूँ?'

'क्या?'

'मेरे साथ चलोगे?'

'कहाँ?'

'जहाँ भी मन हो। तुम जहाँ कहोगे, मैं तुम्हें ले जाऊँगी, अनी!' विभा ने सोचा कि अनिमेष अगर राज़ी हो जाये, तो अगर कोई सर्वनाश होने को हो, तो उसे टाला जा सकता है।

'कहाँ जाऊँगा? अभी जाऊँ भी कैसे? मौसी जी लोग कुछ दिनों के लिए पुरी जा रही है, तुम नहीं जानती?'

'पुरी जा रही है? तुम्हें छोड़कर?'

'न जायें तो और क्या करें? ज़िन्दगी में वे कभी बाहर सैर को नहीं गयीं। मौसा जी को कभी छुट्टी ही नहीं मिली। इस बार डॉक्टर ने कहा है कि अगर वह बाहर नहीं गयीं, कम से कम पन्द्रह दिनों के लिए हवा-पानी बदलने नहीं गयीं, तो...अरे, यह क्या? तुम्हारा चेहरा क्यों उतर गया?'

'एषा नहीं जा रही है?'

'कैसे जायेगी? उसके और भाई-बहन भी हैं।'

'तुम भी तो हो?'

'मैं तो यहाँ से चला जाना चाहता था। लेकिन, वे लोग मुझ पर ही भरोसा करके, घरकी निगरानी की जिम्मेदारी मुझ पर ही सौंपना चाहते हैं। तुम जा रही हो, विभा?'

'हाँ! मेरी कोई बात, तुमने कभी नहीं मानी, अनी, फिर भी कहूंगी, तुम अगर चले जाते, तो बेहतर होता। तपन एषा को अभी भी प्यार करता है, अनी!'

'तपन एषा को प्यार करता है?'

अब जाकर अनिमेष को लगा कि विभा कोई समय नहीं है। विभा की समझ कहीं-कहीं गड़बड़ है। तपन एषा को प्यार करता है?

'यह तो अच्छी बात है, विभा, खुशी की बात है।'

विभा का मन हुआ कि वह हिसाब-किताब करके, अनिमेष को दिखा दे कि क्या ठीक है, क्या ग़लत! लेकिन वह किसे समझाये? कैसे समझाये? अनिमेष को शायद अभी भी जानकारी नहीं है कि एषा उसे प्यार करती है। वह क्या एषा के माँ-बाप को जाने को रोक दे? लेकिन, उन लोगों ने अनिमेष पर हमेशा ही भरोसा किया है। वैसे विभा यह सब क्यों सोच रही है? क्या सच ही अनिमेष ने कोई ग़लती की है? वह तो एषा से उम्र में काफी-काफी बड़ा है। इसके अलावा, उसकी शराफत, सौजन्य, इन्सान को सच्चा और शुद्‌ध देखने की आन्तरिक आकांक्षा—इनमें से भला कौन-सी खूबी भुला सकती है विभा? एषा उसे प्यार करती है, हो सकता है, वह न जानता हो। उन लोगों के साथ अनी चला क्यों नहीं जाता? जीवन इतना जटिल क्यों है? वह एषा के बारे में ऐसा क्यों सोचता है? चलो, सोचने दो, एषा उनकी तकदीर

का लिखा पूरा करे।

'यह तुम्हारे हाथ में क्या है, विभा?'

'अँगूर, खजूर, काजू-बादाम खरीदे थे कि तुमसे गपशप करते हुए खाऊँगी। अँगूर खाओगे, अनी?'

विभा लपककर कांच की एक कटोरी ले आयी। सफ़ेद कटोरी पर पीले-नीले **फूल** की डिज़ाइन! उसके लिए, उसके भाई, कनक ने ख़रीदी थी।

कहाँ चला गया कनक? कैसा हो गया उसका जीवन? माँ-पापा तो अपने नाती को लेकर मजे में हैं। अपनी कोंख के बच्चों का जीवन अधूरा रह गया; अस्वाभाविक हो गया, इस दुःख में क्या माँ की एक रात की भी नींद हराम हुई?

'यह खून का रिश्ता कितना सच होता है, कि कितना बनावटी, मुझे समझ में नहीं आता, अनी।'

इस बीच वह खुद और कनक...लेकिन, छोड़ो, अब ये बातें सोचकर क्या होना है? मन की आँखें दिखाकर भला क्या फ़ायदा? अब भाई उसे कितना-सा याद आता है?

'भाई की मुझे याद नहीं आती, अनी, हालाँकि यह कटोरी देखकर...'

विभा ने अपनी बात बीच में ही छोड़ दी। उसकी आँखों से बूंद-बूंद आँसू झरने लगे, जो काले अंगूर और काँच की पीली कटोरी पर झिलमिला उठीं।

इसके कई दिनों बाद, एषा अनिमेष के पास आ खड़ी हुई।

लेकिन, इससे पहले अनिमेष दहशत में था।

वह बेतरह डर गया था! डर के मारे वह अन्दर ही अन्दर पथरा गया था।

एषा को रातों को नींद नहीं आती थी। वह बराम्दे और छत पर टहलती रहती थी। घर की पहली मंज़िल पर बैठा-बैठा, अनिमेष उसके कदमों की आहट सुनता रहता था और मारे खौफ के वह अन्दर ही अन्दर कहीं सहम गया था। क्योंकि ढेर-ढेर दिनों बाद, अर्से बाद अचानक उसे अहसास हुआ कि वह एषा को प्यार करता है। चूँकि वह एषा से प्यार करता था, इसलिए शायद वह एषा के पास लौट आया था।

—'तुमने मुझे प्यार नहीं किया, अनी—' उसे इरा का अतीत कंठस्वर सुनायी देता था।

—'अनी, माइ सन! माइ सन! आइ वांट यू—' अंधे विजय मित्र, पराजित धृतराष्ट्र, अपनी पराजित सन्तान को, सिर्फ अपनी सन्तान को अपने करीब लाना चाहते थे।

'अनी, चलो, हम चले जायें।' विभा का क्लान्त-करुण स्वर! विभा की आँखों में आँसू! लेकिन इतने दिनों बाद, अनिमेष को मानो हर पहेली का जवाब मिलता जा रहा था। उसे सब समझ में आने लगा था। चीनी जादू की पिटारी की तरह, जहाँ का जो टुकड़ा विच्छिन्न था, सब सही-सही जगह फिट होते जा रहे थे।

एषा को वह प्यार करता था! एषा के साथ उसे मन की शांति मिलती थी! उसे आश्रय महसूस करता था। अनिमेष ने अनगिनत लोगों को दुःख दिया था, अब उसे सज़ा कबूल करनी ही होगी।

इसलिए एषा के कदमों की आहट सुनकर वह चौंक उठा। वह कहीं बेतरह डर गया। सतीश के वापस लौटते ही, वह जा सकता है। सतीश उस पर बेहद भरोसा करते थे।

तीन-चार रातें गुज़रने के बाद, एक रात एषा नीचे उतरी और अनिमेष के दरवाज़े पर आ खड़ी हुई।

अनिमेष इतना हकबका गया कि उसका आँखें फेर लेने का मन हुआ, लेकिन उसमें कहीं ममता भी जाग उठी। कितनी नरम उम्र है उसकी! सुन्दर-सुडौल ग्रीवा! उसके सारे बाल पीठ पर बिखरे हुए! आँखों में सवाल!

'अनी'दा!'

'हाँ, कहो।'

'पहले मैं तुम्हें प्यार नहीं करती थी। तपन ने ग़लत कहा था।'

'तू अभी भी मुझे प्यार नहीं करती! तू अभी भी ग़लती कर रही है।'

'मैं ग़लती कर रही हूँ?' अपने सीने पर हाथ रखकर उसे यह बात कह सकते हो?

नहीं, अनिमेष ऐसा नहीं कर सकता। लेकिन, इतने दिनों बाद, उसकी आँखों के आगे माँ का चेहरा तैर गया। साथ ही और भी बहुत सारे चेहरे, टूटी-फूटी प्रतिमाओं की क़तारें! अनिमेष बेहद उद्भ्रान्त, बेहद अस्थिर हो उठा। एक तरफ वह थोड़े-से प्यार-ममता के लिए भागता फिरा और ढ़ेरों स्नेह-ममता को धकियाकर, वह किसी और तरफ चला गया। इसलिए आज वह कोई अन्याय नहीं करेगा।'

'एषा, तू मेरी बात सुनेगी?'

'सुनूँगी!'

'तुझे समझने में कहीं ग़लती हो रही है! भयंकर ग़लती! मैंने तो तुझे गलत अर्थ लगाने का कभी मौका नहीं दिया, अनी'दा!'

'हाँ, नहीं दिया! लेकिन तुमने इरा को भी प्यार नहीं किया, अनी'दा।'

'आज झूठ बोलने से क्या फ़ायदा, अनी'दा? इसके अलावा, जब तुम यहाँ आये थे, जब तुम यहाँ से चले गये, तब क्या मैं बहुत छोटी थी? अगर ऐसा था, तो तुमने क्यों मेरी दुनिया को आच्छन्न किये रखा? क्यों तुम्हें लांघकर, तुम्हें छोड़कर आगे बढ़ते हुए, मैं किसी और को नहीं देख पायी? तपन ने कहा था कि मैं बेहद ऑबसेस्ड हूँ। मुमकिन है यह बात सच हो। इसकी क्या यह वजह है कि मेरी निगाहें तुम्हारी ही तरफ थी? तपन मेरा इतना करीबी इन्सान था, फिर भी मैं उसे पहचान नहीं पायी?'

'तूने भूल की, एषा!'

'भूल की थी? शायद यही सच हो। लेकिन इसलिए क्या तुम मुझे आज टाल सकते हो?'

'मैं क्या जवाब दूँ, एषा?'

'अनी'दा तुम्हारी खातिर मैंने तपन को लौटा दिया। तुम्हारी खातिर विभा'दी. ..तुम तो सवाल का जवाब दिये बिना, मुँह फेर लेना नहीं जानते थे, अनी'दा। आज ऐसी बातें क्यों कर रहे हो?'

'एषा, जा, ऊपर जा! काफी रात हो गयी। चल, मैं तुझे छोड़ आता हूँ।' अनिमेष उसका हाथ पकड़कर ऊपर चल पड़ा।

'अनी'दा, चलो, छत पर चलें।'

'नहीं, एषा, जा, सोने जा।'

अनिमेष ने उस रात एषा को अपने करीब नहीं आने दिया। लेकिन उसके अगली रात भी एषा नीचे उतर आयी! अगली रात की अगली रात भी!

काफी बाद में, जब इरा वापस नहीं लौटी, जब उसने अनिमेष को जता दिया कि अब, वह वापस नहीं लौटेगी, तब अनिमेष अक्सर इस उधेड़बुन में डूबा रहा कि उसे एषा को लौटा देने का इतना ज़ोर कहाँ से मिला?

'तुम्हें इतना ज़ोर कहाँ से मिला, अनी?' यह सवाल विभा ने भी किया। हाँ, बहोत-बहोत बाद में विभा को अनिमेष मिल गया। हाँ, अगर इसे पाना कहते हैं! ज़िन्दगी की अनगिनत राहों में घूमने-भटकने के बाद, तलाश के अंत में अनिमेष बेहद क्लांत और जीर्ण हो आया, फिर भी उसे किसी सूरत की तलाश रही। प्यार की मूरत सुडौल, शुद्ध, सच्चे इन्सान की मूरत! वह मूरत कहीं न कहीं तो ज़रूर थी, इन्सानों के भयंकर जंगल में ही कहीं थी, अनिमेष जानता था।

उन दिनों उसने विभा को अपने पास बुला लिया।

उसने कहा, 'विभा, मैंने तुम्हारे साथ इन्साफ नहीं किया। फिर भी आज मुझे तुम्हारी बेहद ज़रूरत है।'

उस दिन विभा के जीवन में यह परिणति देखने के लिए एषा उसके करीब नहीं थी। इसके बावजूद विभा हिचकिचायी नहीं। वह उसके साथ चली गयी।

मुझे नहीं मालूम कि यह कहानी जहाँ ख़त्म हो रही है। उसके भी बाद, काफी बाद की बात कहना सही है या ग़लत! लेकिन एषा और अनिमेष, एषा और तपन, अनिमेष और विभा—इन लोगों की आज की कहानी से भविष्य में उनसे बहुत बाद की कहानी से थोड़ा-बहुत सरोकार तो ज़रूर है।

विभा वही प्रश्न करती थी।

'एक बार तो जिसे तुमने खोजा, उसे पा भी लिया था, अनी, जिसे तुम चाहते थे, वह मिल गयी। उस दिन उसे किस दम पर लौटा दिया था?'

'उसे मैंने प्यार जो किया था, विभा!'

उन दिनों अनिमेष प्रायः बूढ़ा हो चला था। विभा भी! एषा के बारे में बात करते हुए, उन दिनों भी अनिमेष को तकलीफ़ होती थी। उसके बाद, उन दोनों की बातें ख़त्म हो जाती थीं। वे दोनों बस, आमने-सामने बैठे रहते थे। निरर्थक की खोज और विफल जीवन की ग्लानि, उन दोनों के बीच सड़क की तरह बिछी रहती थी। सारे रास्ते क्या पार किये जा सकते हैं?

हाँ, प्यार ने ही अनिमेष को ताकत दी।

उस दिन सुबह-सुबह सतीश का पत्र मिला। वे लोग दो दिन बाद पहुँचने वाले थे।

रात को एषा नीचे आयी।

एषा ने कहा, 'अनी'दा मैं तुम्हारे साथ जाऊँगी।'

'कहाँ, एषा?'

'अच्छा, अनी'दा, तुम और मैं, अगर कहीं चले गयें, तो क्या हम दोनों सुखी नहीं हो सकते? तुम क्या इस पर मुझे विश्वास करने को कहते हो?'

अनी समझ गया, आज उसे एषा के सवाल का जवाब देना ही होगा।

उसने धीमे लहजे में कहा, 'इससे क्या फ़ायदा होगा, एषा?'

'पता नहीं—' एषा दबे-दबे लहजे में तीखा आर्तनाद किया।

अगले ही पल उसने बेचैन लहजे में सवाल किया, 'तुम क्यों आये? क्यों तुमने मुझे क़ैद कर रखा है? मैं तुममें क़ैद होकर रह गयी हूँ, अनी'दा। तुम मेरा दर्द देख क्यों नहीं पा रहे हो? अब मेरी समझ में आ रहा है कि मेरे माता-पिता में कभी प्यार नहीं था। कोई स्थायी या गहरा प्यार बिलकुल नहीं था। तुम आये और तुमने कहा कि इस घर का हर आदमी प्यारहीनता भोग रहा है। तभी से मैं तुम्हारे अन्दर...। तुम्हारे अलावा...तपन को मैं क़बूल नहीं कर पायी, अनी'दा...तुम मेरे बारे में सोचो तो ज़रा।'

'तेरे बारे में?'

अनिमेष ने मन ही मन महसूस किया, एषा की बातें सुनकर, क्या लगता है? सच ही तो, उन दोनों के बीच कोई खून का रिश्ता नहीं है और इरा ने उसे कभी प्यार नहीं किया। उसका और इरा का ज़िन्दगी बहुत बड़ी व्यर्थता थी। मुमकिन है, एषा उसे राहत दे पाती, प्यार दे पाती। एषा को प्यार करके भी कितना चैन मिलता! अगर ऐसा हुआ होता, तो उसके मन से ढेरों यंत्रणा, ढेरों बेचैनी मिट जाती।

'तेरे बारे में मैंने सोचा है, एषा! तू जो कह रही है, उससे शायद कुछ दिनों के लिए चैन मिल जाता...'

'कुछ दिनों के लिए?'

'हाँ, एषा, अभी तुम इतनी अनभिज्ञ...इतनी तरुण हो, तुम ऐसा सोच सकती

हो कि सिर्फ तुम्हारे प्यार से ही तुम्हारी-मेरी एक अलग-अनोखी दुनिया बन सकती है।'

'हाँ, अनी'दा!'

'मैं ऐसा कैसे सोच सकता हूँ, एषा?'

अनिमेष अपने सिर के बाल नोंचने लगा। असंख्य-असंख्य रुपहले बाल! आँखों तले सियाही!

'अनी'दा वह कविता याद है? जो तुमने मेरी किताब पर लिख दी थी?'

'हाँ, याद क्यों नहीं है!'

'डू यू रिमेम्बर?'

'ऐन इन मिरांडा? याद है, एषा! उन दिनों तू निरी छुटकी-सी थी।'

एषा हँस पड़ी। अब उसे समझ में आ रहा है कि अनिमेष भी उसे प्यार करता है। अनिमेष का प्यार उसकी तरफ रोशनी या उत्ताप की तरह फैलता जा रहा है। अनिमेष उसे प्यार करता है! आह! कितनी राहत! अब, कुछ भी कर गुज़रना उसके वश में है। अब, वह अपने माँ-बाप को चोट पहुँचा सकती है; सबको तुच्छ करके जा सकती है, अनिमेष जो उसे प्यार करता है। शायद...शायद...उन बीते दिनों में भी अनिमेष उसे प्यार करता था। अब एषा समझ सकती थी कि तपन को उसने शायद कभी प्यार नहीं किया। यह तूफान, यह यंत्रणा, यह आर्तनाद-इसी का नाम प्यार है। अगर यही उसकी नियति है, तो ऐसा ही हो। अनी'दा, तुम्हारे बाल पक गये हैं, चेहरे पर झुर्रिया झलक उठी हैं। मुझमें तरुणाई है, मैं युवा हूँ। मैं तुम्हारी राह में अपना दिल बिछा दूँगी, अनी'दा! क्या कहते हो?'

'एषा, मुझे सारी कविताएँ याद हैं।' अमिनेष ईषत् हँस दिया। मानो वह यह कह रहा हो कि उसे वे सारे सबक याद हैं, जो तुझे याद नहीं रहा। याद रखने की बात भी नहीं है। तेरा पन्द्रहसाला उम्र का चेहरा मुझे याद है। जिस दिन मैं इरा के साथ चला गया, उस दिन चेहरा जैसा हो आया था, मुझे याद है।'

'उन दिनों तुम अन्धे हो गये थे।'

'हाँ, तुम लोग तो यही कहते हो। लेकिन अगर मैं अन्धा हो गया होता, तो मुझे इतनी सारी बातें याद कैसे हैं, एषा? खैर, छोड़ो, मेरी एक बात सुनो—' अनिमेष ने उसका हाथ पकड़कर, अपने क़रीब बिठा लिया।

'तेरे साथ ही...आज, मुझे लगता है, सिर्फ तेरे साथ ही मैं सुखी हो सकता था। तेरे अन्दर, थोड़ी-सी मेरी माँ मौजूद है। रुक जा, मुझे एक अप्रासंगिक बात बताऊँ—'

'बताओ—'

'मेरी माँ, इरा के पिता, सुधांशु नन्दी से कभी प्यार करती थीं, जब उनकी उम्र कम थी। लेकिन सुधांशु नन्दी ने इरा की माँ, आरती से प्यार किया। मेरी माँ ने ही उन दोनों की शादी करा दी। लेकिन मेरी माँ के दिल में कहीं उन दोनों के प्रति, कुछ कमजोरी मौजूद थी। शायद इसीलिए इरा को मैंने सुखी करना चाहा था। असल

में हम सबके अन्दर कहीं न कहीं अपने माता-पिता की छवि ज़िन्दा रहती है, उसके प्रति विश्वस्तता बच रहती है। हम सब शायद कोई पूर्व-निर्धारित पैटर्न को पूरा करते रहते हैं, लेकिन सोचते यह हैं कि हम नया कुछ कर रहे हैं।'

'तुम ऐसी बातें क्यों कर रहे हो?'

'एक तरफ माँ, दूसरी तरफ डैडी—दोनों को ही मैंने लड़ते-झगड़ते देखा है, एषा! फिर भी मैं कहूँगा, मेरा यह एक तरफ प्यार खोजना, दूसरी तरफ प्यार को अपने पैरों तले कुचलना, उसे धूल में मिला देना—अपनी इस बेचैनी और उन्मत्तता को स्वीकार करते हुए मैं कहूँगा—तुम और मैं सुखी हो सकते थे।'

'जानती हूँ! लेकिन, यह सब जानकर भी, क्या सुख हैं, अनी'दा? आज, सारा कुछ काफी सहज होता जा रहा है। जैसे मैं सुनहली रोशनी में नहा रही हूँ। लेकिन, इसका नाम राहत या तृप्ति नहीं, और कुछ है,। तपन, तुम्हें मैं प्यार नहीं करती थी।'

'मैं और तू सूखी हो सकते थे, एषा! क्योंकि अपनी माँ को मैं जिस रूप से देखना चाहता था, उसका ज़रा-सा हिस्सा कहीं तुझमें भी मौजूद है। इरा जैसी होती, तो मुझे अच्छी लगती, उसका भी थोड़ा-सा हिस्सा कहीं तुझमें मौजूद है। इसके अलावा, एक मात्र तूने ही मेरे आगे समर्पण किया था, अपने व्यक्तित्व को सरेंडर किया था, इरा मुझे रोक लेती थी, विरोध करती थी! फ्रोज़न पर्सनेलिटी थी!'

'फिर, अनी'दा, तुम 'करता था' या 'हो—सकता था।' क्यों कहते हो? हमारे भविष्य के बारे में बात करते हुए, तुम उसे अतीत की ओर क्यों धकेल रहे हो?'

'क्यों धकेल रहा हूँ, तू जानती है, एषा?' अनिमेष ज़रा झुक आया।

उसने एषा के बालों और माथे पर हाथ फेरा। मोटी-मोटी स्थिर उँगलियाँ। उँगली में चुरुट की गंध!

'क्योंकि तू और मैं...हम दोनों वह सब कुछ नहीं करेंगे। दूसरे चाहे जो कहें, लेकिन मैं जानता हूँ कि मैं तुझ पर बुरा प्रभाव नहीं हूँ, किसी दिन भी नहीं था। मैं चला जाऊँगा, तो मुमकिन है ते...'

'अनी'दा, ऐसी बातें मत करो।'

'चलो, ठीक है, नहीं करूँगा, एषा! लेकिन तुम जानती हो, इरा मेरे जीवन में मौजूद है।'

'इरा'दी को तुम प्यार नहीं करते, अनी'दा!?

'प्यार भी करता होऊँ, मगर फिर भी जिम्मेदारी तो है, उसके प्रति कर्तव्य तो है। विभा को प्यार किये बिना ही, मैंने उसका जीवन तबाह कर दिया। मेरा ख्याल था, मैं इरा को प्यार करता हूँ, इसलिए मैंने उसका जीवन भी बर्बाद कर दिया। तब तुझे...'

'तुम मुझे प्यार करते हो, अनी'दा।'

'मुमकिन है, यही सच है कि इन्सान प्यार के लिए इन्तज़ार करता है। लेकिन, एषा, राह में इतने-इतने बस-स्टॉप हैं। इनमें से कौन-सा बस-स्टॉप मेरा है, किस

बस-स्टॉप से बस पकड़ कर मैं ठीक-ठिकाने पहुँच जाऊँ, चूँकि इसकी मुझे जानकारी नहीं थी, मैं कितनी बीर इन्सान को तकलीफ दूँगा?'

एषा रो पड़ी।

'तूने मुझसे मुक्ति माँगी थी न। जा, मैंने तुझे मुक्त किया, एषा! मुझे तू भूल जा, एषा!'

एषा ने निगाह उठाकर देखा।

अनी बेहद अस्थिर नज़र आया। उसकी कनपटी की नसें, रस्सी की तरह फूल उठी थीं। अनिमेष की आवाज़ बेहद दबी-दबी तन-बदन की यंत्रणा में जैसा होता है।

'तू मुझे भूल जा! मुझे देवता समझ लेना, तेरी भूल थी। मैं देवता नहीं हूँ। इरा...इरा मेरे दो-दो सन्तानों की माँ बनी थी। उन लोगों ने खुदकशी तो नहीं की। लेकिन फिर भी इरा...नहीं, एषा, तू मुझे भूल जा।'

'इससे क्या फर्क़ पड़ता है, अनी'दा?'

अब, एषा का मन हुआ, वह अनी से ढेर-ढेर बातें करें। नहीं, नैतिकता की बातें नहीं!

'नहीं, अनी'दा, मैं फिर भी तुम्हें प्यार करती हूँ। बड़े लम्बे अर्से से...किसी ज़माने से तुम मेरी दुनिया हो।'

'चूँकि तेरे ख्यालों में मैं था, इसलिए तपन को...अपने करीबी प्यार को तू पहचान नहीं पायी। नहीं, नहीं, मैं तेरा कोई भला नहीं कर सकता, एषा! तू मुझे भूल जा।'

ऐन उसी वक्त उन दोनों को बजते हुए सुनायी दिए। कहीं दूर से नहीं, बिलकुल करीब से। जाने कौन तो घंटे लगातार बजा रहा है। बजाये ही जा रहा है। एषा और अनिमेष ने एक-दूसरे की आँखों में देखा। अनिमेष को अहसास हुआ, अगर इस वक्त वह आगे बढ़कर दरवाज़ा खोल दे, तो इसका मतलब होगा, एषा के जीवन से हमेशा-हमेशा के लिए निकल जाना। उसे बजते हुए घंटे में जाने क्या तो था। जाने कैसा तो ज़रूरी समाचार!

उस रात अनिमेष ने दरवाज़ा खोल दिया था। अगर वह दरवाज़ा न खोलता, तो उसी पल, वह एषा के आगे आत्मसमर्पण कर देता! उस पल के आत्मसमर्पण की दुःसह स्पर्धा या साहस या दुःस्साहस, उन दोनों को कहीं और खींच ले जाता। हज़ारहा यंत्रणा से विद्ध करते-करते, फिर भी कुछेक अमृत पल भी देता। उस वक्त अनिमेष अगर दरवाज़ा न खोले, तो सब कुछ सहज हो जाता। वे दोनों प्राणी सुखी हो सकते हैं और अनिमेष की तरह यह बात कौन जानता है कि दो इन्सानों का सुखी होना, सचमुच सुखी इस दुनिया में, काफी महत्वपूर्ण घटना है। लेकिन, सभी को सुखी नहीं किया जा सकता, यह बात भी अनिमेष से बढ़कर और कौन जानता है? उसे मालूम था कि एषा उसे सब कुछ दे सकती है। उसे मालूम था कि इरा उसे और किसी भी दिन प्यार नहीं देगी।

अनिमेष ने दरवाज़ा खोल दिया। चपरासी के हाथ में दो टेलीग्राम थे। पुरी से

सतीश का टेलीग्राम–वे लोग आ रहे थे। रायपुर के टेलीग्राम में लिखा था–'डैडी सीरियस हैं–भाई'

अनिमेष की हिदायत एषा ने माना था। वह तपन के पास गयी थी। उसने जाने में ज़रा भी देर नहीं की।

तपन ने भी कहा, वह उसे ही प्यार करता है, मगर एषा को वह कभी भी ग्रहण नहीं कर सकेगा।

'जाने कहाँ, क्या तो टूट गया है, एषा! मैं तुम्हारे बेहद करीब था। अपनी कोटर से निकलकर, दो कदम पर ही तुम मुझे देख सकती थी, मैं तुम्हारे इतने करीब था। लेकिन, तुमने मुझे नहीं देखा, एषा! तुम्हें मैं नज़र ही नहीं आया।'

'....'

'इन्तज़ार का, प्यार का, हर अहसास का एक ख़ास मौसम होता है। एषा, मेरा मौसम गुज़र गया है।'

एषा ने देखा, अनिमेष के मकान में रंग-रोगन हो रहा है। किसी जश्न की तैयारी है।

'तुम खुश रहना, तपन!'

वह हौले क़दमों से बाहर चली आयी। वह कृतज्ञ थी! तपन के प्रति वह कृतज्ञ थी। वह अनिमेष का निर्देश पूरा करने के लिए तपन के पास गयी थी, वर्ना उसने तो तपन को प्यार नहीं किया, उसे प्यार कर ही नहीं सकती थी। अचानक उसका मन स्टेशन पहुँचने को तड़प उठा-हावड़ा स्टेशन! वहाँ जाने का मन क्यों हुआ, उसे नहीं पता।

अब जाकर उसे लगा, वह अनिमेष से बचना चाहती थी, इसलिए सुबह-सवेरे ही वह तपन के यहाँ चली आयी थी। अनिमेष शायद अभी गया नहीं होगा। शायद उसकी ट्रेन अभी भी प्लेटफॉर्म पर हो। उसका मन हुआ, वह दौड़कर पहुँच जाये। अनिमेष से कहे–'तपन ने भी मुझे क़बूल नहीं किया, अनी'दा। अब, तुम मुझे छोड़कर मत जाओ।'

हावड़ा प्लेटफॉर्म पर अनिमेष नहीं था, सिर्फ विभा थी। दोनों की निगाहें, एक-दूसरे के चेहरे पर स्थिर हो गयीं। एक जन को अनी ने प्यार नहीं किया, एक जन को प्यार कर बैठा, फिर भी दोनों एक-दूसरे के आमने-सामने थीं।

'चल, घर चल, एषा!' विभा ने कहा।

'ज़रा देर रुको!'

एषा कान लगाये खड़ी रही। जो ट्रेन रायपुर की तरफ चल पड़ी थी, उसकी आवाज़ सुनते हुए, उसे बेहद अच्छा लगा। हालांकि किसी भी आवाज़ की प्रतिध्वनि,देर तक नहीं ठहरती। एषा की ज़िन्दगी से भी होकर, गुज़र जानेवाली ट्रेन की आवाज़ भी नहीं। ठहरी! आवाज़ की उम्र काफी क्षणिक...काफी अस्थायी होती है।

❖❖❖